华中农业大学乡村振兴研究报告2023

谱写新时代乡村振兴湖北篇章

PUXIE XINSHIDAI XIANGCUN
ZHENXING HUBEI PIANZHANG

华中农业大学乡村振兴研究院　编著

中国农业出版社
北　京

图书在版编目（CIP）数据

谱写新时代乡村振兴湖北篇章 / 华中农业大学乡村
振兴研究院编著 . —北京：中国农业出版社，2023.12
ISBN 978 - 7 - 109 - 31584 - 6

Ⅰ.①谱…　Ⅱ.①华…　Ⅲ.①农村－社会主义建设－
研究－湖北　Ⅳ.①F327.63

中国国家版本馆 CIP 数据核字（2023）第 232000 号

中国农业出版社出版

地址：北京市朝阳区麦子店街 18 号楼
邮编：100125
责任编辑：贾　彬　　文字编辑：耿增强
版式设计：王　晨　　责任校对：张雯婷
印刷：中农印务有限公司
版次：2023 年 12 月第 1 版
印次：2023 年 12 月北京第 1 次印刷
发行：新华书店北京发行所
开本：787mm×1092mm　1/16
印张：21.75
字数：503 千字
定价：118.00 元

华中农业大学乡村振兴研究报告 2023
编写委员会

主　　编：宋洪远

参编人员（以姓氏笔画为序）：

<table>
<tr><td>万浩然</td><td>王梦诗</td><td>石佳鑫</td><td>叶雨寒</td><td>朱梦珂</td></tr>
<tr><td>刘　琪</td><td>刘思禹</td><td>汤建华</td><td>李红莉</td><td>杨志海</td></tr>
<tr><td>杨佳佳</td><td>张　露</td><td>张亦弛</td><td>张迎春</td><td>张敏琼</td></tr>
<tr><td>郑兆峰</td><td>郝晶辉</td><td>胡银根</td><td>柯新利</td><td>章佳敏</td></tr>
<tr><td>彭洁锞</td><td>辜香群</td><td>曾　光</td><td>窦　炜</td><td>裴敬伟</td></tr>
<tr><td>颜廷武</td><td>薛　楷</td><td>霍军亮</td><td>鞠　聪</td><td>魏梦升</td></tr>
</table>

前　言
FOREWORD

摆在读者面前的这本书《谱写新时代乡村振兴湖北篇章》，是华中农业大学乡村振兴研究报告系列的第三本。2022年3月，围绕湖北实施乡村振兴战略这个主题，设置乡村振兴政策实践、保障粮食安全和重要农产品供给、巩固拓展脱贫攻坚成果、农业和乡村产业发展、农村社会建设和乡村治理、农业生态建设和人居环境整治、人才科技金融支持乡村振兴、深化农村改革和促进城乡融合发展等10个专题开展研究。

本书是在以上专题研究成果的基础上形成的，是集体智慧的结晶。各章的撰写分工如下。第一章：宋洪远、彭洁锞，第二章：胡银根、张亦弛、薛楷，第三章：杨志海、辜香群、万浩然，第四章：郝晶辉、张敏琼、王梦诗，第五章：曾光、杨佳佳、刘思禹，第六章：霍军亮、刘琪、章佳敏，第七章：裴敬伟、汤建华、张迎春，第八章：窦炜、石佳鑫，第九章：柯新利、朱梦珂，第十章：张露、鞠聪、李红莉，第十一章：颜廷武、魏梦升、叶雨寒。报告的研究主题、专题设置、结构框架、主要内容、逻辑思路、编写体例由主编宋洪远提出，主编和中国农业大学彭洁锞、郑兆峰又对文稿各章内容进行了修改补充，最后由主编统稿审定。

值此本书出版之际，我们要特别感谢华中农业大学高翅书记、李召虎校长，姚江林副书记、青平副校长对本书编写工作的关心和鼓励！感谢华中农业大学科学技术发展研究院张拥军常务副院长、王鹏副处长对本书编写工作的支持和帮助！感谢华中农业大学经济管理学院向晋文书记、李谷成院长在本书研究写作过程中提供的便利和帮助！衷心感谢中国农业出版社领导的大力支持和本书责任编辑贾彬的辛勤付出！

由于我们的学识和政策水平有限，搜集的文献和文件范围有限，书中难免有疏漏和不足之处，我们真诚希望学界同仁和读者朋友批评指正。希望本书能抛砖引玉，引起社会各界的广泛关注，更好地服务于深入实施乡村振兴战略，加快建设农业强国、全面推进乡村振兴、加快农业农村现代化。

华中农业大学乡村振兴研究院院长

宋洪远

2023 年 10 月

目 录
CONTENTS

第一章

导　言

一、研究背景和意义

党的十九大作出了实施乡村振兴战略的重大决策部署。习近平总书记指出："农业农村农民问题是关系国计民生的根本性问题，必须始终把解决好'三农'问题作为全党工作重中之重。要坚持农业农村优先发展，按照产业兴旺、生态宜居、乡风文明、治理有效、生活富裕的总要求，建立健全城乡融合发展体制机制和政策体系，加快推进农业农村现代化"[①]。围绕实施乡村振兴战略，习近平总书记在 2017 年中央农村工作会议上的讲话指出，要坚持走中国特色社会主义乡村振兴道路，让农业成为有奔头的产业，让农民成为有吸引力的职业，让农村成为安居乐业的美丽家园；在 2018 年十九届中央政治局第八次集体学习时的讲话强调，要把实施乡村振兴战略作为新时代"三农"工作总抓手，促进农业全面升级、农村全面进步、农民全面发展；在 2020 年中央农村工作会议上的讲话强调指出，"三农"工作重心已历史性转向全面推进乡村振兴，要举全党全社会之力推动乡村振兴，促进农业高质高效、乡村宜居宜业、农民富裕富足。习近平总书记的重要论述，为实施乡村振兴战略提供了理

[①]　中国政府网：习近平：决胜全面建成小康社会 夺取新时代中国特色社会主义伟大胜利——在中国共产党第十九次全国代表大会上的报告，https://www.gov.cn/zhuanti/2017 - 10/27/content_5234876.htm

论指引和行动指南。

在习近平总书记关于乡村振兴重要论述的指引下，党和国家对实施乡村振兴战略进行了全面部署安排。一是建立乡村振兴政策体系。2018年1月印发的《中共中央 国务院关于实施乡村振兴战略的意见》，提出了实施乡村振兴战略的指导思想、基本原则、目标任务、政策措施，确立了实施乡村振兴战略的"四梁八柱"。2021年1月印发的《中共中央 国务院关于全面推进乡村振兴加快农业农村现代化的意见》，明确要实现巩固拓展脱贫攻坚成果同乡村振兴有效衔接，提出了全面推进乡村振兴的指导思想、基本原则、目标任务、政策措施，对"十四五"期间加快农业农村现代化作出了系统部署。二是明确乡村振兴实施方案。2018年9月，中共中央、国务院印发《乡村振兴战略规划（2018—2022年）》，分别明确了到2020年全面建成小康社会和2022年召开党的二十大时的目标任务，细化实化了工作重点和政策措施，部署安排了一些重大工程、重大计划、重大行动。2021年11月，国务院印发《"十四五"推进农业农村现代化规划》，对新发展阶段优先发展农业农村、全面推进乡村振兴，聚焦乡村产业发展、大力实施乡村建设行动、加快农业农村现代化作出了全面部署和安排。三是健全乡村振兴制度框架。2019年9月，中共中央印发《中国共产党农村工作条例》，以党内法规形式明确了党领导农村工作的指导思想、基本原则、组织领导、主要任务、队伍建设、保障措施、考核监督等，为实施乡村振兴战略提供政治保证。2021年4月，第十三届全国人民代表大会常务委员会第二十八次会议通过《中华人民共和国乡村振兴促进法》，以国家法律形式明确了实施乡村振兴战略的基本原则、重点任务、扶持措施、督查机制等，为实施乡村振兴战略提供了法治保障。

围绕实施乡村振兴战略，为贯彻落实党中央、国务院重大决策部署，湖北省委、省政府紧密结合湖北实际，采取一些重要举措，推进一些探索实践，取得一些进展成效。一是因地制宜，制定落实措施。2018年2月，湖北省委、省政府印发的《关于推进乡村振兴战略实施的意见》，明确了湖北推进乡村振兴的五大任务，提出了实施"三乡"工程、荆楚农优品工程、荆楚富美乡村建设工程、精准扶贫工程、"红色头雁"工程等八项重点工程。2018年11月，湖北省委、省政府印发了《湖北省乡村振兴战略规划（2018—2022年)》，按照乡村振兴"五句话二十个字"的总要求，提出了湖北乡村振兴"65432"重大行动，细化成73项重大工程。二是创新引领，探索实施路径。2018年7月，武汉市人民政府率先印发了《武汉市乡村振兴战略规划（2018—2022年)》，创新性地提出了构建多元化人才培育体系，实施"市民下乡、能人回乡、企业兴乡"的"三乡"工程等措施。2020年1月，湖北省第十三届人民代表大会第三次会议通过的《湖北省乡村振兴促进条例》，将民生保障、法律责任、责任考核等与乡村振兴有关的政策措施法定化，充分发挥立法在乡村振兴中的保障和推动作用。三是强化落实，健全考核机制。2019年12月，湖北省委办公厅、省政府办公厅印发《湖北省市县党政领导班子和领导干部推进乡村振兴战略实绩考核办法（试行)》，建立完善考核评价指标体系，采取定量考核与定性考核、组织考核与第三方评估、年度考核与日常监测相结合的方式，定期对所属有关部门和下级人民政府落实乡村振兴政策、开展乡村振兴工作情况进行考核。湖北省委农村工作领导小组办公室印发的2019和2020年度《全省市县党政领导班子和领导干部推进乡村振兴战略实绩考核工作方案》，设置产业兴旺、生态宜居、乡风文明、治理有效、生活富裕和组织保障六大类指标，采取自评、相关部门评估与第三方评估的方式进行考核，压实市、县党政领导班子和领导干部的责任。

湖北是农业大省，居华中腹地、九省通衢；大别山、秦巴山、武陵山、幕阜山坐落四周，中部平原耕地丰沃、资源多样，呈"五分林地三分田，一分城乡一分水"的空间格局，是长江经济带发展、促进中部地区崛起、长江中游城市群建设等国家战略的重要承载地。通过实施乡村振兴战略，解决城乡区域发展不平衡、农业农村发展不充分的问题，湖北具有一定的典型性和代表性。因此，华中农业大学乡村振兴研究院联合科学技术发展研究院等单位，于2022年7月组织开展了首次湖北省"乡村振兴大调研"活动，通过总结湖北省5年来乡村振兴战略的实施情况，评估乡村振兴政策措施的执行情况和实施效果，提炼实施乡村振兴的经验启示，为湖北深入实施乡村振兴战略，加快建设农业强省、全面推进乡村振兴、加快农业农村现代化提供对策建议。

二、调查内容和方法

首次湖北"乡村振兴大调研"活动，调查内容主要包括农业经营主体概况、农业和乡村产业发展、农业生态建设和人居环境整治、乡村社会建设和乡村治理、乡村振兴的人才科技金融要素支撑、深化农村改革和促进城乡融合发展、保障粮食安全和重要农产品供给、巩固脱贫攻坚成果与接续推进乡村振兴八个方面内容。

针对上述调查内容，我们设计形成了县级、乡级和村级调查问卷、农户和新型农业经营主体问卷，在全省每个地（州）中选择一个县（市、区），每个县（市、区）中选择三个乡镇，每个乡镇中选择一个村庄，每个村庄随机调查30～35个农户和现有新型农业经营主体，由华中农业大学所属16个院系组成16个调查组开展调查活动。整个调研活动收集县级有效调查问卷16份、乡级有效调查问卷48份、村级有效调查问卷48份、农户有效调查问卷1 646份、新型农业经营主体有效调查问卷74份（表1-1）。

表1-1 调研样本的区域分布

市（县）	乡镇（街道）	村 庄	样本/份
鄂州市梁子湖区	东沟镇、太和镇、沼山镇	余湾村、陈太村、王铺村	105
恩施土家族苗族自治州建始县	三里乡、业州镇、长梁镇	马坡村、安乐井社区、旋龙村	105
黄冈市罗田县	白庙河镇、凤山镇、九资河镇	付家庙村、白杨冲村、徐风冲村	105
黄石市阳新县	富池镇、军垦农场、兴国镇	沙村村、钟家湖社区、宝塔村	115
监利市	分盐镇、红城乡、桥市镇	永镇村、合兴村、石闸村	105
潜江市	高石碑镇、园林街道、龙湾镇	灰台村、郑家湖村、工农村	105
天门市	佛子山镇、麻洋镇、杨林镇	青龙村、北港村、刘新村	105
荆门市沙洋县	沙洋镇、曾集镇、高阳镇	孙店村、垢家村、闸口村	105
十堰市房县	城关镇、五台乡、窑淮镇	八里村、红场村、铺沟村	105
随州市随县	历山镇、新街镇、殷店镇	灯塔社区、刘家岗村、火炬村	115
武汉市江夏区	舒安街道、五里界街道、纸坊街道	分水村、锦绣村、林港村	105
仙桃市	胡场镇、西流河镇、张沟镇	土炕村、竹村村、先锋村	115

（续）

市（县）	乡镇（街道）	村　庄	样本/份
咸宁市	高桥镇、桂花镇、汀泗桥镇	白水村、明星村、黄荆塘村	115
襄阳市襄州区	张家集镇、古驿镇、伙牌镇	金王村、伙牌村、周垱村	105
宜昌市秭归县	郭家坝镇、九畹溪镇、水田坝镇	烟灯堡村、石柱村、王家桥村	105
孝感市孝昌县	花西乡、花园镇、周巷镇	宏光村、一致村、新张村	105
合计			1 720

注：表中样本数据仅包含农户和新型农业经营主体，不含县、乡、村样本数量。

这次"乡村振兴大调研"活动，主要采取以下方法进行：

首先运用文献分析方法，搜集整理五年来湖北省及有关部门、各市（县、区）出台的有关政策文件、发展规划、法律法规、工作报告等有关文献资料，概括归纳湖北省围绕推进乡村振兴提出的目标任务、政策措施、计划行动、工程项目等，为开展研究活动提供政策依据和行动指南。

在开展实地调研时，主要涉及的调查对象包括县委农办、农业农村局、乡村振兴局等，乡镇政府部门，行政村干部，农户和家庭农场、农民合作社、农业企业、社会化服务组织负责人等新型农业经营主体。采取问卷调查与座谈访谈相结合的方式开展实地调研活动。针对县级部门、乡镇政府部门和乡村干部，主要采取座谈访谈的形式；针对农户和新型农业经营主体，主要采取问卷调查的方式。

三、本书框架和内容

在调查研究的基础上，围绕实施乡村振兴战略政策实践、保障粮食安全和重要农产品供给、巩固拓展脱贫攻坚成果、农业和乡村产业发展、农村社会建设和乡村治理、农业生态建设和人居环境整治、人才科技金融支持乡村振兴、深化农村改革和促进城乡融合发展等方面开展专题研究。运用县（乡、村）、农户和新型农业经营主体大样本调查数据，分别撰写调查研究报告。

本书由导论和10个专题研究报告组成，各专题报告的主要内容和研究结论概括如下。

　　由胡银根等撰写的《湖北省实施乡村振兴战略的政策实践》报告，对2018年以来湖北省积极落实中央各项政策措施、加快推进湖北乡村振兴的政策实践进行回顾分析。研究显示，湖北省推动乡村产业振兴、人才振兴、文化振兴、生态振兴和组织振兴的政策措施呈现出以人为本、惠民利民、内容丰富、标准统一、推陈出新的特点；有些政策文件的出台领先全国步伐，具有标杆引领作用；中央文件及地方配套政策措施印发及时、推进有力，体现了高度的政治意识、强烈的使命担当、务实的工作作风；在落实党中央、国务院决策部署的过程中，各地因地制宜地探索创新，拓展了当地发展空间，助力了全省乡村振兴。

　　由杨志海等撰写的《保障粮食安全和重要农产品供给》报告，从稳定农业生产、农产品市场体系、农业生产经营体制、现代农业科技体系、农业可持续发展等五个方面，梳理了党的十九大以来湖北省出台的一系列保障粮食安全和重要农产品供给的政策措施，总结了政策实施的重要举措及其成效；利用调研数据，分析了政策具体实践过程中出现的问题、面临的困难，有针对性地提出了完善政策制定、保障执行效果的对策建议。

　　由郝晶辉等撰写的《巩固拓展脱贫攻坚成果接续推进乡村振兴》报告，对湖北省总体的贫困发生情况、贫困地区的分布特点、贫困形成原因进行了分析；回顾梳理了近年来湖北省实施的脱贫攻坚政策措施；结合调研数据，分析了脱贫政策执行情况和实施效果，指出进一步拓展脱贫攻坚成果过程中存在的问题，提出巩固拓展脱贫攻坚成果与乡村振兴有效衔接的对策建议。

　　由曾光等撰写的《促进农业和乡村产业发展》报告，系统梳理了2018—2022年间湖北省促进农业高质量发展和乡村产业融合发展相关政策措施；结合调查数据，对政策措施落实的主要成效进行分析。研究显示，湖北农业高质量发展标准体系基本形成，规模化、集约化、标准化、数字化、绿色化水平进一步提高，农村一二三产业融合发展，推动农民收入稳步增长。报告指出了当前湖北促进农业和乡村产业发展面临的突出问题，如农业产业化不足、科研成果转化欠缺、一二三产业融合层次低等问题，提出了相应的对策建议。

　　由霍军亮等撰写的《加强农村社会建设和乡村治理》报告，对2018年以来湖北省推进农村基础设施提档升级、强化农村基本公共服务供给和党建引领乡村"三治融合"的政策文件进行了梳理；结合调研数据，分析了湖北加强农村社会建设和乡村治理措施的主要成效和面临的突出问题，如农村水利设施比较薄弱、电气化水平有待提升，基础教育不足、重特大疾病救助体系不够完善，乡村群团组织作用发挥不充分、乡镇综合中心硬件基础薄弱、法制乡村建设内容不够全面等问题，提出了相应的对策建议。

由裴敬伟等撰写的《强化农业生态建设和农村人居环境整治》报告，通过对湖北省市、县相关政府部门关于农业生态建设与人居环境整治政策措施的分析，与国家相关政策法律进行对照，梳理出湖北省有关政策要点。结合调研数据，分析了湖北农业生态建设与人居环境治理政策的实施与落实效果，对政策落实过程中的问题与障碍进行剖析，探究了政策目标与实际效果之间、政策导向与居民需求之间、政策保障与事权财权划分之间、政策监督与职责职权长效化之间的关系和存在的问题，提出了加强湖北农业生态建设与人居环境治理的对策建议，包括落实城乡生态环境治理统筹机制、健全农业农村生态环境治理协同机制、完善农业农村生态环境保护自治机制、加大农业农村生态环境综合执法力度等措施。

由窦炜等撰写的《加强乡村振兴人才科技等要素支撑》报告，梳理了湖北省出台的人才、科技、资金投入等要素支撑乡村振兴的有关政策措施；通过对湖北省市、县、乡镇的访谈调研，发现县、乡两级在推进乡村振兴过程中普遍采取了建设"三农"工作人才队伍、完善创新创业政策、建设农业示范基地、农业科技成果转化、完善农村信贷体系、推广农业保险、增加财政支持等具体措施。在总结相关政策实施成效和经验的基础上，指出了当前湖北省在乡村人才、农业科技和资金投入支持乡村振兴方面存在的问题，提出了相应的对策建议。

由柯新利等撰写的《深化农村改革促进城乡融合发展》报告，对我国农村改革与城乡融合发展的不同阶段进行分析概括；采取政策文本分析框架，按照泽福德和罗斯维尔政策工具分类方法，从政策目标、作用方式、结构特征等角度，对湖北省农业经营制度、农村土地制度、农村集体产权制度、农业支持保护制度等农村改革政策措施和促进城乡融合发展政策措施进行分析。结合调研数据，从政策下达度、政策执行度、政策匹配度等方面分析了湖北省深化农村改革政策的执行情况和实施效果；从现状概述、实施现状等角度分析了湖北省促进城乡融合发展的政策执行情况和实施效果；指出了部分政策在制定、实施、监督、评估过程中存在的问题，提出了相应的优化建议。

由张露等撰写的《优化发展环境培育壮大经营主体》报告，聚焦乡村五大振兴内容，以农业经营主体为研究对象，利用调研数据分析了湖北省小农户和新型农业经营主体的基本特征和参与推进乡村振兴情况。研究显示，在乡村产业振兴方面，新型农业经营主体相较小农户在绿色发展技术应用、农业品牌带动领域具有更大优势；在乡村人才振兴方面，高素质农民培育有待加强，文旅、医教、专技等乡村公共服务人才缺乏，成为乡村振兴的短板；在乡村文化振兴方面，农户等多元主体组织积极参与思想道德建设、公共文化建设、传统文化保护和移风易俗行动，促进文明乡风、良好家风、淳朴民风的形成；在乡村生态振兴方面，两类主体都存在对相关政策了解不足、对绿色低碳技术采纳度低等问题，不利于农业农村绿色发展；在乡村组织振兴方面，农村基层党组织和村民自治组织建设较为完备，但农民专业合作经济组织、社会服务组织等的作用较弱。在以上分析基础上，提出了优化农村发展环境、培育壮大农业经营主体等对策建议。

由颜廷武等撰写的《湖北乡村振兴发展的趋势、问题及对策建议》报告，利用"乡村振兴大调研"收集到的2019—2021年湖北省县、乡两级政府和村级组织的样本数据，分析了湖北省乡村振兴的发展趋势，具体表现为产业结构逐步优化、农民收入稳步增长、乡村产业不断融合发展、新型经营主体规模增大、农村人居环境持续优化、农民生产生活方式逐步转型、乡村治理体系日益完善、县域城乡融合持续推进、农业支持政策落实到位、脱贫攻坚成果有效巩固等；分析了湖北省乡村振兴面临的主要问题，如农民收入来源较为单一、农产品品质有待提升、"三农"人才培育和激励不足、农业补贴标准低范围窄、乡村水环境治理覆盖不全、巩固脱贫成果内生动力需要加强等；提出了湖北全面推进乡村振兴的对策建议。

第二章

湖北实施乡村振兴战略的政策实践

习近平总书记在党的十九大报告中首次提出,实施乡村振兴战略,要求坚持农业农村优先发展,加快推进农业农村现代化。在习近平总书记关于推进乡村振兴战略重要论述的指引下,党和政府采取了一系列政策措施。湖北省为贯彻落实中央决策部署,紧紧围绕乡村产业振兴、人才振兴、文化振兴、生态振兴、组织振兴重点任务,进行了一系列探索实践,为加快农业农村现代化、促进农民农村共同富裕奠定了坚实基础。本章围绕实施乡村振兴战略"五个振兴"的任务要求,总结梳理了湖北省出台实施的有关政策措施和探索实践,为本书以后各章开展的专题研究提供了政策依据和行动指南。

一、促进乡村产业振兴

产业振兴是乡村振兴的重中之重。自实施乡村振兴战略以来,湖北省围绕推动农业高质量发展、促进乡村产业融合发展,制定了有关政策文件和发展规划(表2-1),出台了一系列政策措施。

表 2-1 2018—2022 年湖北省促进乡村产业振兴的有关文件和规划

发文时间	文件名称	发文单位
2019.05	《湖北省乡村振兴战略规划(2018—2022 年)》	中共湖北省委、湖北省人民政府
2019.08	《关于促进新型农业经营主体高质量发展的通知》	湖北省农业农村厅

（续）

发文时间	文件名称	发文单位
2020.01	《湖北省乡村振兴促进条例》	湖北省第十三届人民代表大会
2020.04	《关于加快补上"三农"领域短板决胜全面建成小康社会的实施意见》	中共湖北省委、湖北省人民政府
2021.01	《关于印发支持文化旅游产业恢复发展振兴若干措施实施细则的通知》	湖北省人民政府办公厅
2021.01	《湖北省促进茶产业发展条例》	湖北省人民政府
2021.04	《关于培育壮大农业产业化龙头企业的意见》	中共湖北省委、湖北省人民政府
2021.04	《关于全面推进乡村振兴和农业产业强省建设 加快农业农村现代化的实施意见》	中共湖北省委、湖北省人民政府
2021.06	《关于推动脱贫地区特色产业可持续发展的实施意见》	湖北省农业农村厅等 10 部门
2021.09	《湖北省推进农业农村现代化"十四五"规划的通知》	湖北省人民政府
2021.10	《"十四五"湖北畜牧业和兽医事业发展规划》	湖北省农业农村厅
2021.10	《湖北省数字农业发展"十四五"规划》	湖北省农业农村厅
2021.10	《关于农业政策性金融支持湖北乡村文化和旅游产业高质量发展的意见》	湖北省文化和旅游厅、中国农业发展银行湖北省分行
2021.11	《湖北省长江经济带绿色发展"十四五"规划》	湖北省发展和改革委员会
2021.11	《湖北省乡村建设行动实施方案（2021—2025 年）》	湖北省人民政府
2021.12	《关于加快推进农业社会化服务工作的实施意见》	湖北省农业农村厅
2022.06	《进一步做好金融支持新型农业经营主体发展若干措施》	中国人民银行武汉分行等 3 部门
2022.08	《湖北省数字乡村发展行动计划（2021—2025 年）》	湖北省人民政府
2022.09	《关于印发湖北数字经济强省三年行动计划（2022—2024 年）的通知》	湖北省人民政府办公厅

（一）推动农业高质量发展

1. 坚持质量兴农，品牌强农

在质量兴农方面，湖北省相关文件明确指出，要提高现代农业设施水平、强化农业科技创新支撑、推动乡村产业做大做强，为质量兴农提供有力支撑。作为农业大省，湖北省有关农业农村现代化规划、茶产业等产业高质量发展文件均早于国家，先行一步，反映出湖北省立足实际、积极探索的特点。在品牌强农方面，湖北省明确提出立足优质稻米、生猪、特色淡水产品（小龙虾）、蔬菜（食用菌、莲、魔芋）、家禽及蛋制品、茶叶、现代种业、菜籽油、柑橘、道地药材等湖北十大重点农业产业链，以"品味湖北味道，讲好湖北故事"为主线，进一步提升湖北省农产品品牌影响力，增加农产品附加值。

2. 坚持效益先行，增加收入

培育新型农业经营主体，发展适度规模经营是建设现代农业的必由之路。湖北省及其地方相关部门针对培育新型农业经营主体印发了相应文件，印发时间均早于中央同类文件出台时间，明确提出培育家庭农场、农民合作社、农业社会化服务组织的"六有"标准，启动实施家庭农场培育计划、农民合作社质量提升行动、农业生产托管项目。湖北省积极落实新型农业经营主体培育提升计划，为推动湖北农业转型，实现农业高质量发展筑牢根基。地方上，黄石市、荆州市沙市区也明确要求依据实际情况，构建集约化、专业化、组织化、社会化的新型农业经营体系。

实施农产品加工提升行动，是构建农业产业链，推进农村一二三产业融合发展的核心。湖北省及其地方相关部门结合优势特色产业，推进一产进一步向二产延伸，加强农产品加工业的联农作用，将更多附加值和利润留在县城，留给农民。荆州市则强调要以龙头企业为抓手，以重点产业链为突破口，以超常规举措推动农产品加工业跨越赶超发展。

3. 坚持市场导向，优化结构

调整优化农业结构，推动农业供给侧结构性改革，是实现农业现代化的重要路径。2019 年，湖北省提出以推进建设湖北"六谷"（即农谷、有机谷、硒谷、虾谷、橘谷、药谷）为重点，调整优化农业区域布局，因地制宜打造区域性优势产业带，做大做强"荆楚农优品"。荆州市荆州区明确指出，按照"保粮食、优蔬菜、强经作"的思路，坚持因地制宜，构建"二带四区"的总体布局。在推进数字乡村建设方面，湖北省积极贯彻落实中央文件精神，相关部门陆续印发了一系列文件，明确要求加快发展智慧农业，推进农业生产智能化、农业经营网络化、农业管理高效化、农业服务便捷化。

4. 坚持改革创新，培育动能

在完善农村土地管理制度方面，湖北省积极响应国家相关政策要求，深化农村土地制度改革，在推进农用地"三权分置""点状供地"等内容上走出了一条具有湖北特色的改革之路。2021 年，湖北省自然资源厅印发的《支持农业产业化龙头企业发展的通知》中指出，优先保障十大农业重点产业链用地，盘活存量用地，实施全域国土整治。2020 年，恩施州、沙洋县、咸宁市咸安区、丹江口市、安陆市、谷城县、麻城市、公安县入选全国农村承包地确权登记颁证工作典型地区名单，为保持土地承包关系稳定并长久不变，巩固和完善农村基本经营制度提供了有力支撑。

在完善农业支持保护力度方面，湖北省印发的《湖北省推进农业农村现代化"十四五"规划的通知》中明确指出，建立健全普惠性的农民补贴长效机制，进一步创新农业保险支持形式。此外，2020 年，襄阳市、荆门市入选全国第五批率先基本实现主要农作物生产全程机械化示范县（市、区）名单，为农业机械化发展转型升级积累了宝贵经验。

5. 坚持绿色导向，持续发展

湖北省印发了《湖北省长江经济带绿色发展"十四五"规划》《湖北省推进农业农村现代化"十四五"规划的通知》等规划文件，促进十大重点农业产业链绿色升级，在畜牧、茶叶等细分产业的绿色生产上更是走在全国前列，起到了示范作用。例如，2020 年竹溪县、崇阳县、巴东县入选国家生态文明建设示范县，在绿色发展上位居省内前茅。

在加快推进农业废弃物资源化利用方面，湖北省及其地方相关部门印发了《围绕"8 个 1"推进秸秆综合利用》《关于"十四五"大宗固体农业废弃物综合利用的指导意见》等，支持省内农业大县成为农业废弃物资源化利用示范区。例如，2020 年钟祥市作为湖北仅有的代表入选农村生活垃圾分类和资源化利用示范县名单，在推进农村生活垃圾分类和资源化利用方面走在前列。

（二）促进乡村产业融合发展

1. 加强农村基础设施建设

湖北省在历年的 1 号文件中均要求对农村"水电路气网"建设予以重点关注，并在《关于创新农村基础设施投融资体制机制的实施意见》中提出，在农村基础设施建设与管护重点关注的领域，逐步建立市场多元、充满活力的投融资体制与市场运作、专业高效的建管机制，为各地（市）的基础设施建设与管护提供政策与方案指导。地方上，武汉市、十堰市、咸宁市、襄阳市等也在其《农业农村现代化"十四五"规划》《新型基础设施建设"十四五"规划的通知》等文件中，结合当地情况，提出通过以工代赈、完善投融资体制、建设美丽乡村行动等方式，不断完善农业农村基础设施建设。

在数字乡村建设方面，2018 年中共中央、国务院印发的《关于实施乡村振兴战略的意见》中明确要求实施数字乡村战略，推动移动通信网络全覆盖，开发相应信息技术产品，弥合城乡数字鸿沟。2019 年 5 月国家印发了《数字乡村发展战略纲要》，要求加快乡村信息基础设施建设，发展农村数字经济。2020 年 7 月，国家互联网信息办公室等 7 部门联合印发了《关于开展国家数字乡村试点工作的通知》，明确了数字乡村的重要意义及试点方向。以中央精神为指导，湖北省积极推动落实数字乡村建设，在 2018 年的 1 号文件中提出实施数字乡村战略，要求全省加快宽带建设，推动其在"三农"领域的应用，并在《湖北省乡村振兴战略规划（2018—2022 年)》中对数字乡村、农业信息化建设提出了较为详细的方案。《关于开展国家数字乡村试点工作的通知》中显示，武汉市江夏区、宜昌市秭归县、鄂州市华容区、襄阳市宜城市等四个县（市、区）被列为国家级数字乡村建设试点地区。秭归县还专门印发了《数字乡村发展行动计划（2022—2025 年)》，其余三区（县）也积极探索符合当地特点的特色做法，推动"AI 种植""'1＋14'基建"数字赋能农业机械服务，得到了中央网信办的认可。另外，宜城市的"百姓通"入选了《数字乡村建设 1.0》，供全国借鉴。

2. 培育多元化产业融合主体

构建乡村产业融合发展格局，主体是重要基础和前提。湖北省相关文件明确要求深入实施国家农村产业融合发展"百县千乡万村"试点示范工程，以县域为单元，建立产业关联度高、辐射带动力强、参与主体多的融合发展模式。武汉市通过依托现代农业产业园、农业科技园区、农产品加工园、农村产业融合发展示范园等，打造农村产业融合发展的平台载体；实施新型农业经营主体培育工程，鼓励工商资本与当地农户形成互惠共赢的产业共同体。

3. 发展多类型产业融合方式

三产融合是促进产业振兴和提高农民收入的重要抓手。湖北省立足资源禀赋和产业特点，较早出台相应文件，提出推动湖北省十大特色产业链与新业态融合发展，加快培育一批融合农业文化旅游、生产生活生态、一二三产业的特色村镇，在全国具有引领性。由于较早地提出发展多类型产业融合的方式，湖北省产业融合发展取得积极成效。2020 年武汉市黄陂区姚集街杜堂村等 27 个村庄入选第二批全国乡村旅游重点村，是乡村文化旅游带动产业融合发展的典范；蕲春县现代农业产业园入选 2020 年国家现代农业产业园创建名单，通过聚焦优势特色主导产业，推进"生产＋加工＋科技"一体化，加快全产业链开发，为推进一二三产业融合发展起到了示范作用。

4. 建立多形式利益联结机制

湖北省及其地方相关部门印发的文件中强调，构建"新型农业经营主体＋农户"紧密型利益联结机制，拓展"租金＋股金＋薪金"的增收渠道，提高农民在产业发展中的参与度和受益度。相关政策的实施取得明显成效，2020 年钟祥市荆沙蔬菜种植专业合作社入选全国农民合作社典型案例名单，其通过多种要素合作、多维利益联结，创新经营管理模式，带动农户增收致富，成为湖北的一面鲜明旗帜。

5. 开展产业融合试点示范

湖北省明确提出，要将武汉市、襄阳市、宜昌市、荆门市等打造成农产品加工骨干区和三产融合发展先行区，以期在省内形成可推广、可复制的经验。从政策成效来看，2020 年，阳新、麻城、五峰、郧阳等 4 个县（市、区）被评为第二批国家农村产业融合发展示范园，以点带面推动本地区农村产业融合加快发展，充分发挥示范引领作用。

6. 激发农村创新创业活力

根据《湖北省乡村振兴战略规划（2018—2022 年）》中首先要求整合农村创业创新优惠政策，并结合省情，印发了《关于深入实施"我兴楚乡·创在湖北"返乡创业行动计划的通知》《关于印发推进返乡留乡农民工就地就近就业实施方案的通知》等，进一步细化财政优惠、用地保障及金融贷款等政策，通过农业广播电视学校培训，从环境、制度、政策层面扶持新型职业农民和返乡农民创业，为农民创新创业提供最大限度支持。与此同时，湖北省人力资源和社会保障厅印发了《湖北省返乡创业示范县认定办法》，以进一步推动农民返乡创业工作。地方上，武汉市、鄂州市于 2018 年就已开展培训工作，并印发了《武汉市人民政府关于支持全市农民工等人员返乡创业的实施意见》《鄂州市农民工等人员返乡创业三年行动计划（2018—2020 年）》等，较为超前。宜昌市、恩施市、黄冈市、神农架林区等地区虽未印发或未公开相关政策文件，但均在其地方《乡村振兴战略规划》等统领性文件中提出优化返乡创业环境、强化返乡创业服务，并因地制宜地激发培训主体的积极性，降低农民创新创业门槛，提高农民创新创业能力。

二、促进乡村人才振兴

乡村振兴，关键在人才。习近平总书记指出："要推动乡村人才振兴，把人力资本开发放在首要位置，强化乡村振兴人才支撑，加快培育新型农业经营主体，让愿意留在乡村、建设家乡的人留得安心，让愿意上山下乡、回报乡村的人更有信心，激励各类人才在农村广阔天地大施所能、大展才华、大显身手，打造一支强大的乡村振兴人才队伍"①。湖北省以习近平关于"三农"工作重要论述为指引，制定了有关政策文件和发展规划（表2-2），出台了一系列政策措施，为促进乡村人才振兴提供了有力支撑。

表2-2 2018—2022年湖北省促进乡村人才振兴的有关文件和规划

发文时间	文件名称	发文单位
2018.06	《关于深入实施"我兴楚乡·创在湖北"返乡创业行动计划的通知》	湖北省人力资源和社会保障厅
2018.06	《全省农民工等人员返乡创业三年行动计划（2018—2020年）》	湖北省人民政府办公厅
2018.07	《湖北省2018年度招募选派"三支一扶"高校毕业生公告》	湖北省人力资源和社会保障厅
2019.05	《湖北省乡村振兴战略规划（2018—2022年）》	湖北省农业农村厅
2019.06	《湖北省培育贫困村创业致富带头人实施方案》	湖北省人民政府扶贫开发办公室
2019.07	《湖北省2019年度招募选派"三支一扶"高校毕业生公告》	湖北省人力资源和社会保障厅
2019.09	《关于改革完善全科医生培养与使用激励机制的实施意见》	湖北省人民政府办公厅
2020.05	《关于开展第二届"寻找最美农技员"活动》	湖北省农业农村厅
2020.07	《湖北省2020年度招募选派"三支一扶"高校毕业生公告》	湖北省人力资源和社会保障厅
2020.10	《关于印发2020年院士专家科技服务"515"行动（协同推广）实施方案》	湖北省农业农村厅
2020.11	《关于实施创业培训"马兰花计划"的通知》	湖北省人力资源和社会保障厅
2021.06	《关于推动脱贫地区特色产业可持续发展的实施意见》	湖北省农业农村厅等10部门
2021.06	《关于向重点乡村持续选派驻村第一书记和工作队的实施意见》	中共湖北省委办公厅

① 中共中央党史和文献研究院编：《习近平关于"三农"工作论述摘编》，中央文献出版社2019年版，第150页。

发文时间	文件名称	发文单位
2021.07	《湖北省 2021 年度招募选派"三支一扶"高校毕业生公告》	湖北省人力资源和社会保障厅
2021.07	《百校联百县——高校服务乡村振兴科技支撑行动计划（2021—2025 年）》	湖北省教育厅
2021.09	《"万名大学生乡村医生配备"项目实施方案》	湖北省卫生健康委员会等 8 部门
2021.11	《关于创新县乡事业单位人事管理促进乡村振兴的若干措施》	湖北省人力资源和社会保障厅
2021.11	《支持新型农业经营主体高质量发展若干措施》	湖北省农业农村厅
2022.03	《关于加强和改进新时代人才工作的实施意见》	中共湖北省委、湖北省人民政府
2022.05	《关于组织开展 2022 年"湖北工匠杯"职业技能竞赛的通知》	湖北省人力资源和社会保障厅
2022.07	《湖北省农村实用人才创业创新项目》	中共湖北省委组织部、省农业农村厅
2022.08	《湖北省乡村产业振兴带头人培育"头雁"项目实施方案》	湖北省农业农村厅、财政厅
2022.08	《创新开展"雨露计划＋"行动实施方案》	湖北省乡村振兴局等 3 部门

（一）培育农业生产经营人才

农业经营主体人才主要是指在种植业、养殖业第一线的生产人才，包括家庭农场、农民合作社、农业产业化经营组织、农业社会化服务组织等，属于高素质新型职业农民。针对农业经营主体人才的培养，湖北省在 2019 年印发的文件中就强调要强力推动乡村人才振兴，支持农民专业合作社、专业技术协会、龙头企业等主体承担培训任务，重点培养生产经营型职业农民，着力培养技能服务型职业农民，政策出台时间早于国家；同时，进一步明确要深入实施新型农业经营主体培育提升计划，提升新型农业经营主体发展质量。围绕"头雁"项目，湖北省则进一步指出围绕实施强县工程，聚焦十大重点农业产业链建设，计划每年培育 1 000 名乡村产业振兴带头人。湖北省地方相关部门也印发一系列文件推动农业生产经营人才的发展。

（二）壮大农村二三产业人才队伍

湖北省及其地方相关部门结合地方优势特色产业，相继印发了相应文件，从品牌强农、效益兴农、优化结构等方面入手，坚持工匠精神，培养农村产业发展人才。武汉市通过创新"武汉工匠"高技能人才成长支持政策和激励措施，构建完善"武汉工匠"培养、评价、激励、使用、保障等工作机制，加快推进武汉市高技能人才队伍发展壮大，为"三化"大武汉建设提供人才支撑。

（三）培养乡村公共服务人才

湖北省及其地方相关部门积极响应国家政策要求，相继印发了一系列相应政策文件来支持培养乡村公共服务人才。2021年荆州市就强调要强化农村基本公共服务供给县、乡、村统筹，提高农村教育质量，提档升级村卫生室水平，提升乡镇卫生院医疗服务能力，探索创新基层事业单位人才引进培养体制机制，引导和鼓励高校毕业生到基层就业。

（四）选育乡村治理人才

为培养和造就一批乡村治理人才，湖北省及其地方相关部门强调要以山区、贫困片区为重点，培养适应农村发展、热爱农村工作、掌握农业生产经营技能、留得住、用得上、有本领的人才。地方上，宜昌市印发相关文件，加大了乡村治理人才培养力度。

（五）培养农业农村科技人才

根据中央决策部署，湖北省及其地方相关部门积极推进农业农村科技人才培养，明确指出实行科技特派员制度，落实湖北省高校服务乡村振兴科技支撑行动，以科技赋能乡村振兴，聚焦十大领域，组织全省百余所高校面向全省百余个县（市），着力解决乡村振兴中的实际问题。

（六）优化农村就业环境

湖北省印发了《全省农民工等人员返乡创业三年行动计划（2018—2020年）的通知》《关于应对新冠肺炎疫情影响全力以赴做好稳就业工作的若干措施》《推进返乡留乡农民工就地就近就业工作实施方案》等一系列文件，提出"发动龙头企业吸纳一批、鼓励新型主体带动一批、发展农业生产消化一批、实施以工代赈承接一批"，拓宽就业渠道，推动公共就业服务向乡村地区延伸，并将"提供全方位公共就业服务"作为"十四五"目标。结合实际情况，湖北省发布12条加强就业帮扶举措，并提出建立集工作车间、公共就业服务中心、公共活动场所等功能为一体的综合性服务机构。充分挖掘农村领域内部潜力，最大限度吸纳返乡留乡农民工就业，激发乡村发展新动能。湖北省地方相关部门也印发文件以提高农民工资性收入，黄冈市人民政府办公室印发了《关于做好农民工返岗就业工作的通知》，通过支持企业稳岗拓岗、扶持就业带动创业，以稳定农民务工收入；与此同时，以促进共同富裕为契机，黄冈市将农产品加工业打造成规模以上工业中规模最大、涵盖企业最多、带动就业人数最多的一大支柱产业；武汉市、鄂州市、宜昌市五峰土家族自治县与兴山县均在《国民经济和社会发展第十四个五年规划和2035年远景目标纲要》中提出要依托当地优势，打造特色产业，增加就业岗位。

三、促进乡村文化振兴

乡村振兴，既要塑形，也要铸魂。乡村文化振兴不仅是乡村振兴的题中之义，而且对于乡村产业振兴、人才振兴、生态振兴和组织振兴具有重要引领和推动作用。党的十九大以来，习近平总书记多次对推进乡村文化振兴作出重要指示，党和政府围绕乡村文化振兴出台了一系列政策措施。湖北省为深入贯彻中央决策部署，围绕培育农村文明风尚、传承乡村优秀文化、形成"文明乡风、良好家风、淳朴民风"，制定了有关文件和规划（表2-3），推进了一系列探索实践。

表2-3　2018—2022年湖北省促进乡村文化振兴的有关文件和规划

发文时间	文件名称	发文单位
2018.04	《关于制定和实施老年人照顾服务项目的实施意见》	湖北省人民政府办公厅
2018.05	《关于转发省文化厅等部门湖北省传统工艺振兴计划的通知》	湖北省人民政府办公厅
2018.08	《关于进一步加强老年教育工作的意见》	湖北省人民政府办公厅
2018.09	《关于创建农业高新技术产业示范区的实施意见》	湖北省人民政府办公厅
2018.12	《湖北省人口发展规划（2018—2030年）》	湖北省人民政府
2019.02	《关于做好村规民约和居民公约工作的指导意见》	湖北省民政厅等7部门
2019.02	《关于印发荆楚大遗址传承发展工程实施方案（2019—2023年）的通知》	湖北省人民政府办公厅
2019.02	《湖北省乡村振兴战略规划（2018—2022年）》	中共湖北省委、湖北省人民政府
2019.03	《关于推行终身职业技能培训制度的实施意见》	湖北省人民政府
2019.03	《新时代文明实践中心试点工作方案》	湖北省委全面深化改革委员会
2019.03	《加强县级融媒体中心建设工作方案》	湖北省委全面深化改革委员会
2019.04	《关于对标全面建成小康社会必须完成的硬任务扎实做好"三农"工作的若干意见》	中共湖北省委、湖北省人民政府
2019.09	《关于加强新时代家庭家教家风建设的意见》	中共湖北省委办公厅
2020.01	《关于公布第六批省级非物质文化遗产代表性项目名录的通知》	湖北省人民政府
2020.06	《关于印发湖北省数字政府建设总体规划（2020—2022年）的通知》	湖北省人民政府
2021.01	《湖北省家庭教育促进条例》	湖北省人大常委会
2021.09	《关于加强新时代家庭家教家风建设的意见》	中共湖北省委办公厅
2021.10	《关于新时代支持革命老区振兴发展的实施意见》	湖北省人民政府
2021.12	《关于印发湖北省全民科学素质行动规划纲要实施方案（2021—2025年）的通知》	湖北省人民政府办公厅
2021.12	《湖北省全民科学素质行动规划纲要实施方案（2021—2025年）》	湖北省人民政府

（续）

发文时间	文件名称	发文单位
2022.03	《2022 年清廉家庭建设重点工作方案》	湖北省妇女联合会
2022.07	《关于深化拓展新时代文明实践中心建设的实施方案》	湖北省精神文明建设指导委员会
2022.08	《湖北省家庭教育指导服务"十四五"规划》	湖北省妇联等 14 部门
2022.11	《关于常态化开展"推进移风易俗 建设文明乡风"主题宣传教育活动的通知》	湖北省委宣传部等 7 部门

（一）加强农村思想道德建设

1. 加强农村文明风尚建设

为持续推进农村移风易俗，加强文明风尚建设，湖北省早在 2021 年 12 月就提出深入开展科普宣传教育活动，提升农民科学素质，建设和完善科技志愿服务机制，依托基层党群服务中心、新时代文明实践中心和各类科普基地积极开展科普活动。在广泛开展道德教育方面，湖北省在 2018 年 8 月就提出了积极开发老年人力资源、传播社会主义核心价值观，开展"道德讲堂教育"活动等政策。为此，宜昌市、襄阳市通过把加强和改进未成年人思想道德建设纳入经济社会发展长远规划，走在了全国前列。在发挥文化传承和浸润作用方面，湖北省及其地方相关部门明确要求大力推进大遗址传承发展、打造荆楚文化重要标识，并制定荆楚大遗址传承发展工程实施方案等。为此，襄阳市、宜昌市、荆州市、十堰市分别印发了相关文件，强调传承文化，发挥浸润作用。

2. 注重核心价值引领

在培育践行社会主义核心价值观方面，湖北省要求围绕践行社会主义核心价值观，大力弘扬科学精神。地方上，襄阳市则要求要充分认识培育和践行社会主义核心价值观的重要性，进一步培育和践行社会主义核心价值观。在巩固农村思想文化阵地方面，湖北省积极落实中央部署安排，统筹开展文明实践活动和文明村镇创建，纵深推进"两个中心"建设，成为巩固基层宣传思想文化阵地的有效载体；地方上，武汉市、咸宁市均强调要认真学习习近平新时代中国特色社会主义思想。

3. 增加优秀乡村文化供给

湖北省相继印发了《湖北省旅游业发展"十四五"规划》《关于推动社区社会组织广泛参与新时代文明实践活动的通知》《关于完善"五社联动"机制助力新时代文明实践志愿服务的意见》等，要求充分发挥农村基层党组织与农村各类组织的作用，推动文化产业赋能乡村振兴，整合新时代文明实践中心资源，结合当地文化特色，打造新时代文明实践活动品牌，在"富口袋"的基础上，丰富农民的精神，用文化讲好乡村振兴"荆楚故事"，实现"富脑袋"。与此同时，各地还积极推动全民健身八进乡村，举行"农民运动会"，让农村体育活动在荆楚大地如火如荼展开。武汉市、黄石市、孝感市、随州市等地均印发《文化产业发展"十四五"规划》，并积极建设新时代文明讲习所、开展一系列活动，诸如农民丰收节、"村晚""村 BA"等活动，让农民享受到了更广泛、更高质量的精神文化生活。

（二）弘扬农村优秀传统文化

1. 传承农村优秀传统文化

湖北省要求立足中华民族优秀传统文化和荆楚优秀传统工艺资源，不仅要建成一批优秀传统工艺项目专题展示馆和传习所，还要加强传统工艺传承队伍建设，并明确指出，要切实做好非物质文化遗产保护、传承和管理工作。黄石市、武汉市在相应的"十四五"规划文件中均强调提升农村优秀传统文化。

2. 加强农村公共文化体系建设

湖北省相关文件明确提出要打通公共文化服务应用和资源，汇聚各级文化资源、挖掘本地特色资源，建设与现代公共文化服务体系相适应的公共文化数字化应用。武汉市、黄石市、十堰市经济开发区在相应文件中均指出，要拓展新时代文明，开展公共文化数字化应用。

3. 培育发展农村特色文化产业

湖北省早在 2018 年的《政府工作报告》中就已经提出要坚定不移把文化产业作为支柱产业来培育，在全国发挥了引领性作用。襄阳市、仙桃市均分别提出大力支持农村特色文化产业的发展。

（三）以"三风行动"助力文化振兴

1. 引领文明乡风

为了形成文明乡风，湖北省明确要求开展移风易俗"大宣传""大讨论"、出台移风易俗"好措施"、组织移风易俗"大曝光"等形式开展宣传教育。为此，十堰市、武汉市、潜江市均印发了相关文件，进一步推进移风易俗，树立文明新风，有效遏制乡村陈规陋习。

2. 传承良好家风

为传承良好家风，2019 年湖北省就在全省广泛开展"树清廉家风"活动，家长通过让孩子诵读《三字经》等方式养成良好品行。湖北省妇联配套下发文件中提出要加大清廉力度，做到清廉"八个一"等措施。在地方上，武汉市武昌区提倡开展"清廉家风润武昌"；恩施州妇联通过推动各县（市）城乡社区普遍建立家长学校或家庭教育服务站点，以好家风带动好社风好民风。这些特色做法不仅有助于警醒党员、干部，也使群众能够铭记家风教导，清廉做人、规矩办事。

3. 厚养淳朴民风

为厚养淳朴民风，2019 年湖北省就印发文件要求针对非法宗教活动等提出适当、合理的惩戒措施，这不仅充分发挥了村规民约、居民公约在城乡基层社会治理中的积极作用，也提升了全省基层社会治理水平和文明程度。相应地，襄阳市、鄂州市、恩施市均印发了相关文件对上级政策进行落实，体现了各地抓党风促政风带民风，贯彻中央精神的特点。

（四）强化农村文化建设投入保障

1. 加大农村基础教育投入

2018年湖北省委1号文件要求各级政府部门从小规模学校和乡村寄宿制学校建设、学校规划布局、义务教育优质均衡推进及"双线控辍保学"落实等方面确定工作重点与方向，总体目标与中央保持一致。与此同时，地方相关部门也印发了《关于推进巩固拓展教育脱贫攻坚成果与乡村振兴有效衔接工作的通知》或《关于实现巩固拓展脱贫攻坚成果同乡村振兴有效衔接的实施意见》等，要求积极开展义务教育推进工作，将巩固义务教育成果作为巩固并拓展脱贫攻坚成果同乡村振兴有效衔接工作的重要环节。

在办学条件方面，湖北省早在2018年就提出改善办学条件的宏观指导意见，并分别纳入了全省农业农村现代化与县域经济发展与教育事业发展的"十四五"规划；并于2022年10月湖北省委办公厅、湖北省人民政府办公厅印发的《湖北省乡村建设行动推进方案》中确定了改善办学条件的未来工作方向，该文件印发时间早于国家文件，在全国起到了引导性作用。与此同时，湖北省各地也积极响应，提出要巩固学校办学条件建设成果，进一步优化调整学校布局。

在农村教育质量方面，湖北省印发了相关文件，对教师的素质能力、师德师风等方面做出规定，积极落实"县管校聘"管理改革，推进县域内义务教育学校校长教师交流轮岗。整体来看，国家对农村教育事业极为重视，湖北省也紧紧围绕中央精神，因地制宜制定相关政策文件，层层落实，坚决保障农村基本教育条件，并不断发展农村教育事业。

2. 建立健全长效机制

在健全监督机制方面，湖北省相关文件中要求确立乡村振兴督查制度，重点查找和解决乡村建设中的短板和问题，为此，咸宁市、恩施市均提出构筑新型监督机制，服务宏观管理治理。在健全制度机制、坚持系统施治方面，增强对一把手和领导班子的监督实效。在完善激励机制方面，湖北省要求建立农业科技人员报酬激励机制，支持农业科研人员在事业单位和示范区企业、农民专业合作社间以兼职、合作、交流等形式合理流动，并取得合法报酬等。各地也积极响应，赤壁市积极引导外出务工，鼓励企业吸纳就业就是引导社会对于脱贫攻坚的落实；咸宁市提出联农带农参与脱贫攻坚，促进农民增收。

四、促进乡村生态振兴

保护生态环境就是保护生产力，改善生态环境就是发展生产力。习近平总书记指出，"良好生态环境是农村最大优势和宝贵财富。要守住生态保护红线，推动乡村自然资本加快增值，让良好生态成为乡村振兴的支撑点"[①]。党的十九大以来，围绕促进生产生活方式绿色转型、推进农村人居环境综合整治，湖北省制定了有关文件和规划（表2-4），实施了一系列政策措施。

表2-4 2018—2022年湖北省促进乡村生态振兴的有关文件和规划

发文时间	文件名称	发文单位
2018.01	《关于印发湖北省"厕所革命"三年攻坚行动计划（2018—2020年）的通知》	湖北省人民政府
2018.05	《湖北省"四好农村路"三年攻坚战实施方案（2018—2020年）》	湖北省交通运输厅
2018.06	《湖北省城乡生活污水治理工作方案》	湖北省住房和城乡建设厅
2018.10	《湖北省第二次全国污染源普查实施方案》	湖北省人民政府
2019.04	《关于加快编制村庄规划 促进乡村振兴的通知》	中共湖北省委农办等5部门
2019.05	《湖北省农业农村污染治理实施方案》	湖北省生态环境厅、农业农村厅
2019.05	《湖北省农村住房建设试点方案》	湖北省住房和城乡建设厅办公室
2019.08	《湖北省推进城乡生活垃圾分类工作实施方案》	湖北省人民政府办公厅
2020.06	《关于加快推动水产养殖业绿色发展的意见》	湖北省农业农村厅等11部门
2020.07	《关于切实做好湖北省长江流域禁捕退捕有关工作的通知》	湖北省人民政府办公厅

---

① 习近平著，《论"三农"工作》，中央文献出版社2022年版，第250页。

（续）

发文时间	文件名称	发文单位
2020.07	《关于进一步明确畜禽粪污还田利用要求强化养殖污染监管的通知》	湖北省农业农村厅办公室、生态环境厅办公室
2020.09	《湖北省推进农业农村现代化"十四五"规划的通知》	湖北省人民政府
2020.10	《湖北省城乡人居环境建设"十四五"规划》	湖北省人民政府办公厅
2020.12	《湖北省深化农村公路管理养护体制改革实施方案》	湖北省交通运输厅、财政厅
2021.04	《关于完善长江流域禁捕执法长效管理机制的实施意见》	湖北省农业农村厅等6部门
2021.05	《湖北省农村生活污水处理设施运行维护管理办法（试行）》	湖北省生态环境厅
2021.06	《关于加强禁捕水域垂钓管理工作的意见》	湖北省农业农村厅
2021.08	《关于加强畜禽养殖废弃物资源化利用工作的通知》	湖北省农业农村厅
2021.08	《绿色种养循环农业试点工作实施方案》	湖北省农业农村厅、财政厅
2021.11	《湖北省生态环境保护"十四五"规划》	湖北省人民政府
2021.11	《湖北省长江经济带绿色发展"十四五"规划》	湖北省发展和改革委员会
2022.04	《2022年湖北省农药包装废弃物回收处理工作方案》	湖北省农业农村厅办公室
2022.05	《湖北省乡村绿化技术导则（征求意见稿）》	湖北省林业局
2022.07	《湖北省农业农村污染治理攻坚战实施方案（2021—2025年）》	湖北省生态环境厅等5部门

（一）促进生产生活方式绿色转型

1. 推动绿色循环低碳农业发展

优化种植业生产结构是推进绿色生产方式的关键环节。湖北省相关文件中明确指出要优化种植业布局，大力推进种植产业模式生态化。同时严格落实耕地保护制度，实施耕地分类管理，持续提升耕地地力。地方上，十堰市、恩施州、安陆市也各自印发了相关文件来推进农业绿色生产。推行水产业健康养殖是实现绿色生产发展的重要方面。湖北省明确提出科学布局养殖生产，构建水产养殖与自然和谐发展新体系，加快发展健康养殖。在后续发布的文件中，湖北省进一步对非法养殖与非法捕捞进行规定,切实强化长江水生生物资源保护。地方上,恩施州、孝感市、谷城县分别根据地方实际,印发了相关文件,落实长江流域禁捕退捕要求,促进渔业绿色发展。

2. 加强产地环境保护与治理

自乡村振兴战略提出以来,国家始终关注产地环境保护与治理,湖北省积极落实中央部署安排,要求稳步实施化肥农药减量增效,实施精准施肥,推进粪肥还田、有机肥替代化肥;协同推进生产发展和环境保护,提升畜禽粪污综合利用率,加强秸秆禁烧管控,推广以秸秆粉碎还田为主的综合利用模式;加强农膜生产、销售、使用、回收、再利用等环节管理,积极探索推广环境友好生物可降解地膜。地方上,恩施州、武汉市东西湖区、汉川市、江陵县分别印发了相关文件,加强产地环境保护与治理。

(二)推进农村人居环境综合整治

1. 规范生活污水排放

规范生活污水排放需要从梯次推进污水治理、实现技术模式生态高效、保证河塘沟渠清澈无异味、稳定治理机制长效运行四个方面入手,湖北省早于中央印发了相关文件,表现出湖北省在解决农村生活污水治理问题中的先导性。湖北省还进一步强调各地应科学统筹,重点推进乡镇政府所在地人口密集区生活污水治理;优先推广运行费用低、管护简便的污水治理技术,鼓励居住分散地区采用生态处理技术;开展农村黑臭水体排查,明确治理范围和时限,深入治理农村黑臭水体;创新乡镇污水设施建设和运营模式,推动县域农村生活污水治理统筹规划、建设和运维。地方上,仙桃市、荆门市、沙洋县、荆门市东宝区、京山市、南漳县、老河口县、谷城县、黄梅县、团风县、英山县等地均出台了相关文件治理农村生活污水。

2. 健全农村垃圾处置体系

推动垃圾分类减量先行和加强收运处置设施建设是健全垃圾处置体系

工作的两大重点。湖北省明确要求全面实施分类,推进源头减量,施行分类投放;以设施建设为重点推进农村生活垃圾资源化利用,优化农村生活垃圾收运处置设施布局。但在加强收运处置设施建设方面,只在部分文件中有所涉及,湖北省并未与中央一样印发专门性文件。地方上,荆门市、黄冈市、麻城市等分别印发了相关文件对生活垃圾无害化处理进行指导。

3. 推进厕所粪污治理

推动厕所革命是改善农村人居环境,实现乡村生态宜居的重要方面。湖北省贯彻落实中央部署,根据实际情况印发了相关推进厕所改革的政策文件,指出要按照"农户主体、政府补助、因地制宜、一村一策"的原则,从农民实际出发加快推动农村"厕所革命"。地方上,荆门市、孝感市、襄阳市、保康县、沙洋县、保康县、麻城市、武穴市均印发了相关文件,有序推进厕所粪污治理,完成农村厕所革命。

4. 改善村容村貌

改善村容村貌是提升农村人居环境的关键。湖北省按照中央要求,明确指出要持续开展乡村绿化美化,持续开展"村庄清洁行动",实施风貌管控。十堰市、荆门市、襄阳市等地针对农村道路印发了相关文件,指导加强农村道路基础设施建设。同时,武汉市及新洲区、广水市、黄梅县针对美丽乡村建设印发了推进美丽乡村建设三年行动计划、提升行动方案、实施方案等相关文件,改善农村人居环境,建设宜居宜业和美乡村。

五、促进乡村组织振兴

基层党组织是实施乡村振兴战略的"主心骨",组织振兴是乡村振兴的根本保障。党的十九大以来,为实现农村基层党组织坚强有力、村民自治组织规范有序,把党管农村工作的要求落到实处,湖北省出台了一系列相关政策文件(表2-5),实施了一系列政策措施。

表 2 - 5 2018—2022 年湖北省促进乡村组织振兴的有关文件和规划

发文时间	文件名称	发文单位
2019.07	《关于做好村规民约和居民公约工作的实施意见》	湖北省民政厅
2020.07	《关于深化新时代党建引领加强基层社会治理的意见》	中共湖北省委、湖北省人民政府
2020.08	《关于全面推进基层政务公开标准化规范化工作的实施意见》	湖北省人民政府办公厅
2021.02	《关于推进基层政务服务"一网通办"的指导意见》	湖北省人民政府
2021.05	《关于深入推进党建引领乡村治理促进乡村振兴的实施意见》	湖北省人民政府办公厅
2021.06	《关于向重点乡村持续选派驻村第一书记和工作队的实施意见》	中共湖北省委办公厅
2021.07	《关于新时代推动湖北高质量发展加快建成中部地区崛起重要战略支点的实施意见》	中共湖北省委办公厅、湖北省人民政府办公厅
2021.08	《湖北省培育农村学法用法示范户工作实施方案》	湖北省农业农村厅
2021.09	《湖北省推进农业农村现代化"十四五"规划》	湖北省人民政府
2021.10	《关于新时代推动湖北高质量发展加快建成中部地区崛起重要战略支点的实施意见》	中共湖北省委、湖北省人民政府
2021.10	《湖北省民政事业发展"十四五"规划》	湖北省民政厅、发改委
2021.11	《法治湖北建设规划（2021—2025 年）》	中共湖北省委
2021.12	《湖北省农业农村系统法治宣传教育第八个五年规划》	湖北省农业农村厅
2022.02	《湖北省法治社会建设实施方案（2021—2025 年）》	中共湖北省委、湖北省人民政府
2022.03	《湖北省城乡社区服务体系建设"十四五"规划》	湖北省民政厅、发改委
2022.03	《省直单位帮扶驻村"六治强基"引领乡村治理促进乡村振兴实施方案》	湖北省公安厅
2022.05	《关于开展村（社区）"两委"换届"回头看"工作的通知》	湖北省委组织部、湖北省民政厅
2022.06	《湖北省公共法律服务体系建设"十四五"规划》	湖北省人民政府

（一）加强农村基层党组织建设

1. 健全选拔制度，激发基层党组织活力

湖北省印发文件中强调要因地制宜分类建设组织振兴红色村、善治示范

村、绿色发展村与软弱涣散村，针对性地建设基层党组织，强调突出政治标准，选优配强"两委"班子，特别是村党组织书记。地方上，武汉市、襄阳市、潜江市等地均提出要健全基层党组织的选拔制度；部分地方还探索了特色性做法，如武汉市通过"本村选、外面引、上级派、公开聘"等方式加大选拔力度，明确将"不能""不宜"作为候选人的具体情形；咸宁市在全市农村开展联合党委试点工作，创新农村基层党组织设置，凝聚农村发展合力，推动农村社会发展；孝感市通过完善支部巡整机制，全面开展支部自查、基层党委普查、组织部门抽查，全面整顿软弱涣散村党组织。

2. 加强党建引领，提升基层党组织能力

湖北省多个文件中均提出要以提升农村党组织的组织力为核心，坚持五级书记一起抓，突出基层党组织的政治功能，发挥战斗堡垒作用，结合村"两委"换届，抓实建强农村基层党组织，让堡垒更强、党旗更红，持续答好习近平总书记交给湖北的"必答题"。地方上，武汉市大力推进实施"红色引擎工程"，增强农村基层党组织政治功能和组织功能；恩施州坚持"聚焦六度（高度、深度、广度、热度、浓度、亮度）"，充分发挥农村基层党组织战斗堡垒作用和党员先锋模范作用，聚焦"两个功能（政治功能、组织功能）"，开展农村基层党建示范创建；十堰市房县要求落实县、乡党员领导干部抓基层党建"三个一"制度，推动基层党建深入融合。

3. 建立监督机制，从严考核基层党组织工作

湖北省建立监督机制，对换届"回头看"工作作出具体部署，将考核结果与村干部工作绩效相挂钩，压实领导班子与领导干部责任，为实施乡村振兴奠定组织基础。地方上，武汉市要求加强管理监督，普遍建立岗位目标考核、小微权力清单、经济责任审计、民主评议、履职承诺等制度，常态化开展村党组织书记履职情况和村级班子运行情况综合分析研判，重点加强对村党组织书记、村委会主任的监督。咸宁市采取"谈、听、查、看"相结合的方式，了解基层党组织干部的履职情况、能力水平、工作饱和度、工作成效与工作作风；宜城市从市委组织部、市民政局抽取精干力量组成专班，开展"回头看"工

作，并对"两委"班子进行全面评估。

(二) 创新乡村治理体系

1. 以自治激发活力

健全党组织领导的村民自治机制，规范村民委员会等自治组织的选举办法是乡村自治的核心内容。湖北省明确指出要加强基层群众自治组织建设，完善农村民主选举、民主协商、民主决策、民主管理、民主监督制度；规范村民委员会等自治组织选举办法，健全民主决策程序。地方上，丹江口市、荆州市荆州区分别印发相关文件，要求推进村民委员会规范化建设，打造清廉班子。

在创新村民议事形式、全面实施村级事务阳光工程方面，湖北省明确要求对涉及人民群众切身利益、需要社会广泛知晓的公共政策措施、公共建设项目，要采取座谈会等多种方式，充分听取公众意见，提高决策透明度、规范微权力。地方上，天门市、荆门市在全面推进基层政务公开标准化规范化工作方面，相应提出要完善基层行政决策公众参与机制，创新村民议事形式，对村级小微权力进行梳理、归纳、研判、审定，设置村级小微权力清单事项，保障村民的知情权、参与权和监督权，构建出规范化、标准化、制度化服务新机制。

2. 以法治强化保障

法治是乡村治理的前提和保障。在中央政策的指导下，湖北省要求落实农业生产有关的地方性法规规章、提高农民法治观念；大力弘扬法治精神，鼓励多方共治，打造共建共治共享的社会治理格局；强化"法律进乡村"活动，加强农村法治宣传培训，深入推进综合行政执法改革向基层延伸。地方上，黄梅县连续两年印发有关法治政府建设行动方案，要求加强公共法律服务体系建设，加快建成覆盖城乡、便捷高效、均等普惠的现代公共法律服务体系，健全完善"一村（社区）一企一校一律师"的全覆盖法律顾问体系，为广大群众提供送上门的优质法律服务。

3. 以德治弘扬正气

在培育践行社会主义核心价值观、宣传模范榜样的示范作用方面，湖北省相关文件中提出要弘扬和践行社会主义核心价值观，以社会主义核心价值观为引领，推动荆楚优秀文化传承与发展；发挥新乡贤在乡村治理中的积极作用，要求深入挖掘乡村熟人社会蕴含的道德力量，引导农民见贤思齐、向上向善。地方上，大冶市、荆州市荆州区分别针对清廉村居建设工作，提出要树立清正廉洁价值导向，积极弘扬社会主义核心价值观。

在开展专项文明行动方面，早在 2022 年 3 月，湖北省早于中央印发了相关文件，提出要深化道德评议、乡贤议事"双评议"活动，开展高额彩礼、薄养厚葬、人情攀比、忤逆不孝等突出问题专项治理。例如，石首市在开展易地扶贫搬迁安置点的乡村治理专项行动中，深入开展移风易俗，对婚丧陋习、天价彩礼、孝道式微、老无所养等不良社会风气进行治理，培育文明乡风。深化文明村镇创建，宣传展示好家风好家训。开展农村道德讲堂活动。

在发挥村规民约的强大作用方面，湖北省严格落实中央部署安排，充分发挥村规民约、居民公约在城乡基层社会治理中的积极作用，提升湖北省基层社会治理水平和文明程度，从正面倡导和负面约束两个方面出发，针对违反的情形提出适当、合理的惩戒措施。地方上，荆州市、黄石市通过倡导使基层社会治理水平和社会文明程度切实得到提升。

4. 以善治完善目标

走稳走好善治之路是乡村社会治理有效的必要途径，乡村善治的关键在于坚持发展新时代"浦江经验"和"枫桥经验"。湖北省在此基础上，畅通和规范群众诉求表达、利益协调、权益保障通道，构建源头防控、排查梳理、多元化解、应急处置、事权匹配、分级负责的社会矛盾综合治理机制，做到小事不出村、大事不出镇、矛盾基本解决在县域、重大矛盾风险控制在市域。地方上，武汉市通过坚持和发展新时代的"浦江经验"和"枫桥经验"，有效化解基层矛盾。

（三）提升乡村治理效能

1. 加强法治教育和服务

培育农村学法用法示范户是畅通农村普法的"最后一公里"，为提高农民办事依法、遇事找法、解决问题用法、化解矛盾靠法，自觉遵守村规民约的能力，湖北省从培育农村学法用法示范户的实施方案、开展有针对性的学法用法培训、开展执法机构与示范户"结对子"活动、建设符合农民需求的农村法治教育基地、组织开展农村学法用法示范户认定工作、加强对示范户的跟踪调研和监测评估六个方面进行落实，旨在提高农民群众法治素养，全面推进湖北省乡村振兴。地方上，荆州市通过倡导培育全民法治信仰，不断提高法治宣传教育的针对性和实效性。

为强化农村法律服务供给，湖北省紧紧围绕服务湖北乡村振兴战略这一主题实施，全面落实"一村（社区）一警一法律顾问"，深入实施"法律明白人"培养工程，开展"法援乡村惠民生"、实施村居法律顾问"全覆盖体系检查"和"五个一"、乡村企业"法治体检"、"100＋100党支部结对""公证进乡村""百家鉴定机构进农村"等活动，以期更好地满足乡村群众多层次、多样化公共法律服务需求。地方上，咸宁市司法局通过健全乡村公共法律服务体系、促进法律服务多元化专业化，以此强化农村法律服务供给。

2. 严厉打击违法犯罪行为

为严厉打击违法犯罪行为，加强平安乡村建设，湖北省大力推动扫黑除恶常态化，坚定不移清除黑恶势力及其保护伞，深入开展基层平安创建活动，依法惩治乡村黑恶势力、黄赌毒盗拐骗以及乡村非法宗教活动、邪教活动等违法犯罪，健全农村公共安全体系，加强农村警务、消防、安全生产工作，坚决遏制重特大安全事故。地方上，荆州市通过完善平安荆州建设协调机制、责任分担机制，推动扫黑除恶常态化，依法严厉打击和惩治违法犯罪活动。

3. 完善基层治理平台

网格化治理可有效提升基层社会治理效能，湖北省相关文件中提出要健全各类网格"多网合一"运行机制，构建网格化管理的基层治理平台，提升社区网格化管理服务水平，建立"网格发现、社区呼叫、分级响应、协同处理"机制。地方上，荆州市通过深化基层机构改革，推行扁平化和网络化管理，有效提升社会治理效能。

在大数据赋能、提升乡村治理信息化方面，湖北省提出运用大数据、云计算、人工智能等现代技术手段，优化整合法治领域各类信息、数据、网络平台，推进数据归集与治理，实现法治湖北建设的数据化、网络化；要加快线上线下融合，推进乡村政务服务事项一窗式办理、信息系统一平台整合、社会服务管理大数据一口径汇集，提高乡村治理智能化、便民化水平。地方上，襄阳市、竹山县通过印发相关文件来推进农村基层政务信息化应用和乡村治理服务数字化。

4. 推广乡村治理方式

推广积分制、清单制等务实管用的乡村治理方式，可有效提高乡村治理水平。湖北省要求创新乡村治理手段，推广积分制、清单制和数字智能化治理平台，拓宽农民参与路径。相应地，武汉市有效指导各区制定完善社区（村）小微权力清单，开展以村规民约为主要内容的积分制试点；武汉市蔡甸区通过推行"减负清单、责任清单、监督清单、服务清单"四类清单，不断加强乡村治理体系和治理能力建设，助力乡村全面振兴。

为深化乡村治理体系建设试点，组织开展全国乡村治理示范村镇创建，湖北省要求加大政策支持力度，研究制定推进试点工作的配套措施，完善经费保障机制，加大财政投入，统筹安排试点工作所需经费，确保试点工作稳妥有序推进。组织开展培训，宣传解读好试点任务，充分利用专家智库的作用，强化人才支撑，总结推广先进经验，研究提炼试点过程中的突出亮点，宣传推广试点中的好经验好模式，发挥试点示范引领作用。地方上，武汉市蔡甸区等 6 地入选全国首批乡村治理体系建设试点；十堰市宝丰镇等 4 个乡镇和武汉市江夏区锦绣村等 40 个村入选第二批全国乡村治理示范乡镇、示范村。

第 三 章

保障粮食安全和重要农产品供给

　　粮食安全，事关国计民生。习近平总书记指出，确保重要农产品特别是粮食供给，是实施乡村振兴战略的首要任务。党的十九大以来，湖北省各级党政部门立足职能职责、围绕深入实施国家粮食安全战略履职尽责，为全方位夯实粮食安全根基作出湖北贡献。本章系统分析了湖北省保障粮食安全和重要农产品供给的政策措施和实施效果，通过调查研究发现，自实施乡村振兴战略以来，湖北省农业生产条件明显改善，产能显著提升；经营主体能力不断提升，培育成效逐渐显现；农业产业提质增效成效明显，产业化加快发展；农业科技创新水平不断提升，稳产保供能力稳步加强。但同时也应看到，由于政策范围不明确、宣传落实不到位等一系列问题，湖北农业产业化发展保障不足、缺少支撑。新发展阶段，湖北省各级各部门要健全政策体系，激发经营主体活力，打好政策组合拳，加快农业产业化进程。

一、湖北保障粮食安全和重要农产品供给的政策实践

　　党的十九大以来，党中央统筹发展和安全，坚持走中国特色农业现代化道路，把保障国家粮食安全作为首要目标。湖北省严格落实中央决策部署，围绕提升粮食综合生产能力、健全农业经营体系、完善农业市场机制、强化农业科技支撑等方面，出台了一系列政策措施，推进了一系列探索实践。

（一）提升粮食综合生产能力

1. 稳定农业生产面积

（1）加强监管，保障粮食生产面积

土地是农业生产最基础的物质资料，耕地更是国家粮食安全的基石。湖北省加强对粮食生产功能区的监管，启动了耕地"非粮化"专项清理行动，分类分步妥善处置占用永久基本农田种植林果业、占用永久基本农田挖塘养鱼等"非粮化"行为。自中央提出全面完成永久基本农田划定工作任务以来，湖北省的"划优、划足、划实"要求践行在永久基本农田面积划定工作的各个方面，对永久基本农田占用等突出问题，采取了行之有效的措施。对于项目建设等合法占用情景，湖北省派出专员进行永久基本农田补划和现场勘察，确保永久基本农田面积；对于非法占用、破坏农田等情景，湖北省采取了责令非法占有主体恢复土地、对其罚款和追究刑事责任等方法，严守耕地红线。

专栏 1　严守耕地面积

2021年6月，蕲春县自然资源和规划局对某建材公司非法占用永久基本农田洗砂、囤砂情况进行立案调查，敦促该公司自行拆除洗砂生产线并复耕，并以涉嫌构成非法占用农用地罪将该案移送司法机关追究刑事责任。

2022年8月，湖北省国土空间规划研究院前往恩施巴东县对湖北省重点项目巴张高速沪蓉沪渝连接段项目设计线路所占基本农田补划方案补划地块进行了现场勘察，通过对照地块形状、逐一审查各项文件等方式，最终同意了项目调整补划的地块质量和数量。

（2）建设"两区"，巩固农产品生产基础

自 2017 年出台《湖北省政府关于建立粮食生产功能区和重要农产品生产保护区的实施意见》以来，湖北省通过分解任务、试点摸索、建档立卡、信息化管理等途径分步分块落实该项工作。以武汉市江夏区为例，在市里分配区级任务后，江夏区成立工作专班，对 12 个街道办事处和 190 个行政村范围内的"两区"划定进行了资料收集、地图制作、数据建库等工作，成功划定了"两区"面积 34.2 万亩*。

2. 改善农业生产条件

（1）完善基础设施，推动高标准农田建设

湖北省加大农业资金投入，完善农业配套设施，推动机耕路、田边水渠、农田防护等设施建设，致力促进农田绿色、高质量生产。2020 年 8 月，湖北省印发的《湖北省新一轮高标准农田建设三年行动实施方案（2020—2022 年）》，对田间道路工程等工程细节进行了规定，提出修建机耕路的宽度为 3～6 米，生产路宽度不超过 3 米。在节水灌溉方面，湖北省出台了《湖北省农田灌溉用水定额》，为农业节水提供了标准，要求各地加强田间水利工程建设，通过建立现代化大中小型灌区、整修渠道堰塘等方式进一步扩大灌溉面积。在耕地改善方面，各地采取土地平整、土质改善、打造绿色农田示范区等措施，进一步提高土地质量，提升土地生产效率。

（2）提高粮食收储能力，确保颗粒归仓

随着粮食产量的不断提高，粮食烘干和收储能力的提升对于粮食生产愈发重要。2022 年，湖北省着力提升粮食收储能力，省财政厅统筹落实 2 000 万元用于新建粮食烘干中心建设补助，来满足全省粮食烘干处理需求。湖北省农机部门将粮食烘干设备纳入农机购置补贴范畴来进一步提升粮食烘干能力，金融机构也加大了贷款工作来扶持粮食烘干设施建设。

---

* 亩为非法定计量单位，1 亩等于 1/15 公顷。

专栏 2　改善农田生产条件

2021 年 5 月，荆州区李埠镇沿江村建成 5 680 亩绿色农田示范区，通过开展土壤改良、农田生态循环水网、农田生态廊道等十大工程，使得当地水土资源综合利用能力有了进一步提升，蔬菜生产利润也有了进一步提高。

武汉市黄陂区在高标准农田设立了两个国家级耕地质量监测点，通过云平台上传所采集的空气温湿度、降水量以及土壤墒情、含盐量等数据，指导农户进行农业生产，进一步改善了农业生产条件，创建了高标准农田数字化建设新模式。

3. 调整农业生产结构

(1) 因地制宜，调整粮食种植布局

在水稻生产上，湖北省根据自然地理条件，在江汉平原、鄂中北、鄂东三大水稻生产优势区精准布局粳稻、籼稻和糯稻的生产。2021 年，湖北省投入了 1 400 万元支持粳稻产业发展，通过品质引进筛选和技术试验示范等方式实施"籼改粳"专项工程。在小麦生产上，湖北省以北纬 31°为界，在南北两边分别发展中强筋专用小麦和中弱筋小麦生产，构建了专用小麦生产示范基地。在玉米生产上，湖北省继续巩固鄂西山区和鄂北岗地的玉米传统优势区建设，同时支持平原地区发展青贮玉米和鲜食玉米。

(2) 提质增效，优化作物种植结构

近年来，湖北省通过推动单一作物的多次利用，提高农产品生产效率。荆州、荆门、洪湖、孝感等多地大力推进再生稻种植，实现"一稻两收"，提高种植效益；荆州石首、黄冈等地则发展了油菜"一菜两用"模式，将油菜的菜薹和菜籽进行综合利用。此外，湖北省还致力于发展作物轮作、间作新模式，如发展"稻—麦""稻—油""稻田—大球盖菇"等轮作模式和"玉米—大豆"

间作套种模式，开展试点种植。

4. 调动农民的种粮积极性

（1）落实补贴政策

针对不同种类的农作物和农产品，湖北省进行科学分类，出台和落实了多项补贴政策，保障农户经营利润。在种植业方面，湖北省设置了种粮补贴，主要分为实际种粮农民一次性补贴和稻谷目标价格补贴，稳定了主粮生产。此外，湖北省还在农机购置上设置了补贴，补贴对象包括移栽机、收割机、烘干机、茶叶揉捻机、鱼类宰杀机等多个品种。在养殖业方面，湖北省对畜禽良种场和养殖基地进行补贴支持。

（2）发挥主体示范效应

湖北省设立了产粮（油）大县奖励，具体分为常规产粮（油）大县奖励和贫困县产粮（油）大县奖励，省财政厅通过设定统一的、涵盖全过程的指标进行绩效评定，将奖励作为一般性转移支付交付给县级人民政府，通过公开公示，统筹使用，继续推动粮食和油菜在技术培训、病虫害防控、作物试验等建设项目的实施。此外，湖北省还设立了示范家庭农场、标准化养殖场、水产苗种繁育基地、标准示范养殖基地等项目，通过主体申报且相关部门验收合格后也会提供资金奖励。

5. 加强农业生产风险预警和保障

（1）增强抗灾能力

农业生产风险极大地威胁着我国粮食与重要农产品供给安全，湖北省重点关注极端天气、农作物病虫害、动物疫病等生产风险，采取多种措施保障农业生产安全。在应对水旱灾害方面，一是通过综合利用多源卫星遥感、暴雨洪涝淹没模拟和农业灾情评估技术客观评估灾害风险和预期后果，为政府决策提供支撑。二是通过气象监测、调度灌区放水灌溉、发布农作物抗高温干旱技术意见和农技人员下沉一线来对旱灾进行防控。在防治病虫害方面，湖北省通过使用球孢白僵菌等生物农药进行防治并采用植保无人机进行飞防作业，提高防虫杀虫成效。在疫病防控方面，湖北省启动了重大动物疫病防控和技术培训项目，推动建设了动物疫病净化场、动物疫病无疫小区和动物疫病净化区/无疫区等场所，按照相关标准进行全面评估、管理和监管。

（2）提供风险保障

近年来，湖北省加快推进农业保险建设，为农业生产保驾护航。目前，湖北省共有 4 类 8 个农业保险险种。在种植业方面，湖北省发展了水稻、油菜、棉花等作物的保险，并逐步健全农业保险保障体系。在养殖业方面，湖北省加强水产、蛋禽、生猪等品种保险的推广与宣传，引导农户自愿参与农业保险，共同推进农村保险的建设与发展。此外，湖北省还进一步创新农业投保方式，推动设立农业保险承保线上服务平台，引导农户通过线上化方式投保，提高农户投保便捷性。

（二）健全农业经营体系

1. 支持小农户发展

湖北省通过出台《湖北省农村土地承包经营条例》等政策，完善农村土地"三权分置"办法，保护小农户生产经营自主权，落实小农户土地承包权、宅基地使用权、集体收益分配权。积极引导小农户土地经营权有序流转，提高小农户经营效率，通过采取优先承租流转土地、提供贴息贷款、加强技术服务等方式，推动适度规模经营，有效带动小农户走向现代农业。积极探索土地托管服务、股份合作、联耕联种等多种方式，发展土地流转型、服务带动型等多种形式适度规模经营。把生产托管作为政策支持重点，引导服务组织根据不同地区、不同产业和不同经营主体的实际需求，发展单环节托管、多环节托管、关键环节综合托管和全程托管等多种托管模式，为农户提供保姆式、集成式服务，帮助小农户走上现代化生产轨道。

2. 培育新型经营主体

设立新型农业经营主体发展专项资金，培育壮大新型经营主体。引导新型经营主体依法进行登记注册，执行零收费规定，降低新型经营主体负担。在税务、用水等方面，严格执行农业生产优惠政策。持续开展信贷担保业务，对符合条件的新型农业经营主体，积极发放农户小额信用贷款、普惠小微信用贷款等。将登记系统中符合条件的新型农业经营主体纳入"缓解中小微企业融资难融资贵信用培植工程""首次贷款拓展专项行动""银税互动"等政策适用对象。为解决"融资贵"问题，省农业信贷担保有限公司与合作银行协商，降低担保费率和贷款利率，争取最大限度减少经营主体融资成本。加大新型农业经营主体带头人培训力度，开展专题培训班，围绕科技知识、技能培养、法律咨询、市场营销等方面的内容进行培训。

3. 规范发展农民合作社

按照服务农民、进退自由、权力平等、管理民主的要求，扶持农民专业合作社加快发展，鼓励村"两委"、基层供销社、农村能人、龙头企业、基层科协、乡镇事业站（所），以及城市各类社会团体和组织，领办农民专业合作社或设立专业服务公司。建立农户合作互助增收机制，小农户通过联户经营，开展以"135"助农增收、"田保姆"服务、特殊人员就业岗位、水稻种植全程"六统一"为代表的联耕联种模式，提升小农户按标生产意识和水平。组织村干部、返乡创业者等综合能力、社会影响力较高的致富带头人积极发展村集体经济，组建村级农民专业合作社，整合国家强农惠农政策，改善农村基础设施，发展村集体经济并带领小农户发展。利用各自优势实现互补共赢，流转土地实现规模经营，共同采购农药、化肥等生产资料降低生产成本，共同闯市场提升行业地位。

4. 健全农业社会化服务体系

建立"服务在乡、管理在县"的管理模式，完善农技推广服务体系。例如，枣阳市加强信息平台建设，开通了"枣阳农业网"和"农技110"，抓好《农业科技之窗》电视专栏，逐步完善农业科技服务平台。通过政府购买、政府补助、税收优惠等方式，支持农业生产性服务组织发展。2017—2019 年，全省安排资金 3.5 亿元，支持 58 个县开展农业生产社会化服务项目，重点支持粮食作物的深耕深松、秸秆还田、施用有机肥、工厂化育（供）苗、烘干储藏、病虫害专业统防统治等社会化服务环节。实行科技扶持，为涉农企业、专业合作社和各种民间服务组织提供科技支撑服务，在高新技术培训、人才培养、科研成果推广应用和转化等方面,予以优先计划安排和照顾,从科技扶持方面对涉农服务组织给予支持。鼓励各类服务组织开展跨区域、跨领域经营服务,推进同类合作组织联合与协作,形成以产品为纽带、相互联系、上下贯通的合作组织网络体系。

(三)完善农业市场机制

1. 拓宽农产品销售渠道

拓宽农产品销售渠道是打好农村脱贫攻坚战、实现农民致富农村发展的关键。湖北省多措并举,合力开展农产品销售工作,为农产品销售拴上"双保险"。一是省内与省外同发力。面对不断升级的消费需求,湖北省畅通城乡双向流通渠道,实施"农产品批发市场改造升级工程",加大力度促进高质量农产品"走出去"。湖北省依托应对新冠疫情期间建立的九省联保联供机制,组织重点品牌农产品如潜江龙虾、随州香菇等赴广东、上海、浙江等主销区洽谈推介,努力扩大省外销售渠道。二是线上与线下相结合。为普及电商营销方式,打好网络销售基础,湖北省大力推进县级运营中心、村级电商服务网点建设,培育了一批善于运用电商带领群众致富的乡村振兴网红人才。三是企业与农户强合作。湖北省动员农产品批发市场、农贸市场、商超、食品加工企业、集团采购单位及供销社网点与各类农产品生产主体建立稳定联系,按点对点、就地就近原则开展常态化产销对接。

专栏 3 拓宽农产品销售渠道

罗田县引导电商企业、优秀个体网商与贫困户签订农产品收购协议,建立了网货原材料供应链,电商龙头企业大自然公司与 806 户建档立卡贫困户签订农产品收购协议,解决了小农户销售难题,直接带动贫困户增收 1 600 多万元。

竹溪县举行"首届年货节",组织开展大众消费扶贫,签订收购、认购、订购协议38份,帮助群众销售土鸡蛋、土猪肉、野蜂蜜、贡米等农产品近3 000万元。

2. 畅通农产品流通渠道

作为农产品从生产端到市场端的重要枢纽,现代物流正成为构建新发展格局的重要支撑和强力保障。武汉市持续推进物流降本增效三年行动计划,构建"35＋15＋30"国际航空大通道和"8＋6"国际直达联运大通道。同时扫清"进城、跨省"障碍,优先保障贫困地区农产品调运需求,及时解决农产品"出村、进城、跨省"中遇到的运输问题,畅通农产品流通渠道。为解决农产品运输的"最后一公里"问题,湖北江陵县引导郢都电商成立县域物流配送联盟,与顺丰、京东等快递企业开展县、乡、村三级快递配送合作,通过转单、代运和代投等方式进行运输和投递,打破"快递进村"壁垒。为提升产地减损增值能力,湖北省大力推进农产品产地冷藏保鲜设施、农产品产地冷链集配中心、农产品骨干冷链物流基地建设。

3. 加快农业产业化进程

湖北省统筹利用国内国际两种资源、两个市场,推动形成标准化生产、产业化经营、品牌化营销的现代农业发展格局。为促进农业产业化,湖北省建立重点农业产业链"链长制",由省领导担任链长,院士任专家组组长,省直部门牵头,构建全省一体化比学赶超的工作格局;支持优质稻米、茶叶、家禽和小龙虾等企业组建大型企业集团,以龙头企业拉动延伸产业链。为实现科技带动,湖北省集中力量建设了一批农业科技创新平台,推动农业科研院所与龙头企业不断加强深度合作。为实现从"卖原料"向"卖产品"、"卖资源"向"卖品牌"转变,武汉市发布覆盖全区域、全品类、全产业链的农产品区域公用品牌"江城百臻";对接新华社海外部为秭归脐橙、潜江小龙虾等区域公用品牌作全球宣传;组织茶叶龙头企业参加第四届中国国际茶叶博览会和湖北名优茶边疆行、沿海行等活动，推介区域公共茶品牌。

专栏 4　加快农业产业化进程

十堰市成立湖北省武当道茶产业协会，统一打造武当道茶，培育大品牌，抢占大市场，带动大基地，推动大发展。2019 年，协会会员有 60 家，授权使用品牌 245 家，占全市茶企 80%，辐射茶农 50 万人。

"柑橘是个宝，可生产加工柑橘精油、橘肉、膳食纤维、陈皮、非浓缩柑橘类饮料及食品药品等产品，连渣都不剩！"2022 年，总投资 20 亿元的翠林农牧国家现代柑橘产业园项目工地，一期厂房拔地而起。得天独厚的自然条件使得夷陵柑橘产业链"虹吸效应"凸显，全区现有柑橘面积 32 万亩，2021 年综合产值突破 60 亿元、实现加工产值 28 亿元，每年为夷陵区柑农增加 4 亿元收入。

（四）强化农业科技支撑

1. 推进种业振兴

种业是农业的"芯片"，是建设现代农业的标志性和先导性工程，也是国家战略性、基础性产业。湖北省出台多项措施促进种业发展：一是强化种业科研保障。湖北省财政设立农业种质资源保护与利用专项资金，每年安排不低于 1 500 万元财政资金，支持省级以上农业种质资源保护单位开展农业种质资源收集、保存、鉴定、评价和优异种子挖掘创制。湖北省已经形成中央、地方、社会三方面互相支持、互相联系、互相协同的种质资源保护体系。省农业农村厅遴选出 10 家具有核心竞争力、产业链生态主导力的种业"链主"企业和部分专精特新小巨人企业，建立了"两库一清单"（重点企业培育库、重大项目库和问题清单），对重点企业实行"一对一"联系，加强跟踪调度，持续支持帮扶。二是提升种业科技自主创新能力。建设国家作物表型组学研究（神农设施和湖北省农业生物种质基因检测鉴定中心，补齐生物育种重大科研装备短板，助力新品种研发。联合深圳华大基因科技公司、湖北省农业科学院建设湖北省种质资源库和数据库，在省农业农村厅的指导下每年有序开展资源鉴定评价。

2. 推动农业科技创新

一是加强创新平台建设。瞄准世界科技前沿和产业变革趋势，聚焦国家和湖北战略需求，湖北省集中力量建设武汉国家现代农业产业科技创新中心、洪山实验室、国家作物表型组学研究（神农）设施、园艺作物与品质国家重点实验室等一批农业科技重大创新平台，推动科技、人才、产业、资金聚集，推进湖北洪山实验室进入国家实验室布局。二是建设科技创新团队。湖北省组建特色稻、稻田油菜、蔬菜、马铃薯、道地药材、茶叶、非洲猪瘟、黄鳝、食用菌9个农业科技创新团队，搭建分工明确、密切协作、优势互补的省级现代农业产业技术体系。三是开展关键技术攻关。为抢占技术高地，湖北省积极在生物育种、动物疫苗、饲料添加剂、果蔬保险、农产品精深加工及副产物综合利用等方面，实施联合攻关，解决了一批产业链发展共性、关键技术难题。四是完善科研人才队伍建设。湖北省落实"一人一策"引才政策，扎实推进"博士倍增计划"，推动人才挂职锻炼和下沉服务，建设"一懂两爱"专业技术人才队伍。培养造就了一批具有国内领先水平的学科带头人，为湖北农业科技创新树标杆、把方向、带队伍、出成果。

3. 完善农业科技推广体系

一是建设多主体高效协同的农技推广体系。湖北省充分发挥农技推广机构服务生产优势、农业科研院校创新优势、新型经营主体市场运行优势，构建了"多主体协同、深度广泛参与"的协同推广体系。二是培养高素质农技推广人才。农村实用人才是农村实用技术的实践者、示范者和推动者，在农技推广应用中发挥着重要作用，湖北省积极开展基层农技人员知识更新培训，提升基层队伍素质能力，2009—2018年，湖北省农业农村厅组织全省基层农技人员开展知识更新培训8万多人次。三是壮大农技推广人才队伍。湖北省推出"农村人才倍增计划",培养了拥有 1.8 万人以上的农技推广队伍,让更多英才在农村领域施展拳脚。

4. 推动农业科技成果转化

一是加强科技示范。湖北省每年发布农业主推技术,创建农业主推技术示范样板,开展示范观摩活动,发挥辐射带动作用。深入实施院士专家服务农业产业发展行动,围绕水稻、园艺、油菜、渔业、畜牧等优势特色产业中的痛点和难点,将科技研发和成果转化贯穿全产业链。大力开展农业科技现代化先行县、机械化示范县建设,发挥示范引领作用。二是创新科技成果转化激励机制。建立健全科研人员校企、院企共建双聘机制,支持科技人员以科技成果入股,实行股权分红等激励措施。支持科研成果通过转让、许可、作价入股等方式进行转移转化,将首次实现转化并形成样品、样机,符合条件的纳入湖北省高新技术成果转化项目库,入库项目按销售收入的一定比例予以奖补,转化成功投产的成果可连续 5 年从年度营业利润中提取不低于 10% 的比例奖励做出主要贡献的人员。

二、湖北保障粮食安全和重要农产品供给的主要成效

(一)农业生产条件改善,产能提升明显

1. 农业生产条件明显改善

(1)推进高标准农田建设,提高农田综合生产水平

2018 年以来,湖北省坚持高标准农田建设,围绕"田、土、水、路、林、电、技、管"八个方面,综合提升农田的生产能力。截至 2022 年 6 月,湖北省累计建成高标准农田 3 980 万亩。仅 2022 年一年,湖北省就建成高标准农田 432.47 万亩,超出国家任务 12.47 万亩。耕地质量方面,湖北省高标准农田的耕地质量比建成前平均提高了 0.5 个等级以上,农田综合生产水平明显提高。

(2)完善农田水利设施,增强农田旱涝保收能力

在农业基础设施建设上,湖北省抓住了国家大兴农田水利建设的机遇,

积极增强农田旱涝保收能力。5年来，湖北省每年有效灌溉面积始终维持在2 900千公顷以上并持续增加（图3-1）。2021年，湖北省农田有效灌溉面积达到了3 086千公顷，相比2018年增长了5.26%。农业灌溉方面，湖北省农业灌溉率由40%提升到65%，农田灌溉水有效利用系数从0.48提高到0.533，用水效率明显提升。

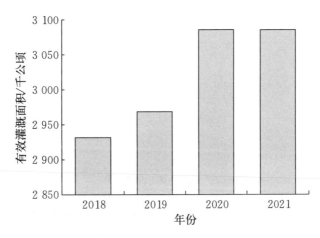

图3-1 湖北省2018—2021年有效灌溉面积变化

数据来源：国家统计局

2. 粮食和重要农产品产量稳定增长

（1）主粮产能稳定，油、菜兼丰效果明显

乡村振兴战略政策实施以来，湖北省粮食产量均稳定在2 700万吨以上，且粮食产量始终稳定在全国前十一位。粮食产量最高为2018年的2 839.47万吨；2019—2021年，湖北省粮食产量从2 724.98万吨增至2 764.33万吨，实现稳步增长；近年来，湖北省粮食生产面积也基本维持在4 600千公顷以上，其中最大粮食生产面积为2018年的4 847.01千公顷。2019—2021年，湖北省粮食生产面积从4 608.6千公顷增至4 685.98千公顷，增幅为1.68%（图3-2）。

油菜及其副产品总产、单产不断提高。2018年以来，湖北省油菜产量、种植面积从2018年的205.31万吨、932.97千公顷增至2021年的251.78万吨、1 094.02千公顷（图3-3），增幅分别为22.63%和17.26%。2022年，"中油杂501"油菜籽单产达到每亩419.95千克，刷新了长江流域油菜的高产纪录。

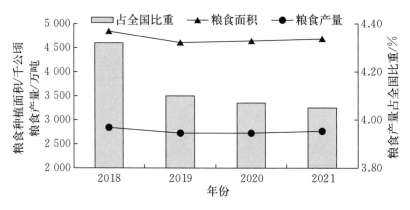

图 3-2 湖北省 2018—2021 年粮食面积、产量变化

数据来源：湖北统计年鉴

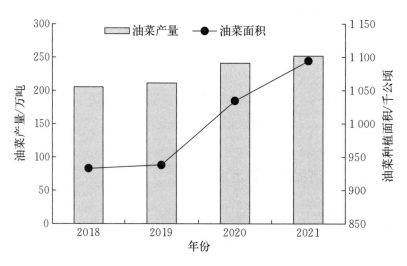

图 3-3 湖北省 2018—2021 年油菜种植面积、产量变化

数据来源：湖北统计年鉴

（2）畜禽产量恢复，规模养殖初见成效

2018 年以来，湖北省肉牛、肉羊出栏量保持稳定，牛肉、羊肉和禽肉产量同样处于稳定水平。全省肉类、禽蛋和奶类近年最高产量分别达到 307.1 万吨、193.1 万吨、13.4 万吨（图 3-4）。2021 年，湖北省生猪产能恢复并呈现持续向好的状态，猪肉产量达 317.99 万吨，达到 2020 年的 156%；2022 上半年生猪出栏 2 393.53 万头，同比增幅约为 8.7%。湖北省禽蛋产量从 2018 年的 171.53 万吨增长到 2021 年的 197.07 万吨，增幅为 14.89%。

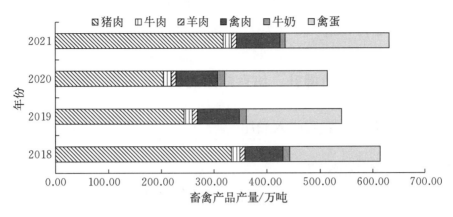

图 3-4 湖北省 2018—2021 年畜禽产品产量变化

数据来源：湖北统计年鉴

(3) 渔业生产保持特色，生产效率持续提高

湖北省水产品产量连续 25 年居全国淡水水产品产量第一位。乡村振兴战略政策实施以来，湖北省水产品产量始终保持在 450 万吨以上并保持持续上升态势，由 2018 年的 458.4 万吨增长至 2020 年的 483.21 万吨（图 3-5），增长率为 5.41%。从品种上看，湖北省小龙虾、黄鳝、黄颡鱼等特色品种产量连续多年居全国第一，河蟹、鳜鱼、甲鱼等特色品种产量居全国第二。2020 年，小龙虾产量 98.2 万吨，占全国 41.0%；黄鳝 13.4 万吨，占全国 43.5%；黄颡鱼 13.7 万吨，占全国 24.2%。与此同时，湖北省水产品综合生产效益持续提升。以 2021 年为例，湖北省池塘养殖面积 516.34 千公顷，比 2018 年减少

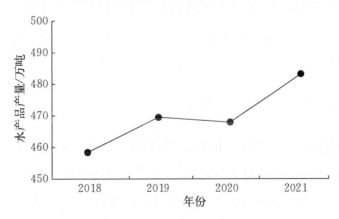

图 3-5 湖北省 2018—2021 年水产品产量变化

数据来源：湖北统计年鉴

18.81 千公顷，减少了 3.51%，然而稻田养殖面积为 483.21 千公顷，比 2018 年增加 89.71 千公顷，增长幅度为 22.8%。

（二）经营主体能力提升，培育成效显现

1. 土地流转加快，农民收入增加

（1）促进适度规模经营

土地流转是农业规模经营的重要前提条件，有利于实现土地连片、深化耕种技术、纵向一体规模经营。截至 2018 年年底，湖北省主要农作物托管服务面积超过 1 803 万亩，比 2017 年增长 9.4%。截至 2020 年年底，湖北省通过出租、入股、合作经营等方式，农民流转土地面积达到 2 238 万亩，占全省登记耕地面积 6 172.2 万亩的 36.3%，位居全国第十位。2022 年，全省各类农业生产社会化服务组织达 30 587 个，农业托管服务面积达 7 238.5 万亩次，其中粮食生产托管服务面积达 5 816.1 万亩次，服务小农户 430.6 万户次。

（2）增加农户收入水平

近年来，湖北省通过积极推进土地流转，在促进规模经营的同时，增加了农户收入。以天门市为例，2015 年土地流转平均价格为 200 元/亩，而到了 2021 年，平均价格已达到 700 元/亩，部分地方甚至达到 1 000 元/亩。同时，季节性土地流转价格也有明显提升，如天西地区的季节性土地流转价格达到了 800 元/亩。根据天门市统计局公布的数据，截至 2022 年年末，该市土地流转面积为 37.5 万亩，占耕地总面积的 37.9%，全市土地流转为农民增收 5.4 亿元，不少农户的土地流转收入已超过了自耕自种收入。

2. 新型农业经营主体不断发展壮大

新型农业经营主体数量快速增加，质量稳步提升。截至 2022 年年底，在市场监管部门登记的农民合作社有 11.46 万家，相比 2018 年增长了 5.57%；纳入名录系统管理的家庭农场有 17.76 万家，相比 2018 年增长 1.8%。新型农业经营主体和服务组织不断向农业的上下游延伸，拓展农业产业链。通过与农业生产者签订合同或订单，提供种子、农资、技术等支持，帮助农民发展种植业、

畜牧业等生产，形成了完整的农业产业链条。农民合作社覆盖领域不断扩展，包括种植业、林业、畜牧业、渔业和服务业等多个优势特色产业。农民合作社的服务区域持续扩大，从以本乡本村为主转向跨乡镇、跨县域扩展，经济发展服务环节从耕种收为主向专业化植保、秸秆处理、产地烘干等农业生产全过程延伸。各地农机服务组织通过积极承担政府农机化示范推广项目、农机深松整地等作业项目，在保障项目实施、促进产业发展和农民增收的同时，实现了自身的发展壮大。

3. 经营模式创新，品牌意识增强

（1）创新经营模式

近年来，湖北省积极推动新型经营主体发展，引导其创新经营模式，提高农业经营效益。在农业农村部办公厅推介第二批全国农民合作社典型案例中，钟祥市荆沙蔬菜种植专业合作社作为发挥产业优势、助力脱贫攻坚典型在全国宣传推介。湖北各地因地制宜、探索创新，培育树立了家庭农场集约发展的"武汉经验"、农民专业合作社带动的天门"华丰模式"、龙头企业带动的监利"福娃模式"、社会化服务带动的襄阳"双丰收模式"等一批典型，对各类新型经营主体健康发展起到了很好的示范引领作用。

（2）增强品牌意识

鼓励新型经营主体参与农产品品牌建设，提高服务或产品质量，实现发展壮大。截至2022年，湖北省有效商标注册量超过97万件，同比增长16.39%；累计认定驰名商标391件；获批地理标志产品165个，居全国第二；注册地理标志商标517件，居全国第四；获准使用新版地理标志专用标志市场主体1 781家，同比增长60.60%。多个湖北品牌入选权威品牌价值评估机构的"中国品牌500强"。全省已备案商标代理机构总数1 561户，同比增长18.8%。

（三）农业产业提质增效，产业化加速发展

1. 物流基础不断完善，产品销售范围扩大

（1）流通网络不断拓宽

2018—2022年，湖北省高速公路里程从6 250千米延伸至7 598千米，增

长 21.57%，并实现历史性的"县县通高速"，通车里程跃居全国第七、中部第一。2022 年全省高速公路建设完成投资 478 亿元，新增高速公路里程 220 千米，高速公路服务区增加至 187 对，不停车通行的 ETC 车道增至 1 566 条。水上交通方面，基本上形成了以长江、汉江为主通道，连通清江及江汉平原的航道网，截至 2021 年年底，通航河流 230 条，以长江、汉江、江汉运河等 7 条河流为主，可通航里程 9 066 千米，三级及以上高等级航道里程达到 2 090 千米，居全国第二位。2022 年 3 月，襄阳首条"通江达海"航线开通，首批 5 000 吨襄阳纯碱通过江海联运方式运往漳州港，标志着襄阳大宗货物运往沿海又多了一种江海物流新选择。

（2）冷链物流基础夯实

湖北省不断加快冷链物流技术发展，截至 2022 年年底，全省供销系统已建成冷链项目 24 个，总计库容 16.52 万吨。2018—2022 年，全省重点冷链企业从 49 家增加至 64 家，库容量增长 60.29%。

2. 特色优势逐渐发挥，产品品牌竞争力增强

（1）优势产业集群发展

湖北省地处江汉平原，特色农产品品类丰富。为助推优势产业发展，到 2020 年，湖北已建成 15 个国家级特色农产品优势区、6 个国家级优势特色产业集群。目前已初步形成了以优质粮油、蔬菜（含魔芋）、食用菌、水果、茶叶、畜牧、水产、中药材等十大特色农产品为主导的优势产业格局，创建了恩施硒茶等 3 个国家级特色农产品优势区。

（2）优质品牌不断涌现

2019 年以来，湖北累计对武当道茶、宜昌蜜橘、洪山菜薹等 40 个地理标志农产品实施保护工程。截至 2022 年，湖北有效期内"两品一标"品牌超 3 000 个，位居全国前五。在特色农产品方面，潜江龙虾、宜昌蜜橘、蕲春蕲艾品牌评估价值分别达到 251 亿元、160 亿元和 98 亿元，宜都红茶等 13 个地理标志农产品入选首批中欧互认产品名录，并成功进入欧美市场。在粮油产品方面，2022 年遴选评定"荆楚好粮油"产品 108 个，其中 38 个获评"中国好粮油"，数量位居全国第三。

3. 龙头企业规模壮大，产品效益有所提升

（1）龙头企业实力逐步增强

截至 2022 年，湖北省级以上产业化龙头企业达 1 072 家；规模以上农产品加工业产值超 1.2 万亿元。在头部企业中，销售收入 10 亿～50 亿元的 56 家，50 亿～100 亿元的 2 家，100 亿元以上的 4 家。为加快农业产业发展，促进产业融合，湖北省创建 6 个国家级优势特色产业集群、61 个国家级农业产业强镇；培育省级重点休闲农业园区达 350 个，培育全国"一村一品"示范村镇162 个。

（2）产业成效逐渐显著

2021 年湖北省农业产业化招商引资额达到 2 064.3 亿元，同比增长62.8%；规模以上农产品加工业产值超过 1.2 万亿元，同比增长 12.2%；休闲农业和乡村旅游综合收入达 450 亿元。恩施市等 9 个县（市）创建国家农村产业融合发展示范园，带动园区 35.6 万人就业，每年为当地农民人均增收近3 000 元。同时，湖北省以创建特色优势农产品品牌和农产品质量安全示范区为抓手，积极拓展国内外市场，推进产业由"种得好"向"卖得好"转变。截至 2022 年年底，潜江龙虾全产业链综合产值突破 660 亿元；秭归脐橙年综合产值达到 100 亿元。

（四）科技创新水平提升，稳产保供能力增强

1. 农业科教资源优势明显，体系建设日趋完善

（1）科教资源规模可观

经过长期发展，湖北省无论是在农科教还是在产学研方面均形成了覆盖农业各产业、学科的科技工作体系。截至 2021 年，湖北省拥有地级市以上各类农、林、牧、渔业科研教学机构近 73 家，农业科技研发人员约 5 200 人，其中涉农院士 14 人，农、林、牧、渔业科技人员在全国科技人力资源总量中位居第七。为大力培育科研创新人才，湖北省出台"人才兴粮"行动计划（2018—2022 年），以提升专业技术人才创新能力和扩大高技能人才规模为导向，培养

50 名高级专业技术人才，建设 5 个以上领军人才工作室，推荐选拔 10 名以上青年拔尖人才，培养 200 名技师和高级技师，推荐选拔 10 名以上技能拔尖人才。

（2）平台建设体系完善

截至 2022 年，科学技术部批建国家农业科技园区 298 家，其中 11 家落地湖北；湖北省共建有省级以上农业科技园区 55 家，其中武汉国家农业科技园区进入全国第一方阵，在《国家农业科技园区创新能力评价报告》中，其创新能力先后三次蝉联榜首。武汉国家农业科技园区聚集各类研发机构 528 个，其中国家重点实验室 5 个、国家工程研究中心 1 个、国家工程技术研究中心 5 个、国家技术研发中心 10 个，2021 年，园区入驻企业 600 多家，核心区工贸总收入达 400 亿余元。

2. 农业科技创新水平增强，支撑能力显著提升

（1）基础研究扎实推进，前沿领域取得重大突破

湖北在水稻、玉米、油菜、棉花等主要农作物遗传改良方面取得了突出进展，获得授权专利 160 余项。2021 年以来，湖北省启动 43 项关键核心技术攻关并取得重大突破。在推进种业振兴方面，湖北省现代种业产业链建设取得长足进步，农业种质资源保有量位居全国前列，科研实力全国靠前。2021 年，湖北农作物种子推广面积达 4 276.5 万亩；年末能繁母畜、在产种禽存栏量共达 1 098 万头（只）；拥有国家级龙头企业 14 个；种业产业链总产值达 184.3 亿元。

（2）应用研究成效显著，支撑能力增强

2022 年，湖北省油菜、优质稻、非洲猪瘟防控、茶叶、黄鳝、蔬菜、马铃薯、中药材、食用菌 9 个产业技术体系共审定新品种 6 个，其中国审 2 个；试验示范新技术 33 项，制定新规程 44 项，集成新模式 23 项；获批国家标准 6 项，地方标准 41 项；获批国际发明专利 1 项，国内发明专利 24 项；服务 64 个县（市、区），819 个新型经营主体，举办 247 场培训班，提供技术咨询 780 场次，提交产业报告 29 份。据初步统计，仅这一年，产业技术体系为产业增效 14.5 亿元。

3. 农业科技成果转化加快，技术推广成效显著

（1）农业科技成果转化加快，产业化迈出新步伐

2020 年，湖北持续开展"联百校转千果"科惠行动系列成果转化活动13 场，推广科技成果 3 867 项，对接企业需求 445 项，促成 645 项合作意向，合同成交总金额达 4.1 亿元，科技成果"纸变钱"能力提升。2021 年，湖北省围绕重点农业产业链建设需求，实施 97 项成果转化项目，其中重点转化项目 28 项。

（2）推广主体多元化，推广效益有较大提升

湖北省农业主管部门全面贯彻落实中央关于农技推广的决策部署，健全完善基层农技推广体系，全面提高农技推广服务效能。2019 年以来，湖北省累计培育农业科技示范主体 6.2 万个，建设国家级示范展示基地 5 个、县级实验示范基地 1 365 个，推广应用农业绿色高效技术模式 1 812 项次。

三、湖北保障粮食安全和重要农产品供给的突出问题

（一）政策实施范围不明确

为激励粮食与重要农产品供给，湖北不断完善相关支持政策，但仍存在一些问题有待完善。其一，政策范围不明确，缺乏侧重点。在畜牧业生产方面，湖北省各地缺乏合理谋划，也难以匹配相应的养殖用地、种源培育、金融财政支持，需进一步结合湖北省"十四五"畜牧业发展规划，因地制宜科学规划本地养殖业布局，合理调整养殖结构。其二，补贴力度与范围不足。与湖北粮食和重要农产品所涉及的品种规模、市场规模相比，湖北仍需在补贴力度和品种范围上有所提升；此外，针对不同生产主体以及作物不同特性，补贴的制定需要体现差别，维护公平，不能因为补贴等量齐观从而导致农业主体的生产积极性受挫。其三，政策制定存在盲区，结构不合理。据 2022 年进行的湖北省实施乡村振兴战略政策实践调研数据显示，有较多农户指出现在农业生产存在农业生产资料价格高且上涨快的问题，但现有政策对此问题的关注不够。此外，

在农业补贴上，投入粮食生产环节的比重较大，难以满足农业生产主体的多重补贴需求。

（二）政策操作性不强

由于资金、技术、管理方面的困难，新型农业经营主体的发展一般都离不开政府在政策、资金方面的扶持和引导，但目前政策支持新型农业经营主体存在两点不足。一是存在扶大扶强不扶弱的现象。通过调查，在规模扩大、基础设施建设补贴对象上，政策偏重于补贴那些有经济实力、规模较大、发展较好的经营主体，而规模较小的主体很少享受到相应的政策支持。此外，国家和地方政府多是通过项目资金注入来进行大力支持，但项目资金往往向"大户"倾斜，在项目资金的层层注入过程中，最终能够实际惠农的资金已经难以满足需要。二是存在政出多门的问题，导致政策效果不佳。例如，对合作社的扶持手段多是通过项目资金拨付，部分经营主体在某方面重复受惠，其余部分经营主体在薄弱方面不能得到及时有效的政策支持，最终影响支持政策效果的发挥。

（三）政策执行不到位

在农业政策执行过程中，湖北现有政策仍需在以下几个部分进行改进：一是部分农户不太了解相关农业政策，存在信息不对称。在 2022 年进行的湖北省实施乡村振兴战略政策实践调研中，不少农户指出他们并不了解现在农业生产的政策以及农作物补贴制度，因此享受的政策支持较少，这表明现行政策信息在传递过程中存在不对称问题，对政策实施效果产生不利影响。二是政策执行过程中存在标准不到位、难以落实等情况。例如，政策上说明地力补贴的对象为"拥有耕地承包经营权（土地确权有争议部分暂缓发放补贴）且种植水稻、玉米、大豆等粮食作物，蔬菜、油菜、花生等一年生经济作物"的种地农民。但在实际政策执行中，有农户指出，地力补贴的发放仅看家庭承包地面积而忽视种植面积，有违公平且使得政策的边际效应递减。此外，在政策执行中，由于农业补贴从国家下达到农民手中需要经过多个关卡、经手多个部门，这使得补贴效率低且存在时滞性。

(四) 对产业发展支撑不足

1. 缺乏龙头企业带动

调查显示，25.8%的农户反馈缺少龙头企业的带动。湖北省作为农业大省，是全国重要的农产品生产基地，水稻、双低油菜、生猪、淡水产品等重要农产品量多质优，但是由于缺少龙头企业的带动，产业发展十分缓慢。以油菜为例，湖北是全国双低优质油菜大省，种植面积和产量多年稳居全国第一，但因缺乏竞争力强的本土企业，鄂产菜籽油市场占有率极低。根据数据显示，2019年全国年纳税500万元以上的农业产业龙头企业共910户，湖北省有39户，仅占比4.3%，居全国第八位。截至2022年，国家级农业产业化龙头企业一共有1500余家，湖北只有82家企业入围，且普遍偏小偏弱。

2. 品牌支撑能力不强

湖北省农产品品牌数量众多，但在全国著名的品牌却不多见。一些在湖北省有名气的品牌，例如汉口精武鸭脖、稻花香白酒、国宝桥米等，在当地的市场占有率很高，但在湖北省以外的地区影响力较弱。以茶为例，作为茶圣陆羽故里、中欧万里茶道重要节点，湖北省茶园面积和产量均居全国第四位，无论绿茶红茶品质均属上乘，但是缺少核心茶类品牌，与"西湖龙井"等品牌相比，多数品牌的知名度、美誉度还存在较大差距，导致多年来被全国一些知名大品牌采购回去"贴牌"销售。在2020年全国评选的300个农产品区域公共品牌中，湖北只有潜江龙虾、秭归脐橙等11个入选，54个粮油品牌、31个蔬菜品牌，湖北无一入选。此外，湖北省农产品品牌中存在大量同类产品重复现象，品牌多而小、散而杂，内耗严重，很难做大做强，很多品牌都徘徊在中低档水平，在全国的竞争能力十分有限。

3. 产业发展缺乏保障

从调研情况来看，湖北对农业经营主体的金融支持力度不足。农业是弱质产业，农业产业投资周期长，见效慢，政策支持的连续性至关重要。特别是农产品加工生产具有明显的季节性，企业必须在农产品收获季节购进原料，因此在短期内需要有足够的流动资金。大多数企业流动资金少，由于农字号多为中小型企业，可用于抵押的资产少，致使银行不愿意授信，获得贷款的机会较少，筹融资困难。调研发现，有将近50%的农户在反馈具体政策问题时认为政策的扶持力度过小，尤其对小农户缺少政策支持。据省农业农村厅2020年调查显示，湖北省576家龙头企业资金需求166亿元，整体满足率不足30%。资金链断裂往往直接导致不少龙头企业倒闭。以生猪产业为例，湖北省年出栏4 000万头以上，位居全国第五，育种与疫病防治科研实力全国领跑，但至今没有一家生猪上市公司，作为"金种子"上市培育的湖北天种畜牧公司，在2013—2014年"猪周期"中，因为一家银行的突然抽贷而出现资金临时短缺问题，最终反被收购。因此，需要被强调的是，政策实施的连贯性将对行业活力和稳定发展带来极大影响，一个负面案例的发生也会打击其他企业的信心和积极性，政策的稳定和持续落实不容忽视。

四、湖北保障粮食安全和重要农产品供给的对策建议

（一）健全支持政策体系，激发经营主体活力

1. 调整农业政策，加大政策落实力度

一是持续完善农业政策。针对不同农作物和农副产品的生产情况，政策制定者应结合生产实际进行差别设置，寻找到农业各生产部门的政策侧重点，推动农业健康、绿色和持续发展。例如，为促进农业结构优化，政府应该进一步支持粮改饲、粮豆轮作和畜禽水产标准化健康养殖政策，推动农业高质量发展。二是继续加大农业补贴力度，提高补贴效率。根据农业发展情况，完善各项农业补贴制度，维护农民利益。简化农业补贴流程，通过多种渠道完成农业补贴兑现，减少政策落实成本。针对农资成本高居不下和农业污染减少困难的现状，政府可以通过推行绿色生产技术采纳补贴等措施，实现环境改善和成本稳定的双赢目的。三是统一政策执行标准，维护政策公平。根据农户反映的补

贴标准和执行之间存在差异、某些建设项目调整前后标准存在差异等问题，政策落实者要及时进行调整，维护补贴公平性。例如，针对高标准农田建设，在改革之前湖北省高标准农田建设由相关部门分头实施，在资金使用、投入标准、建设内容、组织实施等各方面存在不尽一致等情况，政策制定者就应该对整体标准进行统一调整，追溯此前的政策落实情况，寻找政策完成效果与新标准的差距，进行查缺补漏。

2. 加快资源整合，优化农业支持政策结构

一是加快资源整合。强化资金聚集效应，对实施效果不理想、功能相同、用途相近的新型经营主体项目进行取消、整合、归并，避免政策"碎片化"，提升政策扶持精准性。二是优化现代农业政策结构。调整现代农业产业扶持政策，加大财政资金对农业科技、农业数字化应用、品牌创建等方面的投入，加大物联网、大数据、区块链、人工智能、5G 网络、智慧气象等现代信息技术在农业领域的应用；聚焦主导产业探索全产业链扶持政策，加快推进一二三产业融合，探索形成"农业＋"多业态发展态势，促进现代农业产业发展。三是推进多规合一。由于各方面的支持政策是由多部门出台，会导致新型经营主体处于多头管理的状态，导致政策缺少协调，不能够充分被运用。为了避免踢皮球、不作为等现象，应加强资源整合，确保各部门权责清晰。

3. 强化扶持与监管，引导经营主体健康发展

一是创新扶持方式。增强新型经营主体的市场竞争意识和经营能力，避免因扶持政策导致新型农业经营主体行为扭曲。通过政府购买服务方式为新型农业经营主体提供注册登记、财务代管、项目申报、市场拓展、农业生产、金融保险、培训交流等专业化、综合性的服务，提升新型农业经营主体发展的规范化水平和经营实力。各级政府要落实税收、用地、用电等政策，降低新型农业经营主体生产经营成本。二是加强对政策资金的监管。明确各部门职责，要联合纪检、财政等部门对政策资金项目开展常规性检查，对检查发现的问题及时给予处罚，避免资金挪用或拨款不及时等问题。尤其是在农民专业合作社培育方面，政府相关部门要加强对合作社监管，加大年度抽查力度、增加抽查比

例，建立健全合作社外部审计制度，健全不规范合作社注销退出机制等。

4. 加大政策宣传力度，提高政策执行效果

为了进一步破除农业生产中政策制定者和农业生产者之间存在的信息不对称困境，政府应进一步加大农业政策的宣传力度。通过多形式、多途径、多角度，将当地农业发展和补贴政策向基层进行充分传达。乡镇与村集体应发挥主体作用，加强农民对现有农业政策目标与实施方案的理解，提高他们的生产积极性。此外，基层组织要进一步丰富自身宣传工作方式，不能一味沿用过去的办法，可以组建政策宣讲队伍，通过新媒体平台对政策进行通俗化解读。在评估政策执行效果上，政策制定者要坚持倾听民意，畅通农户政策反馈渠道，使农业政策更加贴近"民意"。此外，还需加强示范建设与推广，深入剖析农民合作社500强以及各地农民合作社发展优秀案例，对行之有效的经验做法加大宣传推广，也能够有效提升相关政策的宣传与执行效果。

（二）打好政策组合拳，加快农业产业化进程

1. "资技管"同发力，破解精深加工难题

（1）联同协作，多元互补深化加工

积极发挥农业科技示范场、科技园区、龙头企业和农民专业合作组织在农业科技推广中的作用。鼓励和引导农产品加工企业成为农业科技创新主体。深化科技应用，加快农产品加工产业初加工技术的引进和研发，鼓励企业购买先进的农产品精深加工设备，通过政府给予补助的方式加快农产品加工设备的更新。统筹发展农产品初加工、精深加工和综合利用加工，完善产业结构，推进农产品加工产业增值。积极引导农产品加工企业中的龙头企业，采取多种形式建立大型农业企业集团，打造知名企业名牌，形成国家、省、市、县级龙头企业梯队。扶持一批龙头企业牵头，家庭农场、广大小农户参与的农业产业化联合体，集结农产品加工产业中的资源，促进国内农产品加工业知名品牌的形成。

（2）财资支持，双管齐下稳投保供

一方面，优化财政投入机制，增加财政支农资金对农产品加工产业的投入

比例，以此来增加财政对农产品加工产业的有效投入，尤其是增加对于食品加工业的投资。对于涉及农业的项目，适当向农产品加工产业予以倾斜。同时，对于财政扶持资金的申请，应该降低竞争型财政扶持项目申报门槛，增加财政资金的覆盖面，在贫困地区专门为农产品加工企业设置广覆盖普惠型财政项目。另一方面，强化可持续资金投入，保障对于流动资金需求较大的涉农企业的融资需求。并引导银行业金融机构扩大信贷规模，降低融资担保门槛，简化手续提高效益，进一步加大对培育企业的信贷支持力度。

（3）机制协调，多措并举完善链条

延长农业生产加工链，鼓励发展规模种养业、农产品加工业和农村服务业，推进生产、加工、物流、营销等一体化发展，延伸价值链。促进一二三产业融合发展，扶持发展农产品储藏、保鲜、加工，支持发展直销、配送、电子商务等农产品流通业态，推动农业由产品生产向产业链、价值链生产转变。降低农产品加工环节损耗，将减少农产品加工环节损失浪费纳入有关责任制考核内容，建立农产品加工环节减损增效协调机制，调度分析加工环节减损增效措施落实进展，同时引导大型农产品加工企业主动扛起责任，把农产品加工环节减损增效的各项措施落到实处。加强质量监管，以产品为主线、全程质量控制为核心，加快构建现代农业全产业链标准体系及相关标准综合体，提升按标生产水平。加大农产品加工企业的监督检查力度，进一步健全农产品加工产业的质量监管体系，不断提高农产品加工产业的安全保障水平。

2. 巩固种植优势，协同产业优势转化

（1）因地制宜，强化品牌特色

湖北省占据地理优势，特色产品众多，但是强势龙头品牌却较少，品牌小、多、杂，拧不成一股绳。农产品品牌建设，人才是核心，标准是保障，特色是关键。要激励各类人才在农村广阔天地大施所能，打造一支强大的乡村振兴人才队伍，促进乡村人才回流，吸引外部人才流入。此外，还应不断完善农村文化建设和基础设施建设，增强外部人才对美丽乡村的认同感和归属感。要不断完善"绿色、有机、无公害"等农产品的认证标准，建立健全农产品质量安全检验检测体系，建立健全农产品溯源机制，不断提升品牌农业建设的保障能力，大力实施现代农产品标准化，保证农产品的质量安全。要打造产品产地特色标志，立足全产业链视角，运用生产环境优势强化产品优势，着力协同打造一条特色产品全产业链，实现龙头企业带动。

（2）巩固基础，增强原料保障能力

品牌打造离不开优质的生产原料，应加强建设标准化原料和生产基地，按照"专种专收专储专加专用、优产优购优储优加优价"要求，建设标准化、规模化、机械化、优质化原料基地。不断学习借鉴典型企业的先进经验，加大育种技术研发，培育更多加工专用型农产品品种。引导并鼓励以企业为主体，带动其他经营对象推进专用原料基地建设，以市场需求为导向提升优质原料供给保障能力。

3. 联农带农创新机制，促进农业增收增效

（1）构建利益联结机制

要进一步建立和巩固产业链上下游协作机制，让农民深度融入生产加工链条，分享更多加工增值收益。鼓励龙头企业、电商企业等工商资本与农户、农民专业合作社签订农产品购销合同，借助大数据改造农村发展业态，提高农产品供应的规模化和组织化水平，增强农产品持续供给能力，加大利润返还力度，保持稳定的合作关系。创新合作模式，开展农户自愿以土地经营权、闲置农房所有权入股发展农业产业化经营，推动农户、农民合作社、村集体和龙头企业开展多种形式的股份合作，推广"保底收益＋按股分红"等方式，优化资本、技术、土地三种生产要素配置。同时向农户倾斜收益分配比例，激发多元主体的活力，实现合作共赢发展。

专栏 5　构建利益联结机制

作为华北地区规模化粮食种植的专业合作社，金沙河合作社不断探索新路，在实践中创质增效。一方面，创新推行股权联盟模式。合作社以

"货币"入股，作为家庭农场主的高素质农民以"技术"入股，股权农户以"土地经营权"入股。在利益分配上，高素质农民以种植地块面积为核算单位，摊股入亩，按比例进行利润分配。采用"固定地租＋二次分红"，保障股权农户利益。除去股权农户固定地租后所得的利润由高素质农民、公司、股权农户按照5∶3∶2进行分配，充分保障农民利益。

（2）完善风险保障机制

对新型农业经营主体而言，在地区财政统一为农作物缴纳农业保险、合作社自行购买商业保险的双重保障基础上，合作社再从分红中拿出一部分建立"风险保障金"。在明确地方政府监管和风险处置责任的基础上，稳妥规范开展农民合作社内部信用合作试点。建立健全风险补偿机制，通过市场化方式为新型农业经营主体提供信贷风险分担，筑牢金融风险防火墙。对工商企业而言，要提升其预期效益，畅通信息公开渠道，降低其因"信息不对称"带来的不确定性，提高其投资的积极性，充分发挥其在技术、信息、管理等方面的引领带动作用。对基层政府而言，要维护公平竞争的市场环境，充分发挥其在农民与工商企业之间的纽带作用。

4. 强化人才队伍建设，提高农业科技含量

农业科技研发、推广与应用水平是决定粮食与重要农产品稳产保供水平的关键指标。一是鼓励相关涉农高校、科研院所加快建立农业科技成果评价机制，加大科技成果转化收益分配激励力度，改进科研项目经费管理以及加大对科技人才的税收优惠力度，加强农业科技人才基本生活保障力度及科研资助力度，同时也要充分发挥职称的激励导向作用，不断畅通申报渠道，创新评价方式，留住湖北省农业科技创新人才。二是强化农业高精尖人才培养。建议依托现有的重大农业科技创新载体，打造一支具有前沿水平的专家队伍，并制定"引得进，留得住"的长效机制。三是强化实用人才培养。全面实施现代农业人才和新型职业农民培育工程，培养一批有较高素质的创新型农业生产经营人才。四是强化基层服务人员培养。培养一批具有现代农业科技推广意识、懂农

业、爱农村、爱农民的农业科技推广队伍。五是加强农业科技培训和农村科普，培养专业大户、科技示范户和乡土人才，提高农民科学科技素养。进一步依托现有高校、科研院所、转化机构、中介服务机构，加强和突出专业人才培养，打造专业化的农业科技队伍。

第 四 章

巩固拓展脱贫攻坚成果接续推进乡村振兴

　　本部分基于湖北省"乡村振兴大调研"数据（包括 7 个脱贫县和 375 个脱贫监测户），结合县、乡、村、户四级调研问卷收集的一手数据和资料，对湖北省脱贫政策落实情况进行分析总结；从各项扶贫政策落实情况、自然地理条件、社会经济基础和文化特点、基础设施建设、医疗教育公共服务等方面，对湖北省 2020 年前贫困地区的基本特征及扶贫工作成效进行概括总结。在此基础上，分析指出当前扶贫脱贫工作中存在的薄弱环节，提出巩固拓展脱贫攻坚成果与乡村振兴有效衔接的对策建议。

一、湖北贫困地区的概况及其主要特征

（一）湖北省的贫困状况

　　湖北整体上贫困面较大、贫困程度较深。贫困地区大多是"老、少、边、穷"地区，主要有大别山、武陵山、秦巴山、幕阜山 4 个集中连片特殊困难地区，这些地区自然条件严苛，传统农业生产受限于气候土壤等自然因素，抵御灾害的能力较弱；且基础设施建设薄弱，工业基础较差。由于地理位置和地形地貌的条件限制，湖北省很多贫困地区不通公路和铁路，交通困难造成的物流不畅与信息闭塞严重阻碍了这些地区的经济增长和农民增收。由于教育文化等公共服务滞后，人才储备不足；资金技术不到位，过度开采、毁林开荒、陡坡

耕种等传统生产方式，加剧了生态环境恶化，进而制约农民生产条件改善和生活水平提升。2013 年年底，全省有 191.5 万建档立卡户，581 万建档立卡贫困人口。

党的十八大以来，湖北省坚持贯彻习近平总书记关于湖北省扶贫工作的讲话精神，坚持精准扶贫精准脱贫方略，坚决打赢脱贫攻坚战。到 2020 年年底，全省 581 万贫困人口全部脱贫，4 821 个贫困村全部出列，37 个贫困县全部摘帽，消除了绝对贫困和区域性整体贫困。截至 2022 年年底，全省脱贫人口（包含被监测对象）外出务工就业规模达到 216.1 万人，完成 2022 年度目标任务的 103.7%，全省脱贫人口的人均纯收入达 14 705 元，较上年增长了 14%。

（二）贫困地区分布特点

湖北省位于中国地势第二级阶梯与第三级阶梯之间的过渡地带，四周多环山。山地占全省总面积的 56%，西、北、东三面被武陵山、巫山、大巴山、武当山、桐柏山、大别山、幕阜山等山地围绕。由于独特的地理位置，全省四大贫困片区大部分分布在西北部的秦巴山片区，包括十堰市郧阳区、郧西县等县（区）；西南部的武陵山片区，包括恩施市、鹤峰县等县（市）；东北部的大别山片区，包括红安县、英山县等县。全省 37 个贫困县中有 25 个分布在鄂西山地的十堰、襄阳、宜昌和恩施四个市（州），其余全部处在鄂东北丘陵和鄂东南丘陵地区，9 个深度贫困县中，有 8 个在鄂西山地。其中，武陵山区还是湖北民族聚居地区，民族自治地方的 10 个县（市）中有 9 个属全国重点贫困县，有 6 个属全省特困县（市）。这些地区大部分地势崎岖，耕地面积小，生态环境脆弱；且受地形限制，基础设施较不完善，交通闭塞，生产生活条件相对恶劣。

1. 大别山片区

大别山片区一直是湖北省脱贫攻坚的主战场之一，主要包括黄冈市六个贫困县和孝感市的两个贫困县。

黄冈是著名的革命老区，也是大别山片区脱贫攻坚主战场。全市有六个贫困县（市）：团风县、红安县、罗田县、英山县、蕲春县、麻城市。黄冈地区的贫困主要由以下因素造成：一是自然灾害频发，黄冈独特的地形地貌导致自然灾害频繁，山脉所形成的天然屏障让一部分地区较易成为暴雨区，农业生产自然风险较大；二是缺资金、缺技术，二、三产业发展落后，同时制约农业现代化发展；三是教育、医疗供给不足，易导致因病因学致贫，造成复合型贫困的发生。

孝感市有大悟和孝昌两个贫困县，相较于黄冈贫困面小。孝感的贫困成因与黄冈相似：一是基础设施建设不完善，孝感市物流基础差、发展慢，不利于相关产业链的发展；二是人才短缺，教育文化和医疗等公共服务提供不足，贫困人口增收较缓，因病返贫的风险较高。

2. 武陵山片区

武陵山片区主要包括恩施州、宜昌市的贫困县。恩施州位于湖北省西南武陵山区，是典型的"老、少、边、穷"地区，造成贫困的原因主要有以下几点：一是自然气候条件不利于农业生产和发展，经济结构较不合理，以第一产业为主，且生态环境较为脆弱；二是地理地形条件限制道路交通等基础设施建设，限制了当地运输能力和物流集散力的提升，不利于产业链的发展；三是当地农村居民受教育程度普遍较低，观念较为保守，制约了社会和经济发展。

宜昌的贫困县主要包括位于武陵山区的秭归县、长阳县，以及位于秦巴山区的兴山县。宜昌市地处鄂西山区向江汉平原的过渡地带，同时包括部分三峡地区，同样属于"老、边、穷、库"地区。造成本地区贫困的原因，一是山地面积占比大，耕地面积小，并且土地贫瘠，作物产量较小；农用设施基础差，抵御灾害能力弱；二是交通不便，物流网络不发达，通信闭塞，经济活动不活跃等，进一步提升人民生活条件受到很大限制。

3. 秦巴山片区

该片区主要包括十堰市和襄阳市，其中十堰市下辖的丹江口市、郧阳区、郧西县、竹溪县、竹山县、房县和神农架林区均为国家扶贫开发工作重点县；襄阳市下辖的保康县、谷城县、南漳县均为贫困县。该片区贫困主要原因如下：一是土地资源匮乏问题愈加严重。由于南水北调中线工程大量田地被淹，该地区人均耕地面积低于全省平均水平，随着经济发展，土地供需矛盾日益尖锐；加之不合理耕种等行为导致水土流失加剧，石漠化较为严重，生态环境脆弱。二是受地形限制造成交通不便，基础设施欠缺且完善过程缓慢。三是产业结构不合理，二、三产业发展滞后，社会公共服务不完善。

4. 幕阜山片区

湖北省幕阜山片区包括黄石市的阳新县和咸宁市的通山县、崇阳县、通城县四个贫困县。长期以来，该片区基础设施建设落后，社会经济发展较慢，贫困程度深，贫困人员多。造成扶贫难度大的原因：一是地处偏远，自然地理环境差；二是二、三产业发展落后，该地区人们生活水平较低并且劳动力就业不充分；三是教育、医疗等公共服务发展迟缓，当地人口受教育水平普遍较低，思想较为保守，脱贫困难，易陷入贫困循环。

5. 其他贫困区

连片贫困区占湖北省贫困面积的 60%，其他贫困区多分布于荆门市、荆州市、鄂州市等地，呈现"大分散、小集中"的特点，且相对贫困的问题更为显著：第一，"插花式"贫困区的乡村贫困发生率依然较高，但由于很容易被周边较发达地区所掩盖，当地相对收入差距较大的同时与本区域城市的收入水平差异较大。第二，随着农村居民生活需求的日益增长，日常消费支出增大，导致支出性贫困问题比较普遍；由于农民收入增长速度小于支出增长速度，因病、因学、因婚嫁等致贫增加。第三，贫困区人民受教育程度较低，人力资本储备不足，不利于地区的持续发展。第四，健康医疗服务不足的问题仍然突出，重大疾病对贫困家庭经济冲击较大。

（三）连片贫困区贫困的形成原因

第一，受自然条件限制，连片贫困地区多为山地或山脉，耕地少并且生态环境脆弱，农业基础薄弱，农户较难从农业获得高收入；此外，由于山区形成的天然闭塞，地势险峻，交通等基础设施较为不足，基础设施修建和维护成本高，物流运输成本高。第二，贫困地区大多依赖传统农业生产，产业结构不合理；农业、工业基础薄弱，难以形成地区特色产业；缺乏资金和技术支持，经济发展滞后。第三，教育、医疗等公共社会服务供给不足，地区人口的受教育程度与健康状况较差，不利于当地人力资本累积，制约当地社会经济发展，并反过来影响就业，陷入恶性循环。第四，贫困地区普遍受制于保守闭塞的发展观念，"贫困观念"难以拔除。

二、湖北脱贫攻坚政策措施落实情况及其成效

（一）湖北出台的相关扶贫政策措施

1. 省级部门出台的扶贫政策措施

自 2015 年以来，湖北省实施扶贫开发"双轮驱动"战略，出台并适时调整一系列扶贫政策，不断进行扶贫开发工作机制创新，切实加强考核监管，全力推进精准扶贫、精准脱贫。围绕精准扶贫和精准脱贫到村到户到人，采取五条"突出"政策举措，打好政策组合拳；全力推进片区扶贫攻坚工作，围绕"十项重点工作"明确牵头责任、协调责任、落实责任，加大检查督办力度；着力培育精准扶贫的"3＋1"品牌。加强整村推进精细化管理，提高整村推进的减贫效应；推进"雨露计划"实施方式改革，加强雨露计划支持农村贫困家庭新成长的劳动力接受职业教育。

2016 年省扶贫攻坚领导小组印发《湖北省脱贫攻坚规划（2016—2020年）》，提出要落实精准扶贫方略，提升监管工作水平，将整村推进双脱贫、易地扶贫搬迁安居、雨露计划能力提升、扶贫小额信贷增收、"互联网＋"脱贫、旅游扶贫脱贫、光伏扶贫脱贫、创业就业与致富带头人培训、龙头企业带动九项专项扶贫工作作为重点工程。加快实施连片贫困区域发展，扶贫攻坚规划、大别山革命老区振兴发展规划，集中实施一批重大项目，加快跨区域重大基础设施项目建设，着力发展特色支柱产业，稳步提升公共服务水平，不断完善社会事业，强化生态环境保护，确保如期实现规划目标，为精准扶贫精准脱贫奠

定基础。

2017年省扶贫脱贫计划强调，各县（市、区）要采取措施分解落实年度减贫计划，压实脱贫攻坚责任，精准帮扶到村到户到人，实现精准脱贫。同年11月印发《湖北省深度贫困地区脱贫攻坚实施方案》，强调坚持"省负总责、市州主导、县抓落实"管理体制，坚持"三位一体"大扶贫格局，解决深度贫困地区突出制约问题。

2018年湖北省扶贫攻坚领导小组印发《关于统筹推进非贫困县脱贫攻坚工作的指导意见》，提出加大财政投入、加大项目支持力度、加大产业扶贫支持力度、加大基础设施建设、提升非贫困县公共服务水平、加大金融扶贫支持力度六条推进措施，提出完善县级脱贫攻坚项目库建设的实施、加强雨露计划支持农村贫困家庭新成长劳动力接受职业教育以及深入开展消费扶贫。同年印发《关于完善县级脱贫攻坚项目库建设的实施意见（试行）》，进一步加强扶贫项目论证和储备，着力建好县级脱贫攻坚项目库，切实解决扶贫资金闲置和损失浪费等问题，要求对照户脱贫、村出列、县摘帽标准，围绕培育和壮大特色优势产业、改善公益性生产生活设施条件、增强贫困人口自我发展能力和抵御风险能力等方面，因地制宜选择项目。

2019年湖北省结合贫困村创业致富带头人培育工作的实际，印发《省扶贫办关于认定湖北省扶贫龙头企业的通知》，强调要选择培育对象，组织开展培训，培育孵化基地，建立减贫机制，加强贫困地区龙头企业培育，增强辐射带动贫困户增收能力，推进基本产业发展。推动《关于解决"两不愁三保障"突出问题的实施意见》《关于构建稳定脱贫长效机制的意见》等政策落地，构建稳定脱贫长效机制，强化基础设施建设，完善基本公共服务，提升贫困户基本素质，加强基层组织建设，建立健全保障、监督及管理机制。

2020年湖北省印发《关于建立防止返贫监测和帮扶机制的实施意见》，对摸排出来的脱贫不稳定户、边缘易致贫户，按照"缺什么、补什么"的原则，落实已出台的产业扶贫、就业扶贫、消费扶贫、综合保障、扶志扶智等措施。为努力克服新冠疫情影响，湖北省扶贫办全面研判疫情对脱贫攻坚的影响，印发《湖北省扶贫攻坚领导小组关于努力克服疫情影响坚决打赢脱贫攻坚战的通知》，提出加大财政专项扶贫资金支持力度，切实解决贫困群众外出务工难题。

为积极化解产业扶贫风险，切实加大易地扶贫搬迁后续帮扶，《湖北省培育贫困村创业致富带头人实施方案》强调，要结合湖北省贫困村创业致富带头人培育工作的实际，提高贫困村创业致富带头人带贫能力，健全完善贫困村创业致富带头人培育工作的体制机制，切实发挥贫困村创业致富带头人引领产业发展和群众增收的带动作用。

2021年印发《湖北省供销合作总社关于推动脱贫地区特色产业可持续发展的实施意见》，提出通过发展特色产业实现区域可持续发展的重点任务，推动产业园区化发展，稳定并加强产业扶持政策，强化产业发展服务支撑，强化组织保障。

2022年湖北省委1号文件《关于做好2022年全面推进乡村振兴重点工作的意见》指出，要坚决守住不发生规模性返贫底线，促进脱贫人口持续增收，完善监测帮扶机制，健全"三保障"和饮水安全有保障长效机制，加大易地搬迁后续扶持力度，落实脱贫地区帮扶支持政策。《湖北省巩固拓展脱贫攻坚成果同乡村振兴有效衔接情况的报告》报告了2021年全省脱贫人口人均纯收入、全省外出务工脱贫人口、开展防返贫监测帮扶试点、易迁后扶措施等方面内容。

湖北省政府及各部门结合具体省情发布了多项政策对巩固拓展脱贫攻坚成果进行规划安排，部分政策文件如表4-1所示。

表4-1 2015年以来湖北省有关部门发布的关于巩固脱贫成果的政策文件

发文时间	文件名称	发布单位
2015.10	《关于加强雨露计划支持农村贫困家庭新成长劳动力接受职业教育的实施意见》	湖北省人民政府扶贫开发办公室
2016.04	《湖北省脱贫攻坚规划（2016—2020年）》	湖北省扶贫攻坚领导小组
2017.06	《关于印发2017年脱贫计划的通知》	湖北省扶贫攻坚领导小组
2017.12	《湖北省深度贫困地区脱贫攻坚实施方案》	湖北省扶贫攻坚领导小组
2018.07	《关于统筹推进非贫困县脱贫攻坚工作的指导意见》	湖北省扶贫攻坚领导小组
2018.08	《关于完善县级脱贫攻坚项目库建设的实施意见（试行）》	湖北省人民政府扶贫开发办公室
2019.06	《关于打好三大攻坚战重点战役的意见》	中共湖北省委办公厅、湖北省人民政府办公厅

（续）

发文时间	文件名称	发布单位
2019.08	《关于解决"两不愁三保障"突出问题的实施意见》	湖北省扶贫攻坚领导小组
2019.10	《关于构建稳定脱贫长效机制的意见》	湖北省扶贫攻坚领导小组
2019.11	《关于认定湖北省扶贫龙头企业的通知》	湖北省人民政府扶贫开发办公室
2020.03	《2020年全省脱贫攻坚工作要点》	湖北省扶贫攻坚领导小组
2020.03	《关于努力克服疫情影响坚决打赢脱贫攻坚战的通知》	湖北省扶贫攻坚领导小组
2020.04	《关于建立防止返贫监测和帮扶机制的实施意见》	中共湖北省委农村工作领导小组
2020.07	《湖北省培育贫困村创业致富带头人实施方案》	湖北省人民政府扶贫开发办公室
2021.06	《关于推动脱贫地区特色产业可持续发展的实施意见》	湖北省农业农村厅等10部门
2022.03	《关于做好2022年全面推进乡村振兴重点工作的意见》	中共湖北省委、湖北省人民政府
2022.09	《湖北省巩固拓展脱贫攻坚成果同乡村振兴有效衔接情况的报告》	湖北省农业农村厅

2. 湖北省各地实施的扶贫政策

湖北省各地依据省扶贫办出台的扶贫政策，因地制宜推进扶贫开发工作机制创新，建立长效机制，常态化推进各项扶贫工作，消除各类返贫致贫风险。自2015年起，各市（县）先后就产业扶贫、健康扶贫、教育扶贫、异地扶贫、生态扶贫、光伏扶贫、消费扶贫、就业扶贫等方面发布了多项政策措施，全面落实、统筹各项扶贫政策，整合资源，推进脱贫地区高质量发展和脱贫群众生活持续改善。

在产业扶贫方面，湖北省各市（县）为切实增强贫困村自我"造血"能力，将产业扶贫作为精准扶贫的核心动力，以产业发展为杠杆，促进贫困地区发展、增加贫困农户收入。宜昌市对40个产业薄弱村实施"五个一"提升工程，继续认定和扶持一批扶贫龙头企业，培育贫困村创业致富带头人，提高特色产业和新型经营主体带动贫困户的比率，并提出发挥农村电子商务服务网点带动作用，培养一批农村电商扶贫人才，同时完善旅游带贫机制，鼓励贫困家庭依托旅游景区兴办农家乐，拓宽增收渠道。荆州市在贫困村实施"4＋N"产业发展模式，即一个特色产业、一个新型经营主体、一个光伏电站、一个电商网点，加上乡村旅游等其他产业。黄冈市积极探索"湖北特色"的乡村产业发展新路径，重点发展现代种养业、农产品加工业和新型服务业，实施"互联网＋"农产品出村进城工程，培育一批特色农业大县、特色小镇，发展壮大一批龙头企业、特色农产品优势区和现代农业产业园。黄石市创新产业发展理念，组建农业产业发展协会，并依托协会组建"四大产业联盟"，打造具有黄石智慧的农业产业发展新模式；同时帮扶模式多元化，推进品牌创建以带动脱贫，争资争项去助推脱贫。荆州市以"一村一品"为主要抓手，大力发展地方特色产业，促进贫困村和贫困户增收脱贫。2020 年，出台了促进产业扶贫8 条举措，15 000 多家新型经营主体参与产业扶贫，因地制宜，发挥资源优势，把大力实施产业扶贫作为精准扶贫的重要措施。襄阳市出台《关于加强带贫新型农业经营主体贷款担保基金、财政贴息资金和奖补资金使用管理的指导意见》（试行），加强带贫新型农业经营主体贷款担保基金、财政贴息资金和奖补资金的使用管理，全力支持"带贫"新型农业经营主体、就业车间参与培育"一村一品""一县一业"。

在健康扶贫方面，宜昌市完善参保缴费资助政策，确保农村低收入人口应保尽保，健全防范化解因病返贫致贫长效机制，降低看病就医成本，引导合理诊疗促进有序就医，提升农村医疗卫生服务能力。荆州市对摆脱贫困的县（市、区）划定 5 年过渡期，通过优化调整医保和扶贫政策，健全防范化解因病返贫致贫长效机制，增强对困难群众基础性、兜底性保障，逐步实现由集中资源支持脱贫攻坚向统筹基本医保、大病保险、医疗救助三重制度常态化保障平稳过渡。黄石市为进一步健全重特大疾病医疗保险和救助制度，对因病致贫重病患者和县级以上地方人民政府规定的其他特殊困难人员进行医疗救助并实行动态管理。十堰市按照"市级统筹、分县承担、市级补充"实施的原则，制定贫困人口城乡基本医疗保险参保率达到 100％，大病住院就医 90％兜底报销，门诊 30 种慢病定补费用达到 85％以上，实行疾病集中定点救治，完善对贫困地区的对口帮扶机制。

消费扶贫方面，十堰市为支持重点脱贫产业发展，各级机关事业单位工会利用爱心消费扶贫物资经费购买扶贫农副产品，鼓励各单位利用公用经费购买本地茶叶作为公务活动用茶。房县开设了扶贫产品销售专区，组织供应商入驻

"线上"销售平台，通过"线上"销售平台采购，利用各类展会推介扶贫产品等方式拓展扶贫产品销售渠道。孝感市切实把恢复和扩大消费摆在优先位置，鼓励消费，活跃市场，促进文旅消费，围绕重点乡村旅游点，积极主办文化旅游节等。

湖北省各市（县）政府部门结合具体实际，出台了多项巩固拓展脱贫攻坚成果的政策措施，部分政策如表4-2所示。

表4-2　2017年以来湖北省各市（县）印发的有关扶贫脱贫的政策文件

发文时间	文件名称	发布单位
2017.07	《十堰市深化健康扶贫"五大行动"实施方案》	十堰市脱贫攻坚指挥部
2019.10	《关于进一步促进贫困地区产业扶贫的实施意见》	宜昌市扶贫开发办公室
2020.07	《房县消费扶贫行动实施方案》	房县人民政府
2021.04	《关于统筹整合资金保障巩固脱贫攻坚成果与乡村振兴的指导意见》	荆州市人民政府办公室
2021.04	《关于加强带贫新型农业经营主体贷款担保基金、财政贴息资金和奖补资金使用管理的指导意见》	襄阳市乡村振兴局
2021.09	《关于实现巩固拓展脱贫攻坚与乡村振兴有效衔接的实施方案》	中共荆州市委办公室
2021.09	《宜昌市健全防止返贫动态监测和帮扶机制的实施意见》	中共宜昌市委农村工作领导小组
2022.01	《荆州市巩固拓展医疗保障脱贫攻坚成果有效衔接乡村振兴战略实施方案》	荆州市医疗保障局
2022.01	《关于巩固拓展医疗保障脱贫攻坚成果有效衔接乡村振兴战略若干措施的通知》	宜昌市猇亭区医疗保障局
2022.03	《宜昌市巩固拓展脱贫攻坚成果同乡村振兴有效衔接重点工作三年行动方案》	中共宜昌市委农村工作领导小组
2022.10	《黄石市健全重特大疾病医疗保险和救助制度实施办法》	黄石市人民政府办公室
2023.03	《2023年全市"稳预期、扩内需、促消费"工作方案的通知》	孝感市人民政府办公室

（二）扶贫政策措施落实情况及成效

2015年以来，湖北省着力消除巩固拓展脱贫攻坚成果薄弱环节，贯彻落实国家扶贫政策，根据省扶贫开发领导小组办公室的扶贫工作部署，构建创新扶贫机制，在做好政策宣传工作的同时，统筹协调、明确目标、强化措施、整体推进，扎实开展扶贫工作，坚持区域发展带动扶贫开发，扶贫开发促进区域发展，取得了突出成绩。2015—2020 年减贫人口与贫困发生率具体情况如图 4-1 所示。

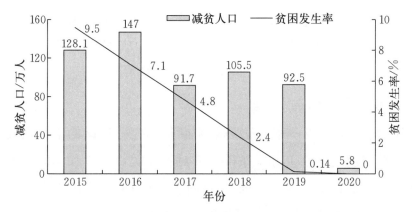

图 4-1　湖北省 2015—2020 年减贫人口与贫困发生率

数据来源：人民网

1. "两不愁，三保障" 全部实现

近年来，湖北省积极应对各种风险挑战，推进脱贫地区高质量发展和脱贫群众生活持续改善，贫困户全部实现 "两不愁，三保障"。

（1）农村居民 "衣食不愁"

解决饮食与饮水安全不仅关系到居民的身体健康，同时也是全面建成小康社会的硬任务、硬指标。湖北省县级政府因地制宜加强供水工程建设与改造，进一步提高农村集中供水率、自来水普及率、供水保证率和水质达标率，全面解决贫困人口饮水安全问题。供水率、自来水普及率分别达到 93.72%、91.06%，改善农村供水人口 1 000 万。受访者感觉 "粮食够吃" 的比例达到了 97.92%，粮食不够吃的原因大多为不种地、没有钱买粮食、自然灾害（具体数值如图 4-2 所示）。穿衣方面受访者认为其换季衣物充足的占比98.86%。经过调查核实，综合判断 97.65% 的受访者 "两不愁" 是有保障的。

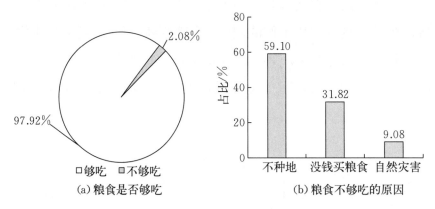

图4-2 农村居民粮食保障情况

(2)"三保障"目标基本达到

治贫先治愚，扶贫必扶智。教育是阻断贫困代际传递的治本之策。湖北省县域内加强学校建设，改善办学条件，针对不同教育阶段和不同教育类型，制定针对性教育扶贫政策：一是学前教育阶段，县政府落实国家助学金资助与给予本区助学扶智的生活补助；二是义务教育阶段，落实国家"两免一补"政策（即免学费，免教科书费，补助家庭经济困难寄宿生生活费），对实行校车接送学校的建档立卡学生，给予校车费补助；三是普通高中教育阶段，落实国家对建档立卡贫困家庭学生免学费政策，由建档立卡学生按程序向所就读的普通高中学校提出申请，落实国家助学金资助；四是中等职业教育阶段，落实中等职业教育国家免学费和国家助学金资助政策，实行本区助学扶智免住宿费；五是高等教育阶段，落实国家助学金资助政策，实行本区助学扶智补贴。

调查数据显示，义务教育有保障的比例为96.95%，在被问及"义务教育阶段学生享受过哪些政策"时，有89.68%的受访者家中学生享受了义务教育阶段的相关政策，94.04%的受访者家中学生享受了职业教育的相关政策，政策落实较好。样本中374户贫困家庭中302户获得了教育资助，有19.25%的贫困家庭学生没有获得教育资助。在学前教育、高等教育阶段，73.33%的县能够给予学生生活补助，分别有60%和66%的县政府为学生发放国家助学金和国家助学贷款。职业教育基本实现了免学费、"雨露计划"全覆盖，在被问及"职业教育阶段学生享受过哪些政策"时，84位受访者中只有8位表示享受过雨露计划，主要原因是"雨露计划"只面向建档立卡户资助。

为实现农村贫困人口基本医疗有保障，湖北省实施健康扶贫工程，构建了以基本医疗保险为主体、大病保险为补充、医疗救助兜底的"三重医疗保障制度体系"。湖北省保障基本医疗财政投入金额达 3 466.492 万元，72.73% 的县设立了兜底保障资金，兜底保障资金控制线在 5 000 元，医疗保险补助标准为 2 110.309 元，大病保险补助标准为 576.91 元，农村贫困人口县城住院等报销比例达 87.33%。医疗保险覆盖率整体较高，但是慢性患者签约服务与签约医生提供服务的比例较低，患大病集中救治的比例也只有一半左右，患病后报销比例超过 80% 的较少，因此基本医疗政策仍然存在一些落实不到位的问题。

住房安全有保障是脱贫攻坚的一项硬任务。湖北省县域住房通过农村危房改造、易地扶贫搬迁、农村集体公租房等多种方式保障了住房安全。危房改造补贴资金投入额度占全县财政支出的 2.32%，2021 年建档立卡户收到住房安全鉴定牌户数达到 13 660 户，从 2018 年至今累计收到住房安全鉴定牌户数多达 26 225 户，88.89% 的县得到了省级补助，省级补助超过县级补助的 67.95%。调研样本中，14.43% 的受访者进行过危房改造，平均得到资助 10 683.46 元，大部分受访者有住房，无住房的受访者占总受访者的 3.03%，其中 56%（28 人）居住在子女家，44%（22 人）在外租住，其中 7 人表示难以负担房租。总样本中住房安全有保障的受访者占比为 97.85%，住房安全有保障基本实现。

2. 产业扶贫成效显著

湖北省通过产业扶贫、产业带贫等推进脱贫攻坚，采用产业奖补的方式进行，通过奖励和补贴促进农村产业发展发挥"头雁效应"，激励更多的贫困村民投身到当地特色产业建设之中，实现产业兴旺，最终依托产业摆脱贫困。数据显示，调研的 45 个行政村中落实产业奖补或其他产业帮扶的村占比达 77.8%，表明多数村庄秉持产业扶贫精神，重视产业扶贫；84.1% 的贫困乡在防范返贫工作中，大力发展产业，在提高扶贫开发质量和效益方面取得了明显成效。

为培育和帮扶新型农业经营主体，湖北省推出并落实了一系列相关政策，如开展农村实用人才评选及创业创新项目大赛、家庭农场培育计划、农民合作社质量提升行动、社会化服务创新提升工程，"新农直通贷""首贷"及无还本续贷业务等信贷支持，建立新型农业经营主体登记系统和信用评价系统，建立新型农业经营主体辅导员队伍等帮扶政策。在所有受访的新型经营主体中对上述帮扶政策的平均了解程度为 3.147（1 代表完全不了解，5 代表非常了解），了解程度在一般及一般水平以上的占比为 69.12%（图 4-3），即大部分新型经营主体对针对其自身的帮扶政策有一定的了解。不同地

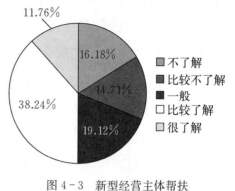

图 4-3　新型经营主体帮扶
政策了解程度

区政策的落实程度也存在较大差异，根据受访数据显示，有 31.08% 的受访新型经营主体表示其当地没有落实一项培育帮扶政策，较大的落实差异进一步使不同地区新型经营主体发展差异变大，不利于通过新型经营主体带动贫困户脱贫。

3. 易地扶贫搬迁扎实推进

"十三五"期间，湖北省十堰市扎实开展易地扶贫搬迁工作，建成 6 户以上集中安置区 4 022 个，集中安置率达 88.79%，全市 35.45 万人搬迁入住安置区，顺利实现全部脱贫。十堰在全省率先出台了《十堰市易地扶贫搬迁后续扶持实施方案》，确保易迁安置区自然灾害防治工作机制健全有力、后续扶持能力建设项目支撑有力、后续扶持产业发展持续有力、易迁群众稳定就业保障有力、易迁安置区治理融入推进有力。湖北省强化易迁后续扶持，出台易迁后扶 14 条措施，投入资金 36.64 亿元，引导银行发放贷款 94 亿元，推动搬迁群众可持续发展。湖北全省 800 人以上安置区均建立了就业服务站，为加大易地搬迁后续扶持力度，推进安置区产业就业帮扶，建设安置区配套产业园区，组织开展就业专项帮扶行动，推进安置区配套基础设施提档升级，统筹安置区与迁入地公共服务供给。同时持续改善生态脆弱区、地质灾害影响区、偏远山区生产生活条件，引导过于分散居住的农户搬迁安置，提高基础设施保障效率。

4. 就业创业扶贫有效发力

为统筹做好易地扶贫搬迁安置区周边的扶贫车间、产业园区、生产基地复工复产，吸纳搬迁贫困户就近就业，支持增设公益性岗位就业。湖北省在2020年为贫困人口安排不少于6.675万个生态护林员岗位，利用光伏发电收益设置不少于5万个扶贫公益岗位，新增护林、管水、护路、保洁、扶残助残、养老护理等公益性岗位，开展以工代赈、小微扶贫项目建设，优先吸纳监测对象就业。2021年全省扎实开展产业帮扶，带动脱贫人口189万人，2022年新增脱贫人口小额信贷12.08亿元；扎实做好就业帮扶，全省外出务工脱贫人口216.9万人，达到年度目标任务104%。2022年就业帮扶任务全面完成，实施"雨露计划＋"就业促进行动，做好脱贫人口稳岗、拓岗、转岗工作。各贫困地区利用扶贫车间、公益性岗位等，促进贫困人口就近就地就业，加大奖补力度，落实贷款、贴息、财税等优惠政策，鼓励贫困劳动力就业创业。

5. 整村推进有待加强

以财政专项扶贫资金项目为引导，整合部门和社会资金，整村推进水、电、路、气、房、环境改善到农家。湖北省贫困县的基本县情是财政收入较低、可用财力紧缺、财政保障能力不足，有限的财政投入和巨大的扶贫资金需求是整村推进面临的第一难题。调研数据显示，97.10%的受访者认为本村基础设施和公共服务设施有所改善（图4-4），说明在整村推进方面有所

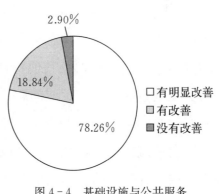

图4-4　基础设施与公共服务设施改善情况

成效。在被问及"哪些方面还需改善"时，仍有部分受访者提出希望水、电、路、通信、学校、医疗和农业生产设施等基础设施继续完善，其中提出完善医疗的人数最多，占比27.20%，其次是农业生产设施和学校，分别占比24.33%和24.13%（图4-5）。

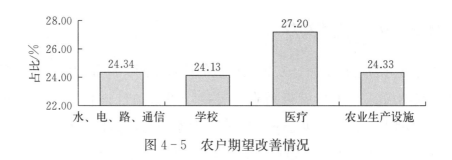

图 4-5　农户期望改善情况

6. 防返贫监测机制有效运作

为了防范脱贫人口返贫，86.36％的样本乡开展了结对帮扶，帮扶干部分别来到自己的结对帮扶对象家中，与帮扶对象以拉家常的形式开展交流，详细了解结对帮扶对象的家庭情况、生活现状、收入来源、社会保障、身体状况、子女教育及就业等情况。

从农户出现返贫风险到村委会发现所需平均时间为 7 天，从村委会发现返贫风险到纳入监测平均需要 11 天，从纳入监测到采取相应的帮扶措施平均需要 14 天，所以从农户出现返贫风险到采取相应措施平均仅需 32 天。数据显示，77.8％的样本村表示现有机制能做到及时发现、及时监测、及时帮扶，防止规模化返贫的发生。2021 年以来样本村平均开展防返贫监测排查 16 次，基本上做到了防返贫排查常态化。防返贫工作也更加趋于科学化，将排查对象划分为重灾户、重病户以及其他特殊情况，科学防范精准施策。2021 年样本村平均受灾或重病 2 户，疑似问题户平均 3 户，截至当年年底平均被排除 3 户，排除率达 60％，排除速度快，有效防止规模返贫出现。监测户的纳入排除严格按照文件既定标准，减少了"以富代贫"冒领补助，以及"被脱贫"现象的出现，构建并完善防止返贫监测体系。

7. 消费扶贫政策缺乏对接

在众多贫困村中，许多村子能够生产大量的农副产品，但诸多因素导致农产品销路闭塞，无法外销。消费帮扶政策，能够为当地农产品打开销路，激发贫困群众种植农产品的内生动力。调查数据显示，受访村中有认定的消费帮扶产品的村子占 31.11％。处于相对较低的水平，表明各村未能很好地利用消费帮扶的契机，未能开发出有自己特色的农产品，无法有效对接消费扶贫政策。

8. 退捕安置政策有效落实

2021年1月1日起，为维护长江生态环境，为期十年的长江禁渔全面启动，为防止退捕渔民返贫，地方政府出台安置补偿措施。根据调查数据显示，受访的45个行政村中，4个行政村有退捕渔民，均得到妥善安置，政策落实率达100%。

三、湖北巩固脱贫政策实施存在的主要问题

（一）可持续发展较难保持

1. 扶贫产业发展可持续性弱

首先，扶贫产业链条短，抵抗市场风险能力弱。贫困县的扶贫产业一般是按照当地的资源特色、地方发展特色来发展，产业链条短，规模一般较小，难以形成产业聚集效应。其次，扶贫产业多由村"两委"牵头实施或由村"两委"人员试验种植，缺乏有经验、有实力的经营主体，在市场经济大潮下，扶贫产业难以长久发展。此外，产业科技人才缺乏，新生力量不足。外出务工人员增多，土地细碎化问题突出，农村人口老龄化加剧，缺乏产业带头人、科技人才和管理人才等。以上这些问题制约了扶贫产业的可持续发展。

2. 基础设施投资面临资金制约

基础设施投资具有投资大、见效慢、收益低的问题，因此，引导企业投资较为困难，基础设施投资主体一般为政府。而脱贫地区产业发展乏力，当地政府财政收入和税收不稳定，难以支持基础设施的长期、高额投资。严重依赖中央政策补助进行投资，对政策依赖性大，难以持续推进。

3. 易地搬迁持续帮扶难度大

易地搬迁政策是解决就地扶贫成本高、效果差而制定的一项重要惠民政

策。易地扶贫搬迁政策实施后，搬迁户的生活、生产以及经济状况得到明显改善。同时，也面临基层政府财政资金有限，公共物品投入能力不足等问题。同时，国家对搬迁户的补贴标准较低，造成政府投入与脱贫人口的需求之间存在一定的矛盾，一些搬迁户在搬迁后经济状况未得到改善，反而加重了家庭经济负担。

（二）乡村基础设施建设质量不高

1. 乡村公路建设存在质量问题

交通基础设施在宏观层面上对产出和收入增长具有持续的促进作用，在微观层面以缩短空间距离、降低农户交通成本等方式促进非农就业，提高收入水平。湖北省明确要求各地建好、管好、护好、运营好公路，即建设"四好公路"。但调研发现，个别村庄的公路才竣工一年多，路面上已经出现了横向、纵向断纹裂缝，不利于经贸往来以及居民的日常出行。

2. 交通运输物流成本居高不下

根据村级样本统计数据，贫困村生产的大量农副产品由于交通基础设施建设仍不能满足当下物流运输要求，造成农产品运输成本高，农产品销路闭塞，较难外销。地形、气候和交通条件对农产品及其衍生产业链的选择产生了较大限制，对运输工具和运输条件提出了更高的要求。

3. 贫困户住房保障有待加强

农村住房是农村居民的刚性需求，让贫困人口住房安全有保障是脱贫的重要目标。调研发现，当前农户住房保障仍存在一些问题：一是劳动力缺乏，大部分家庭缺少改建经验，项目实施存在一定难度，农户的房子在修建时就已经存在质量问题；二是脱贫户经济能力差，无力维修，危房改造政策等只解决了最初的住房问题，日后的房屋修缮资金供给若不能保证，则脱贫户的住房安全仍得不到有效保障。

4. 农村水利项目建设质量需提升

农村水利项目的质量问题关乎脱贫人民日后的生活质量。湖北省不同地区情况各不相同，实行水利工程项目需要考虑人员、材料、机械、方法、环境等影响因素，制定专业的施工方案和施工工艺；水利工程项目建成后，如果发现质量问题，会造成巨大的经济损失，而这部分修缮费用由谁支付以及如何支付未有定论。

目前虽然基本解决了农村供水工程建设与改造问题，提高了集中供水率、自来水普及率、供水保证率和水质达标率，但贫困地区生产生活用水供给仍旧存在"争水"现象，对"安全饮水有保障"形成实质性的威胁。调研显示，37.84％的农户希望进一步完善农业生产设施供给用水设施。

（三）政策措施不协调不配套

1. 配套资金政策制约明显

扶贫资金对脱贫攻坚战至关重要，但是34.09％的贫困乡的财政收支矛盾十分突出，乡政府面临着严重的财政困难。近年来，虽然乡财政收入规模不断扩大，但捉襟见肘的县（乡）财政，使得贫困县缺乏自我摆脱贫困、自我发展的能力，只能依靠上级投入资金去扶贫，对上级财政拨款依赖性强。

地方政府在设定项目和确定配套资金标准时，未能坚持实事求是，量力而行。没有因事因地、科学合理安排项目各方的投资比例，特别是过去三年中受到疫情的严重冲击，地方财政陷入赤字，导致扶贫资金约束进一步缩紧。同时，相关部门对资金的追查审核力度有待加强，以保证资金流到目标项目，助力乡村振兴。

2. 脱贫"补漏"的压力仍然很大

在调研样本中，脱贫退出程序中有经历入户调查的比重为92.47％，有民主评议的比重为90.79％，有公示的比重为92.39％；经过调查员综合判断，贫苦人口脱贫退出程序规范的比重为93.64％，达标的比重为96.02％，错退的比重为 2.86%。其中，错退理由包括住房条件未得到改善、债务负担过重及收入未达标等。

调研过程中发现，部分农户家庭缺乏劳动力，同时家庭中还有患慢性病或重大疾病的病人。这部分农户较为脆弱，容易返贫。危房改造、医疗保险等起到的作用是暂时性的，难以从根本上解决这类农户的问题。同时，个别村中第一书记宣传不到位，有 31.07% 受访者不了解、比较不了解精准扶贫和脱贫攻坚相关政策，部分符合补助标准的农户一直没有申请补贴，也未得到帮扶。

3. 脱贫治贫系统方案缺乏

贫困人口陷入贫困可能有以下四个原因：一是缺乏或没有劳动能力，导致因病致贫、因学致贫等；二是有劳动能力但有着"等、靠、要"的思想；三是有劳动能力，有脱贫愿望，但缺乏谋生技能；四是有劳动能力、意愿和技能，但受到环境条件制约。不同人群应当给予不同的帮扶方式，但目前缺乏促进脱贫和治理返贫的系统性方法，涉及人才、资金、配套政策、观念、基础设施建设和产业培育等方面。

在实施项目前，地方政府市场调研不充分，未能因地制宜发展特色产业，最终导致产业同质化严重；项目实施过程中缺乏牵头企业或高水平人才，村委会成员由于缺乏管理经验，发展的产业经济效益低下，不能为农户持续造血。同时，地方政府也缺乏过程的监督考核，难以从地区的脱贫和治理返贫中总结经验，吸取教训，不利于工作的开展。

（四）扶贫扶志扶智工作有待深入

1. 不良习俗短期难以扭转

调研显示，湖北省深度贫困地区大都成立了乡村振兴促进会、红白理事会等机构，以此引导传统文化习俗向有利于扶贫脱贫的方向转变。然而，传统习俗似乎仍然扮演着"失血"的角色，过高的人情往来支出仍是制约贫困居民可支配收入增长的瓶颈。例如，在 2019 年人均可支配收入为 11 055 元的情况下，人情费支出超过 1 万元的比例为 16.6%；结婚请客的人数超过 50 人的占比

61.4％；10桌以上酒席的比例24.3％。

2. 新时代文化传播乏力

由于居住分散等原因，广场舞、武术、演唱比赛等文娱活动开展得并不充分，降低了其对传统习俗文化的影响力。在被问到"您所在村的休闲娱乐方式怎么样"的问题时，深度贫困县的村民回答"要差一些"和"差不少"的比例达26.1％，而非贫困县的比例仅占13.4％。对于部分易地搬迁点，文化活动仅是组织大家看电视，单一的文娱活动不仅使得新文化难以在村民之间传播，还不利于集体村居新时代新文化的重塑，导致既有的人情往来支出习俗所引致的"失血"问题持续凸显。

（五）主体内生发展动力不足

1. 政府治理返贫后续动力不足

一是对脱贫后特殊群体返贫问题关注不足，防止特殊群体返贫政策制定不明晰，工作落地缺指引。为防止脱贫后再次返贫，88.9％的行政村选择采取广播、告示或通过微信群以及其他网络平台渠道，或者村干部到农户家当面进行宣传等方式检测帮扶效果。其中，使用最多的途径是村干部到农户家当面进行宣讲，采用率高达73.33％。除宣传以外，各村还建立了返贫风险监测发现机制，通过农户、村干部、驻村干部三方共同监测返贫致贫风险，超过93％的样本村均可通过三方中的至少一方发现农户可能存在的返贫风险。然而，政策的宣传与落实之间存在"不匹配"问题。有81.81％的样本乡认为，扶贫政策执行过程中受到了阻碍，可能是由于贫困对象识别不精准，设立的扶贫项目规划脱离实际，影响扶贫功能有效发挥。有31.07％农户样本不了解、比较不了解精准扶贫和脱贫攻坚相关政策，表明政府对脱贫攻坚、精准扶贫政策宣传力度还需加强。有60％的村样本均表示，受灾户和重病户最难消除返贫风险，他们大部分受教育程度低、劳动能力不足或丧失、家庭负担过重，难以通过统一标准下的扶贫政策实现本质脱贫。

二是治理返贫的后续动力不足，贫困地区的"造血"能力不强。在脱贫攻坚取得全面胜利后，部分市、县一级扶持脱贫户的本土性政策没有因地制宜地改革和发展，挫伤了部分贫困户的发展积极性。此外，目前的扶贫措施比较单一，扶贫政策过于死板，不少减贫措施被简单化为提供资金、赠送一些生产资料、修建或改建贫困群众住房，简单的"输血"无法从根本上强化贫困地区的"造血功能"，导致扶贫政策的长效性和可持续性面临挑战。

2. 企业参与扶贫的积极性不强

资金不足是制约企业带动当地非农就业和发挥辐射作用的根本因素之一。存在扶贫资金不足的原因有三。一是多数贫困村经济结构单一，贫困群众自我发展能量不足，龙头企业、专业合作社或能人大户带动和辐射作用发挥有限，以产业和新型经营主体带动脱贫的可持续能力不强，企业的积极性被极大削弱。二是贫困人口思想观念陈旧，生产经营能力较低，缺乏致富能力和发展门路，抵御风险和自我发展能力脆弱。三是制约产业发展要素多。市场、技术、信息等制约要素作用明显，农业技术普及不到位，生产的农产品市场风险特别是销售风险较高，只有 25.30％的农户家中有特色产业带动，12.75％的农户家有新型农业经营主体带动，产业扶贫带动就业和增收动力不强，进而限制了产业振兴发展。此外，扶贫到户产业需求项目零乱，小而散，一些养殖业项目属于短期效应，难以形成支柱产业，加之收入构成不合理，缺乏收入稳步增长的长效机制，再次打击相关企业投入到扶贫事业的积极性。不仅如此，34.09％的贫困乡存在财政收支矛盾十分突出的问题，乡政府面临着严重的财政困难。尽管近年来乡财政收入规模不断扩大，然而，捉襟见肘的县（乡）财政，使得贫困县缺乏自我摆脱贫困、自我发展的能力，只能依靠上级投入搞扶贫，对上级财政依赖性强，进一步加重企业资金来源负担。

3. 群众自主发展的主动性不高

打赢脱贫攻坚战之后，对贫困户的部分帮扶政策未能及时调整，导致原贫困户与其他普通农户间的"福利悬崖"逐步凸显，不仅加剧了部分农户"等、靠、要"心理，还影响群众团结及乡村稳定，如调查的 44 个样本乡中，有 84.09％表示现有的扶贫政策制度存在不完善的地方，与实际需求不对等，其中27.3%的贫困乡认为，在样本地区，部分群众片面理解扶贫政策，缺乏主动性，不愿积极就业，不谋求发展，以当贫困户为荣，一心想吃低保，享受国家救助，缺乏自力更生、艰苦奋斗的决心，缺乏自我脱贫的动力，即使通过帮扶暂时脱贫，也难以持久。目前返贫问题主要集中在已经脱贫、但是由于收入不高、返贫风险比较大的不稳定户，收入不高、致贫风险比较大的边缘户，以及受疫情影响和其他方面的原因造成的，收入缩减和刚性支出大幅增加的家庭。从个体上来讲，由于贫困人口过去长时间的贫困，使得其没有经济实力接受优质的教育，使得其个人技术水平低，个人发展能力弱；加之，长期贫困使得物质精神双重匮乏，贫困人口缺乏脱贫的积极性，使得精准扶贫政策无法向下实施，无法发挥真正的作用。由农户样本分析可知，在被问及"您对自己脱贫退出是否认可时"，仍有12.74%的受访者不认可自己脱贫，且17.83%的受访者认为自己仍存在返贫风险，原因主要为收入较低、医疗开销大以及农业生产靠天收等。

四、巩固拓展脱贫攻坚成果接续推进乡村振兴的对策建议

（一）保持政策的连续性

1. 积极培育壮大特色优势产业

一是继续推进因地施策，结合贫困村实际情况，因地制宜、因村而异地制定更为细化的具体措施，吸引社会力量联合村集体经济组织共同推动农商文旅体融合发展，延长农业产业链；同时加强农产品标准化体系建设，推广运用标准化技术把控农产品质量与安全，以及更多的绿色生产技术，因地制宜发展高附加值农产品，如在山区适当发展绿色、有机等农产品，提高产品供给的质量和安全水平。二是继续在政策、资金、人才等方面扶持当地优势农业企业，以农牧业龙头企业、种植养殖专业合作社为主，选择经营效益好、带动能力强、诚实守信的新型经营主体，发挥他们适应市场、对接市场等优势，培育特色优势产业，增强相关新型经营主体的抗风险能力。

2. 充实乡村振兴人才资源

要坚持培养和引进内外结合的方式来整合充实人才资源，一方面吸引外出务工和大学生返乡就业群体，通过各类优惠政策和乡土情怀感召他们返乡创业，加入扶贫产业，培育更多有能力、有眼界、有情怀的农业企业家。另一方面，从农村包括贫困人口中选拔人才，进行职业技能和劳动技能培训，提升其专业技术水平，培养更多懂技术、会管理的新型职业农民，为当地发展特色优势农业提供有效的劳动力和人力资本。

3. 持续巩固乡村基础设施建设

健全政、银、企合作对接机制，定期发布基础设施项目融资需求，引导鼓励金融机构加大贷款投放力度，吸引民间资本积极参与基础设施项目建设，解决农村基础设施建设融资困境。同时，应加强调研和决策，针对不同地区建设成本差异等因素制定分阶分档补助政策，提高资金使用效益。适当拓展支出范围，将部分补助资金用于农业基础设施后续维护、管理以及损毁工程修复。

4. 创新完善易地扶贫搬迁模式

将易地扶贫搬迁工作重点转入后续扶持，扎实做好"后半篇文章"。一是聚焦搬迁区的基础设施和公共服务短板，开展设施提档升级，全面跟进管理服务，不断提升搬迁群众生活质量；二是采取开发公益性岗位、劳动技能培训、落实自主创业扶持政策等措施，解决搬迁户劳动力就业问题，促进家庭稳定增收；三是利用社区文化活动阵地，举办广场健身、联谊联欢、知识竞赛等文体活动，促进搬迁群众真正融入安置区新生活。

（二）高质量推进基础设施建设

1. 深化农村公路管理养护体制改革

加快综合立体交通建设的同时，应全面提升农村公路建设质量、管护水平。首先，成立公路损毁修复专项资金，确保道路管理养护得到充足的资金保障；其次，应加强公路管理人员的业务知识培训，并对其进行定期考核，提高管理水平；最后，通过宣传栏、广播、短信、村规民约等方式宣传爱路、护路知识，引导农村居民参与公路管理。

2. 建立农村住房安全保障动态监测体系

成立农村住房安全保障工作指导组，落实住房保障政策，进行农村住房安全动态监测，开展农村自建房安全隐患摸底排查，并充分利用智能化终端将排查全过程录入网络系统，高效率排查隐患，同时，针对不同类型的房屋隐患分别对应采取解决措施。此外，开发小程序、App 等救助平台，建立健全线上和线下排查机制。除线下组织开展农村房屋安全隐患排查外，农户也可通过救助平台进行自助申报，由政府安排专业人员对农村住房进行修缮。

3. 建立完善水利工程质量管理体系

首先，积极争取加大地方政府债券、土地出让收入等资金投入水利基础设施建设力度，鼓励和引导各类社会资本参与水利工程建设和运营。其次，水利工程相关单位要积极引进人才，建立激励机制，提高水利工程管理水平，努力将工程建设团队打造成一个高规范、高质量、高标准的施工队伍。最后，出台水利工程巡查管理制度，建立专职管理机构，安排专职巡查管理人员进行动态监管，加强事中、事后监督，严把水利工程质量关。

4. 完善现代化农村物流运输体系

因地制宜盘活现有资源，全面推进新时代"四好农村路"建设，打通交通瓶颈，切实解决沿线群众出行难题。建成与农业农村现代化发展相适应、与生态环境和乡村文化相协调、与现代信息通信技术相融合，安全、便捷、绿色、美丽的农村公路交通运输体系，满足人们对农村出行的美好期望，有力支撑乡村振兴。在修好路的基础上，在需要冷鲜仓储设施的乡村建造一批高质量的现代冷库，为生鲜农产品和其他高附加值农产品的储藏销售提供便利。

(三) 统筹协调形成脱贫合力

1. 增强政策举措的灵活性

充分利用好国家的扶贫政策，积极争取更多的农村扶贫项目资金，形成以国家财政扶贫资金为主，相关行业部门和社会力量为辅的扶贫资金体系；此外，应结合当地实际情况，合理安排财政扶贫资金，将资金用于重点、重要项目，在扶贫资金下拨时，应减少中间环节，加强资金使用全过程跟踪监控，保证资金流到该流到的地方。

2. 精准瞄准贫困人口，强化帮扶责任人的责任

一方面，针对每家每户的不同情况，制定进一步增收目标，并进行动态核查和帮扶举措推进落实。此举既能让农户了解精准扶贫和脱贫攻坚相关政策，也能倒逼帮扶责任人紧盯目标推进，坚决杜绝返贫现象。另一方面，组建扶贫工作督查小组进行遍访排查，对脱贫人口进行定期全面筛查，确保精准识别。对于缺乏劳动力的家庭，坚决落实低保兜底政策。

3. 完善落实脱贫人口的动态管理和防返贫监测体系

首先，由乡村干部、驻村工作队队员、帮扶干部定期走访排查，按照"发现一户、监测一户、帮扶一户、动态清零"的要求，因人因户分类施策，精准跟进帮扶措施，确保监测对象应扶尽扶；其次，开设防返贫服务窗口，确保有困难的脱贫户能在第一时间自主反映情况；最后，拓展社会监督发现渠道，及时掌握网络平台、信访举报等信息，保证脱贫农户不返贫。

(四) 继续加大生态环境保护力度

加大农村生态环境治理力度，继续巩固政、银、企对接，多渠道筹集资金，有条件的地区大力推进规模化供水工程建设，对偏远山区积极开展小型工程标准化改造提升。在农村水系生态环境整治过程中，采取综合措施恢复农村

河道水生态，通过截污纳管、内源治理等措施，重点治理、消除农村黑臭水体；因地制宜，保护当地生态，改善水体水质，提升水环境质量。在农村河道流域范围内，做好农村生活垃圾、厕所粪污、生活污水治理和养殖、种植等面源污染的防治。在连片贫困区，特别是贫困山区，生态环境较为脆弱，水土易流失，环境污染后很难修复且代价高昂。在进行农业生产和基础设施建设的过程中，务必科学生产、绿色施工，将这些生产活动对环境的损害降到最小化。

（五）创建新时代乡村文化

1. 提倡红白喜事新办简办

一方面，成立移风易俗工作领导小组，发挥好红白理事会的作用，积极开展入户宣传、统筹申办、督导检查等工作，依规严禁村民铺张浪费，做到喜事新办、丧事简办。同时，党员干部应做好带头作用，自觉抵制陈规陋俗。另一方面，加强对婚介公司、农村婚姻介绍人、婚庆公司、农村流动包桌等相关服务行业的管理，整治殡葬用品市场，创建新时代乡村文化。

2. 创新开展新农村文化活动

组织村民开展文化宣传、文艺演出、农民运动会、农民丰收节等文体活动，利用宣传展板和宣传条幅等形式，开展"中国梦""传家训、立家规、扬家风"等主题教育，大力宣传社会主义核心价值观，营造浓厚的乡村文明氛围。开展与困难家庭小学生结对子、组织参加夏令营等爱心帮扶活动，关爱农村留守老人、妇女、儿童及特困群众。

（六）激发主体内生发展动力

扶贫工作的内生动力主要有三类。第一类是扶贫干部的内生动力，第二类是企业的内生动力，第三类是贫困群众脱贫内生动力。扶贫干部是乡村振兴的中坚力量，帮扶企业是带动脱贫户脱贫的重要力量，群众是脱贫致富的主体，三者齐心协力、并肩作战，形成强大合力。未来的扶贫工作需要同时激发三类内生动力。

1. 扶干部之志，正确认识扶贫工作的重要性

群众富不富，关键看干部。扶贫干部是脱贫攻坚的生力军、是乡村脱贫的中坚力量，干部志向正确才能带领农村居民走上一条脱贫道路。扶干部之志应采取培训、考核、监督等方式，帮助提高当地人才队伍的能力和水平，让干部群众清醒地认识到，巩固脱贫、防止返贫永远在路上，巩固拓展脱贫攻坚成果不能松劲，必须持之以恒、真抓实干。

2. 践企业之责，助力精准扶贫

组织开展村企对接活动、采取积分制管理模式（如企业带头人回乡创业并带领群众致富的，可赋予先进积分 5 分，每安排 1 名农村劳动力就业奖 1 分，积攒的积分与政策扶持挂钩），引导各类民营企业与各地贫困村签约结对，通过吸纳就业、打造特色产业等方式帮助贫困户实现增收。政府应落实好相应的惠企政策，为企业入村提供政策支持；组织岗位技能培训和线上线下招聘会，为农民进企业提供帮助，使得企业在巩固拓展脱贫攻坚成果、有效衔接乡村振兴中履行社会责任。

3. 扶群众之志，调动群众积极性

习近平总书记强调，幸福不会从天而降，好日子是干出来的，脱贫致富终究要靠贫困群众用自己的辛勤劳动来实现。扶群众之志、调动群众积极性是巩固脱贫攻坚成果的关键所在。一是应以座谈会、宣讲会等为载体开展党的惠民政策宣传活动，让群众掌握扶贫政策。二是采用能人带动、典型示范的办法，让贫困群众学有榜样，培养依靠自力更生实现脱贫致富的意识。三是送文化、送教育、送技术上门，有针对性地开展劳务培训和职业教育，帮助提高贫困群众发展生产、实现就业的能力。

第五章

促进农业和乡村产业发展

农业是经济社会发展的压舱石，农业问题是关系国计民生的根本问题。产业兴旺是乡村振兴的重点，是解决一切问题的前提。党的十九大以来，湖北省积极谋划政策举措，农业继续保持高质量稳步发展，乡村新产业新业态不断涌现。但存在农业产业化程度不高、乡村产业融合发展层次较浅等问题，亟待加强引导，加快发展。

一、湖北促进农业和乡村产业发展的政策实践

（一）促进农业高质量发展

党的十九大以来，围绕促进农业高质量发展，湖北省出台了一系列政策文件（表5-1），实施了一系列政策措施。

表5-1 2018—2022年湖北促进农业高质量发展的政策文件

发文时间	文件名称	发文单位
2018.02	《中共湖北省委湖北省人民政府关于推进乡村振兴战略实施的意见》	中共湖北省委、湖北省人民政府
2018.11	《湖北省乡村振兴战略规划（2018—2022年）》	中共湖北省委、湖北省人民政府
2019.04	《关于对标全面建成小康社会必须完成的硬任务，扎实做好"三农"工作的若干意见》	中共湖北省委、湖北省人民政府

（续）

发文时间	文件名称	发文单位
2019.06	《关于加快推进农业机械化和农机装备产业转型升级的实施意见》	湖北省人民政府办公厅
2019.08	《关于切实做好当前高标准农田建设管理工作的通知》	湖北省农业农村厅
2019.11	《关于印发湖北省 2019—2020 年度农田水利基本建设实施方案的通知》	湖北省农业农村厅、水利厅
2019.11	《关于印发〈湖北省农田建设补助资金管理实施细则〉的通知》	湖北省财政厅、农业农村厅
2020.04	《关于印发 2020 年湖北省水产绿色健康养殖"五大行动"实施方案的通知》	湖北省农业农村厅
2020.04	《关于加快补上"三农"领域短板决胜全面建成小康社会的实施意见》	中共湖北省委、湖北省人民政府
2020.06	《关于按要求开展 2020 年度水产健康养殖示范创建的通知》	湖北省农业农村厅
2020.07	《关于印发 2020 年湖北省油菜轮作试点工作实施方案的通知》	湖北省农业农村厅、财政厅
2020.08	《关于 2020 年果菜茶有机肥替代化肥试点工作实施方案和化肥减量增效工作实施方案的通知》	湖北省农业农村厅
2020.01	《关于印发 2020 年退化耕地治理与耕地质量等级评价项目实施方案的通知》	湖北省农业农村厅
2020.11	《关于印发湖北省 2020 年农业科技创新行动实施方案的通知》	湖北省农业农村厅
2021.01	《关于全面推进乡村振兴和农业产业强省建设，加快农业农村现代化的实施意见》	中共湖北省委、湖北省人民政府
2021.02	《关于印发 2021 年湖北省农业农村工作要点的通知》	湖北省农业农村厅
2021.02	《关于印发 2021 年化肥减量增效实施方案的通知》	湖北省农业农村厅
2021.04	《关于进一步做好农机报废更新补贴政策实施工作的通知》	湖北省农业农村厅、财政厅、商务厅
2021.04	《关于举办 2021 年化肥减量增效技术培训班的通知》	湖北省农业农村厅
2021.05	《关于加强耕地地力保护补贴工作的实施意见》	湖北省农业农村厅、财政厅
2021.05	《关于做好农业种质资源普查工作的通知》	湖北省农业农村厅
2021.07	《关于印发加强农业标准化工作的指导意见的通知》	湖北省农业农村厅、市场监督管理局

（续）

发文时间	文件名称	发文单位
2021.08	《关于印发绿色种养循环农业试点工作实施方案的通知》	湖北省农业农村厅、财政厅
2021.09	《关于印发 2021—2022 年湖北小麦高质量生产指导意见的通知》	湖北省农业农村厅
2021.09	《关于印发湖北省推进农业农村现代化"十四五"规划的通知》	湖北省人民政府
2021.11	《关于印发支持新型农业经营主体高质量发展若干措施的通知》	湖北省农业农村厅
2022.03	《关于做好 2022 年全面推进乡村振兴重点工作的意见》	中共湖北省委、湖北省人民政府
2022.03	《关于印发 2022 年湖北省农业农村工作要点的通知》	湖北省农业农村厅
2022.03	《关于印发 2022 年湖北省"两增两减"虫口夺粮促丰收行动方案的通知》	湖北省农业农村厅
2022.04	《关于开展省级农作物新品种展示示范评价基地认定的通知》	湖北省农业农村厅
2022.04	《关于印发〈湖北省高标准农田建设规划（2022—2030 年）〉的通知》	湖北省农业农村厅
2022.06	《关于进一步推进高标准农田新增耕地和粮食产能建设工作的指导意见》	湖北省农业农村厅、自然资源厅

1. 夯实农业生产基础

（1）实施耕地质量保护和提升行动

推进田块整治，合理划分和适度归并田块。加大中低产田改造力度，提升耕地地力等级。优化机耕路、生产路布局，整修田间道路；省农业农村厅、财政厅将综合评价得分靠前的 8 个县（原则上粮食主产县不少于 6 个），以及较前一年评价结果相比排名提升最多的两个县作为拟激励县。根据地形地貌，将全省划分为江汉平原、鄂北岗地、鄂东丘陵和鄂西山地四大区域，提出区域范围、区域特征、建设重点。针对各地农业农村局分管农田建设管理工作的负责同志和农田建设管理科（处）负责同志举办高标准农田建设管理工作培训班。重点抓好新增耕地和粮食产能申报认定、调剂交易和收益分配兑现工作。

（2）推进高标准农田建设

要求高标准农田建设项目优先向粮食生产功能区、重要农产品生产保护区"两区"安排；要求高标准农田建设要从土地平整、土壤肥沃、集中连片、设施完善、农田配套、生态良好、抗灾性强、旱涝保收、稳产高产等方面把好关。提高建设标准和质量，健全管护机制，多渠道筹集建设资金，加快补齐农田基础设施短板。将高效节水灌溉与高标准农田建设统筹规划、同步实施，2021—2030年完成1.1亿亩新增高效节水灌溉建设任务；到2035年，全国高标准农田保有量和质量进一步提高，支撑粮食生产和重要农产品供给能力进一步提升；要求高标准农田建设紧扣田（田块整治）、土（土壤改良）、水（灌溉与排水）、路（田间道路）、林（农田防护和生态环境）、电（农田输配电）、技（科技服务）、管（管理利用）八个方面。

（3）推进农田水利设施建设

加快实施大中型灌区续建配套与现代化改造，开展灌区管理标准化规范化建设。加强农田水利工程运行维护，鼓励村集体经济组织、农户建设村内小型农田水利设施。加快推进一批重大引（调）水工程，加强水源工程建设，加强农田水利设施运行管护监管。深入推进农村水利重点工程建设，加快鄂北水资源配置等重大水利工程建设，积极推进鄂北二期工程前期工作，推进灌区续建配套与现代化改造，打好三年水利"补短板"工程收官战。

（4）优化农业生产结构

开发冬闲田扩种油菜，全省试点区域承担试点任务155万亩。深化农业供给侧结构性改革，提高优质稻、专用小麦种植比例，因地制宜推广"虾稻共作、稻渔种养"等高效生态循环模式。调减低质低效双季稻、籽粒玉米、非适宜区小麦面积50万亩，休耕140万亩。实施水稻产业提升计划、油菜产业倍增计划和"优质粮食工程"，开发多元化马铃薯主食产品。优化畜禽养殖区域布局，科学调控生猪产能，加快发展以牛羊为主的草食畜牧业。加强重大动物疫病防控能力建设，严格落实非洲猪瘟等防控措施。

（5）完善现代粮食仓储物流体系

推动粮食物流标准化建设，推广原粮物流"四散化"（散储、散运、散装、散卸）、集装化、标准化。引进社会资本和专业力量，加强粮食物流基础设施和应急供应体系建设，着力推进重要物流节点建设，对重要节点的粮食物流园区及设施，积极争取中央预算内投资支持。整合仓储设施资源，支持建设一批专业化、市场化粮食产后服务中心。鼓励产销区企业组成联合体，提高粮食物流组织化水平。加快粮食物流与信息化融合发展，促进粮食物流信息共享。

2. 推进农业经营体系建设

（1）培育新型经营主体

实施家庭农场培育计划，开展农民合作社规范提升行动，深入推进示范合作社建设，提出培育家庭农场、农民合作社、农业社会化服务组织的"六有"标准。建立健全支持家庭农场、农民合作社发展的政策体系和管理制度；培育各类社会化服务组织，为一家一户提供全程社会化服务。

（2）健全农村发展利益联结机制

完善"公司＋合作社""公司＋农户"等模式，健全农村一二三产业融合发展利益联结机制，通过"资源变资产、资金变股金、农民变股东"等途径，让农民广泛参与其中获得更多增值收益。实施农民工等人员返乡创业促进三年行动计划和农家乐创业扶持项目；加强就业服务、职业技能和农村妇女就业培训；培育一批家庭工场、手工作坊、乡村车间，实现乡村经济多元化。

（3）培养乡村人才队伍

实施"一村多名大学生"、高质素农民培育计划，推进农村实用人才带头人培训。完善农民职业教育培训体系，探索农民职业技能鉴定与评价试点。开展农民合作社规范提升行动，抓好家庭农场主、农民合作社理事长培训。加强农业科技人才、技术推广、经营管理、动物防疫队伍建设，加大农村农业技能人才评选激励力度，落实县域人才统筹培养使用制度，畅通各类人才下乡通道，健全完善长效机制。

3. 健全农业支持政策体系

（1）落实农业补贴政策

落实种粮农民补贴，完善稻谷、小麦最低收购价政策和玉米、大豆生产者补贴政策。加大对油菜产业的资金支持，补助资金重点用于油菜播种环节。落实耕地地力保护补贴。要求县级财政部门根据同级人民政府审定的每个农户的补贴面积，按全县统一的亩平补贴标准，将补贴资金计算分解到农户。落实农机报废更新补贴。明确报废机具的条件，确保申请报废的机具来源清楚合法；进一步明确农机回收拆解企业的资格，确保回收企业的资质符合要求；进一步优化报废补贴操作的程序，更新部分补贴标准。

（2）支持农业产业链发展

对稻米、菜籽油、茶、种业、柑橘、小龙虾、蔬菜、中药材、生猪和家禽及蛋制品十大产业链，按照各产业链发展特点给予资金支持。加大对油菜产业的资金支持，油菜轮作试点亩平补助标准150元，所需资金从中央农业资源及生态保护补助资金中安排；补助资金重点用于油菜播种环节，农机作业服务补贴控制在项目总费用的50％左右；试点县可对油菜扩种超过300亩以上的种植大户和新型经营主体，通过"以奖代补"形式给予适当补助，亩平补助标准不超过150元。

（3）加大财政支农力度

支持"三乡"工程建设，省级筹措资金，对"三乡"工程建设先进县（市）给予奖补支持；鼓励市（县）政府采取贷款贴息、先建后补、以奖代补等方式，统筹使用支持"三乡"工程资金；积极推广政府与社会资本合作模式，引导社会资本、金融资本投入"三乡"工程建设。对落实省乡村振兴有关重大政策措施真抓实干、取得明显成效的市、县级政府予以督查激励。

（4）完善农业保险体系

开展水稻完全成本保险试点；提升森林、"两属两户"农房保险保额，扩大油菜、森林保险试点范围；新增马铃薯、育肥猪、水稻制种保险试点；探索开展巨灾保险试点。

（5）落实金融支持政策

鼓励银行业金融机构加大支持乡村振兴力度，县域新增贷款主要用于支持乡村振兴。完善农村金融资源回流机制，推动金融机构服务网点与服务功能向农村下沉，信贷资源与社会融资总量向农村倾斜。加强与中国农业银行、中国农业发展银行、国家开发银行、中国邮政储蓄银行、农村商业银行等战略衔接，争取新增涉农贷款2万亿元以上。推进"湖北省农业政策性金融服务乡村振兴实验示范区"加快建设。为全省 10 条农业主导产业链配备金融链。

4. 强化农业科技创新

（1）加大种业创新力度

支持武汉建设国家现代农业产业科技创新中心，打造"武汉·中国种都"；全面实施现代种业提升工程，加大农业种质资源保护力度；加强农业种质资源保护开发利用，推进农作物和畜禽良种选育联合攻关，实施新一轮畜禽遗传改良计划和现代种业提升工程，开展长江野生鱼类人工繁育驯化科技攻关和规模化养殖，加强制种基地和良种繁育体系建设，加大良种应用推广力度。

（2）提高农业科技创新水平

强化农业基础研究，实现前瞻性基础研究和原创性重大成果突破；实施农业关键核心技术攻关行动，着力在生物种业、现代农机、智慧农业、绿色投入品等领域，加快关键核心技术攻关；实施质量导向型科技创新行动；实施乡村振兴科技支撑行动，加强国家现代农业产业技术体系和现代农业产业科技创新中心建设，适时再启动建设 1～2 个创新中心，推动国家热带农业科学中心建设；重点打造 20 个产学研融合的农业科技创新标杆联盟，布局建设 40 个以上服务农产品加工和质量安全的综合性重点实验室和专业性（区域性）重点实验室；实施农业重大技术协同推广计划、农技推广服务特聘计划，建设一批国家农业科技示范展示基地，建设 100 个农业科技强镇和 1 000 个科技引领示范村（镇）；深化农业科技成果产权改革试点，抓好 12 个中央级农业科研机构绩效评价改革试点；深化农业科技体制改革，改进科研项目评审、人才评价和机构评估工作，建立差别化评价制度；建立现代农业产业技术体系、创新联盟、创新中心"三位一体"的创新平台。

（3）提升农机装备质量水平

落实国务院《关于加快推进农业机械化和农机装备产业转型升级的指导意见》；加快高端农机装备和丘陵山区、果菜茶生产、畜禽水产养殖等农机装备的生产研发；推进主要农作物生产全程机械化，到 2022 年创建 500 个主要农作物全程机械化示范县；推进智能农机与智慧农业协同发展；推进设施农业工程、农机和农艺技术融合创新，积极推进农作物品种、栽培技术和机械装备集成配套；引入物联网、人工智能等现代信息技术，加快农机装备和农机作业智能化改造；加强老旧农业设施改造更新，推动农机排放标准升级；实施高效农业机械化技术装备及设施集成应用。

(4) 强化农业科技推广

加强省农业科技创新中心和创新联盟建设；深入推进农业科技"五个一"行动；推动产学研紧密结合，促进农业科技成果转化应用；建立健全农业科研成果产权制度，完善人才评价和流动保障机制，落实兼职兼薪、成果权益分配政策；支持农业高新技术产业示范区建设；加强基层农技推广服务体系建设；提升现代气象为农服务能力；加大新技术在农村统计调查中的应用。加强基层农技推广体系改革与建设，健全完善"以钱养事"新机制，推进公益性服务与社会化服务融合发展；加强以国家公益性农技推广机构为主导，农业科研院校、龙头企业、农民专业合作社等广泛参与的一主多元农技推广体系建设。

(5) 加快数字农业、设施农业发展

支持新一代智能化农机装备研发和制造，推动北斗卫星导航产业、地球空间信息产业与农机装备制造对接；开展农业农村大数据应用试点，加快"星创天地"建设，打造县域科技创业综合服务平台。因地制宜发展塑料大棚、日光温室、连栋温室等设施；集中建设育苗工厂化设施；推广陆基工程化、池塘设施化、循环水养殖工厂化等现代养殖方式；整县推进农产品产地仓储保鲜冷链物流设施建设；推动水肥一体化、饲喂自动化、环境控制智能化等设施装备技术研发应用。

5. 推进农业绿色发展

(1) 提升农产品质量安全水平

强化生产全过程标准化管理，推行以"五有一追溯"为重点的标准化管理模式。重点围绕优质稻、双低油菜、生猪、家禽、淡水产品、食用菌、蔬果茶、中药材、蜂产品等优势特色产品，构建技术标准体系，建设一批农业标准化生产示范园、畜禽标准化养殖场、水产健康养殖示范场。全面推行产地安全证明制度，严格执行安全间隔期和休药期制度，建立健全农业投入品使用安全验证制度。积极开展农产品质量安全县建设，建立健全农产品质量安全追溯管

理平台和质量安全追溯体系。建立省、市、县、乡和生产经营主体"四级五层"农产品质量安全检测体系。建立生产经营主体诚信档案,对规模化生产主体建立监管名录,对失信主体实行"黑名单"制度。

(2)建立健全农业标准体系

坚持需求导向,实行分类施策;坚持创新驱动,推动产业升级;坚持示范引领,注重全域推广;坚持对标一流,强化对比提升。具体工作措施包括:构建农业高质量发展标准体系,健全优化提质导向的绿色发展标准、支持制定带动产业升级的优质标准、推动研发引领健康消费的营养标准;打造高标准引领高质量发展的示范典型,创建一批省级全产业链标准化试点示范、培育一批有影响力的团体标准和企业标准、打造一批美誉度高的绿色优质农产品标杆;推动农业经营主体按标生产,强化按标生产意识、强化质量认证引领、强化标准监督实施;促进农户与现代农业标准有机衔接,加强农户标准培训、开展标准进村入户活动、引导广大农户参与标准化生产。

(3)科学使用农业投入品

落实化肥减量增效技术和农药减量控害增效技术培训。重点打击农资产品抽查监测中暴露出的肥料养分含量不足、农(兽)药隐性添加、饲料非法添加药物、水产养殖"非药品"添加药物等不法行为,以及群众投诉举报的制售侵权假冒种子、假劣农(兽)药、肥料等坑农害农行为。大力普及农资法律法规知识和识辨假劣农资常识,推广农资安全使用规范和绿色防控技术,指导农民群众理性购买、科学使用农资,畅通放心农资下乡进村渠道。开展水产养殖用投入品整治工作,重点整治未取得生产许可证和审批号生产经营水产养殖用投入品的行为;重点整治没有严格执行禁用药制度和未执行休药期制度的行为;重点整治养殖主体违规使用未取得许可证的投入品的行为;重点整治滥用抗生素的行为。

(4)推进废弃资源综合利用

开展粪肥就地消纳、就近还田补奖试点;推进粪肥就地就近还田利用,培育粪肥还田服务组织,扶持粪肥还田利用专业化服务主体;构建一批粪肥还田组织运行模式,推动形成养殖场(户)、服务组织和种植主体紧密衔接的绿色循环发展机制。选定宜城市、荆门市东宝区、京山市、长阳县、黄梅县、房县为重点县，开展整县秸秆综合利用工作，实现县秸秆综合利用率达到90％以上或比上年提高5个百分点。

（5）推动循环农业发展

启动建设农业绿色发展先行区；继续开展高效菜园、精品果园、生态茶园、道地药园等"四园"建设；示范推广农作物新品种和绿色高效技术模式。稳步推进种养结合，规范发展"虾稻共作、稻渔种养"产业，形成一套成熟的田间工程建设、生产经营管理和产业发展支撑体系。

（6）推动水产养殖业可持续发展

优化养殖业空间布局，发展绿色生态健康养殖。要求各市按照要求划定禁止养殖区、限制养殖区和养殖区，保护水域滩涂生态环境，设定发展底线，稳定基本养殖面积，保障渔民合法权益。武汉市率先将养殖水域滩涂划分为禁止养殖区、限制养殖区、养殖区三个功能区域，在养殖区中，创造性地构建"两江三区"的养殖区空间规划，提出了科学可行的三区管理措施。

综上所述，湖北省促进农业高质量发展的政策实践具有以下特点：

一是财政支农力度不断加大。从国家层面看，财政支农政策形式较为多样，主要包括农业补贴、重要农产品收储制度、价格政策、农业保险、健全多元投入机制和金融支农等。相应地，湖北省在财政支农方面的政策措施，较为注重对耕地地力补贴和农机购置补贴的完善和兑付；开展重要农产品和特色农产品的保险试点；对特色农业产业链的资金支持；为乡村产业发展提供资金支持和金融支持以及实施"三乡"工程。湖北省出台的财政支农政策既紧跟中央要求、统筹了全局，又兼顾自身农业发展特色，而且实施力度不断加大。

二是强化农业科技支撑落地落实。国家层面上，相关政策以农业科技核心技术攻关，现代农业产业技术体系、创新联盟、创新中心"三位一体"，高新技术产业示范区和农业科技园区建设，农业科技体制改革，推进科技成果转化应用和农技推广为主要内容。湖北省结合省内实际，提出了更加具体的行动方针，即实施农业科技"五个一"行动，基层农技体系改革与建设，建设湖北洪山实验室、武汉国家现代农业产业科技创新中心，实施"515"行动和农业科技"五五"工程，以及选派万名科技特派员等，将中央的农业科技创新政策落到实处。

　　三是农业标准体系建立相关政策存在间断性。国家层面从农产品安全监测、执法监管能力、风险评估预警、信用体系建设和全程溯源体系建设等不同方面，全方位提升农产品质量安全，健全和完善农业全产业链标准体系，进一步提出农业生产"三品一标"。湖北省在此方面的政策存在间断性，先在2018年强调全面推进农业标准化生产，强化农产品质量安全全程监管，后在2021年出台相关意见，要求构建农业高质量发展标准体系，健全农业标准体系，并就农资安全展开专项活动。

　　四是农业资源保护和环境治理重视程度存在不足。国家层面强调农业水资源、耕地资源、渔业资源和海洋资源的集约可持续使用，2022年新增实施生态保护修复重大工程。湖北省近年来逐步推进耕地质量提升工作，在高标准农田基础上开展绿色农田试点，持续抓好长江禁捕。2022年同步提及抓好重点生态区域保护修复重大工程项目实施，但未将其作为重点工作部署，总体上对农业资源保护和环境治理重视程度存在一定不足。

　　五是农药化肥减量目标设定较低。国家层面从化肥农药使用量零增长到负增长，再到推进测土配方施肥、增加有机肥使用，推进高毒高风险农药淘汰，加快推广低毒低残留农药，预期到2025年主要农作物化肥、农药利用率均达到43%以上。湖北省则强调要稳步实施化肥农药减量增效，主要目标是化肥农药使用量持续减少，2025年主要农作物化肥、农药利用率均达到43%，湖北省在农药化肥减量方面设定的目标相较于国家明显偏低。

（二）促进乡村产业融合发展

　　党的十九大以来，围绕加快以二、三产业为重点的乡村产业融合发展，湖北省出台了一系列文件规划（表5-2），实施了一系列政策措施。

表5-2　2018—2022年湖北促进乡村产业融合发展的政策文件

发文时间	文件名称	发文单位
2018.02	《中共湖北省委湖北省人民政府关于推进乡村振兴战略实施的意见》	中共湖北省委、湖北省人民政府

（续）

发文时间	文件名称	发文单位
2018.04	《关于印发湖北省水产养殖"三区"划定指导意见的通知》	湖北省农业农村厅
2018.11	《湖北省乡村振兴战略规划（2018—2022 年)》	中共湖北省委、湖北省人民政府
2020.06	《关于按要求开展 2020 年度水产健康养殖示范创建的通知》	湖北省农业农村厅
2020.07	《关于印发湖北省 2020 年农产品仓储保鲜冷链设施建设实施方案的通知》	湖北省农业农村厅、财政厅
2020.11	《关于印发湖北省 2020 年农业科技创新行动实施方案的通知》	湖北省农业农村厅
2021.01	《关于全面推进乡村振兴和农业产业强省建设，加快农业农村现代化的实施意见》	中共湖北省委、湖北省人民政府
2021.02	《关于印发 2021 年湖北省农业农村工作要点的通知》	湖北省农业农村厅
2021.01	《湖北省促进茶产业发展条例》	湖北省人民代表大会常务委员会
2021.06	《关于推动脱贫地区特色产业可持续发展的实施意见》	湖北省农业农村厅等 10 部门
2021.11	《关于印发〈湖北省促进茶产业发展条例〉贯彻实施工作方案的通知》	湖北省农业农村厅
2022.03	《关于做好 2022 年全面推进乡村振兴重点工作的意见》	中共湖北省委、湖北省人民政府
2022.03	《关于印发 2022 年湖北省农业农村工作要点的通知》	湖北省农业农村厅
2022.03	《关于加强全省农业产业化、招商引资工作的指导意见》	湖北省农业农村厅
2022.08	《关于组织开展十大重点农业产业链项目申报的通知》	湖北省农业产业化工作联席会议办公室

1. 发展农产品加工业

支持主产区依托县域形成农产品加工产业集群，建成一批农产品加工专业村镇和加工强县。推进做好供应链创新与应用试点，推动公益性农产品市场、物流骨干网络和冷链物流体系建设。扶持发展农业产业化龙头企业和联合体。深入推进现代农业产业园、农业产业融合发展示范园、农业产业强镇建设。发展农产品跨境电商，支持出口企业境外建厂建仓，鼓励特色优势农产品参与国内国际"双循环"。

2. 创建特色农产品优势区

推进特色农产品优势区创建，因地制宜发展多样性特色产业，推进"一村一品""一县一业"。建设 50 个省级以上现代农业产业园，打造 10 条千（百）亿特色农业产业链，其中"千亿特色农业产业链"包括油料、蔬菜、小龙虾、大宗淡水鱼、茶叶 5 个品种，"百亿特色农业产业链"包括柑橘、食用菌、中药材、猕猴桃、鸭 5 个品种。加快促进茶产业发展，出台《湖北省促进茶产业发展条例》，通过系列宣传、教育、培训，逐步完善配套制度和政策措施，加快推进品种培优、品质提升、品牌打造和标准化生产步伐；加大政策扶持力度，加强市场监管和服务，着力推动全省茶产业高质量发展，全力打造千亿元茶产业，助力农业产业强省建设。

3. 建设仓储保鲜冷链物流设施

实施农产品仓储保鲜冷链物流设施建设工程，支持建设一批骨干冷链物流基地，落实农村保鲜仓储设施用电价格政策。到 2020 年年底在村镇支持一批新型农业经营主体，建设仓储保鲜冷链设施 600 个以上。结合湖北省实际，突出脱贫攻坚工作要求，对 28 个国定贫困县实现全覆盖，对非贫困地区遴选 18 个县（市、区）整建制推进农产品仓储保鲜冷链设施建设。按照自主建设、定额补助、先建后补、以奖代补方式，采取"双限"措施，适当支持新型农业经营主体新建或改扩建农产品仓储保鲜冷链设施。

4. 发展乡村新产业新业态

大力发展休闲农业与乡村旅游，培育精品旅游名镇名村和乡村旅游目的地；充分发挥"江、湖、茶、花"资源优势，着力打造长江乡村旅游带和武汉都市农业、宜昌橘都茶乡、恩施民族风情、鄂东四季花木、鄂西山水生态、江汉平原水乡田园等乡村旅游片区。大力推动"互联网＋"农业，积极推进12316信息进村入户工程，鼓励互联网企业建立产销衔接的农业服务平台；创建电商产业园、电商小镇、电商特色村。

5. 打造区域特色农业品牌

深入推进品牌强农，加强农产品品牌的整合、策划、推介与营销，打造核心区域公用品牌，打好区域公用品牌、企业品牌、产品品牌建设"组合拳"，推动从"卖原料"向"卖产品"、"卖资源"向"卖品牌"转变，持续提升湖北农产品品牌影响力和美誉度。深入实施品牌培育"222"行动，大力开展品牌推介活动，在中央和省级媒体投放公益广告，打响一批"土字号""乡字号""老字号"特色产品品牌。加强农业国际合作，支持境外农产品营销平台建设。

6. 发展县域富民产业

支持大中城市疏解产业向县域延伸，引导产业有序梯度转移；推动形成"一县一业"发展格局；加快完善县城产业服务功能，促进产业向园区集中、龙头企业做强做大；引导具备条件的中心镇发展专业化中小微企业集聚区，推动重点村发展乡村作坊、家庭工场。实施县域商业建设行动，促进农村消费扩容提质升级；加快农村物流快递网点布局，实施"快递进村"工程，鼓励发展"多站合一"的乡镇客货邮综合服务站、"一点多能"的村级寄递物流综合服务点；实施"互联网＋"农产品出村进城工程；整县推进农产品产地仓储保鲜冷链物流设施建设；支持供销合作社开展县域流通服务网络建设提升行动，建设县域集采集配中心。

7. 推进科技赋能农业

大力推动"互联网＋农业"，制定到 2020 年、2022 年农产品网络销售额分别达到 1 000 亿元、1 200 亿元的目标；积极推进 12316 信息进村入户工程，鼓励互联网企业建立产销衔接的农业服务平台；实施农村电商工程，到 2020 年年底实现快递物流、村级电商服务站点村村全覆盖，力争每个县建成 1 个电商产业园、培育 1 个以上电商小镇、10 个电商特色村，全省农村电商销售额过千亿元；建设农业大数据中心，鼓励对农业生产进行数字化改造，加强农业遥感、物联网应用。在防止非农化问题的前提下，规划到 2022 年全省设施农业面积达到 350 万亩以上；重点支持园艺作物绿色高质高效发展，现代集约化育苗体系建设；推进畜禽水产养殖设施化、智能化、标准化改造和污染防治；大力开展新品种示范和实用配套技术研究。

综上所述，湖北省促进乡村产业融合发展的政策实践具有以下特点：

一是农业产业化发展真抓实干。我国乡村农业产业化的目标始终紧扣壮大特色优势产业，具体要求包括打造"一县一业""一村一品"特色产业，国家级特色农产品优势区建设，推动脱贫地区特色产业可持续发展等。湖北省结合自身发展特点，提出打造十条千（百）亿特色农业产业链，并推行链长责任制，重点扶持农业产业化龙头企业和联合体，实施龙头企业"十百千万"工程。

二是产业融合发展政策落地见效。近五年来我国始终坚持实施农产品加工业提升活动、休闲农业和乡村旅游精品工程、农产品冷链保鲜工程和国家农村一二三产业融合发展示范园创建计划，开展农村一二三产业融合发展推进行动，逐步丰富并发展包括"数商兴农"在内的乡村新产业新业态。与之相对，湖北省积极跟进上述系列政策和项目，充分发挥"江、湖、茶、花"资源优势和革命老区红色文化发展乡村旅游业等新业态，加快推进一二三产业融合发展。

三是农产品品牌建设工程深入实施。我国始终坚持实施农业品牌提升行动，加快形成以区域公用品牌、企业品牌、大宗农产品品牌、特色农产品品牌为核心的农业品牌格局，进一步打造国际知名农业品牌；湖北省跟进实施荆楚农优品工程，深入实施品牌培育"222"行动，推动从"卖原料"向"卖产品"、"卖资源"向"卖品牌"转变，并支持发展农产品跨境电商，加强农业国际合作。

二、湖北促进农业和乡村产业发展的主要成效

（一）农业高质量发展稳步推进

经过近几年的建设，湖北省农业高质量发展标准体系基本形成，规模化、

集约化、标准化、数字化、绿色化水平进一步提高，产业链供应链优化升级，标准化引领农业高质量发展取得显著成效。

1. 农业生产能力持续提升

2022年湖北省农林牧渔业总产值8 939.2亿元，同比增长4.4%。具体来看，全省粮食播种面积7 033.5万亩，总产548.2亿斤*，连续10年站稳500亿斤台阶；出栏生猪4 286.15万头，同比增长4.2%；渔业总规模达到460万立方米，带动全省水产品产量首次突破500万吨大关，产量连续27年居全国第一位；蔬菜产量4 438万吨，同比增长3.2%。

2. 农业绿色发展稳步推进

在保证农产品增量的同时，湖北省通过不断推进农业科技创新来完成农业绿色高质量发展目标。省农业科学院、华中农业大学等单位协同创新，研发出秸秆资源化、肥药减量施用等绿色低碳栽培技术体系，近三年累计推广855.2万亩，实现增产5.6亿千克、节本增效6.0亿元。截至2022年，全省测土配方施肥覆盖率达90%以上；化肥农药施用量实现10年负增长，利用率提高到40.31%；全省建立农膜回收站（点）3 000余个，累计推广示范可降解地膜5万余亩；完成500万亩耕地酸化治理，耕地质量平均等级提升0.19个等级；在74个县实施畜禽粪污资源化整治，规模养殖场粪污处理设施配套率达98.98%，利用率达77%；秸秆肥料、饲料、基料、能源、原料等"五化"综合利用率达93%以上，同样走在全国前列。

（二）乡村产业融合发展进程加快

近年来，湖北省以农村产业融合发展示范园为抓手，聚焦产业融合，坚持惠农导向，大力推进强链兴业、富民兴乡，有效推动农村一二三产业融合发展，取得了农民收入稳步提升、乡村振兴战略稳步推进的良好效果。

---

* 斤为非法定计量单位，1斤等于0.5千克。

1. 产业链条逐步延长

围绕茶叶、小龙虾、食用菌、中药材等主导产业，积极培育发展优势特色农产品，拓展延伸产业链条，推动全省农业产业化发展。2022年，湖北省加快推进十大重点农业产业链建设，以精深加工为重点建设农产品加工园区，全年规模以上农产品加工企业营业收入1.2万亿元、产值1.33万亿元。全年新增省级农业产业化龙头企业246家、总数达到1 236家。新增双低油菜、禽蛋2个国家级优势特色产业集群，9个农业产业强镇。潜江发展"虾—稻"特色产业的做法，被国务院第九次大督查作为典型经验给予通报表扬。

2. 农业功能不断拓展

近年来，湖北省依托田园风光、乡土文化、民俗风情等资源优势和革命老区红色文化，推动农业与旅游、教育、康养等产业融合，共创建4个国家级休闲农业重点县、10个"中国美丽田园"和64个"中国美丽休闲乡村"，培育350家省级休闲农业示范点。2022年，全省休闲农业接待游客1.2亿人次，营业收入358亿元，利润总额61.2亿元，带动33.6万农户增收，人均纯收入达到2.6万元。

3. 农村创新创业规模扩大

各示范园积极培育发展新型农业经营主体，强化利益联结机制，吸纳农民就地就近就业创业，为农民增收致富提供了新的平台。2022年，全省1 236家省级龙头企业带动43.89万人稳定就业，带动329万户农户发展订单生产，通过二次分红、加价收购等方式，带动农民增收超过600亿元。创建233个省级农业产业化联合体，与1 931个农民专业合作社和家庭农场紧密合作，带动160万户农户抱团发展，农户生产总成本降低10%以上。

4. 农村三产融合发展示范园批量建成落地

2021年，湖北省包括咸宁市通城县农村产业融合发展示范园在内的4个单位，进入第三批国家农村产业融合发展示范园创建名单，截至2021年，全省共 13 地顺利通过国家农村产业融合发展示范园认定。各示范园按照创建工作方案强化组织保障，创新管理模式，加快推进建成 13 个产业特色鲜明、融合模式新颖、利益联结紧密的示范园，示范引领效果逐步凸显。湖北省各地以示范园为依托，积极开展农村产业融合发展用地保障、金融支农、产学研一体化等改革试验，着力破解农村产业融合发展要素保障难题。

5. 农业电子商务应用范围扩大

湖北省各级地方政府实施农村电商全覆盖工程，加快推进电子商务在农村的应用和推广，实现"互联网＋现代农业"等新模式蓬勃发展，电子商务进农村覆盖面逐步扩大。在商业活动和服务性产业方面，促进农村电商与当地特色农业、乡村旅游、餐饮、民俗文化等产业有机融合发展。2018—2021 年，全省农产品网络零售额分别达 157.71 亿元、191.64 亿元、185.41 亿元、185.48 亿元，周黑鸭、安琪酵母、金鲤鱼等龙头企业线上销量总额位居全国同行业首位。

三、湖北促进农业和乡村产业发展的突出问题

（一）农业高质量发展水平有待提升

从实地调研和访谈结果来看，湖北省农业高质量发展实施效果存在一定的改进空间。总体而言，湖北省农业高质量发展中存在较多问题，相关农业政策落实到位情况不乐观。如农户层面的农业绿色发展观念淡薄，农业科技创新相关政策实施力度不足，农业设施的相关培训和政策普及不到位等。调查发现，相关农业政策在由上到下逐步落实的过程中，难度在不断提高，所遇到的问题和困难也更加多样和复杂，而部分基层工作者的能力和效率存在缺陷，监管人员的业务水平、执法能力有待强化，相应的监管手段、实施机制等方面也存在诸多不足。

1. 农业产业化程度不高

湖北省各地农业产业化程度普遍不高，已经成为制约农业现代化和全域高

质量发展的突出问题。目前,湖北省农产品生产、加工、销售的联系紧密程度较低,农户与企业缺乏合作问题突出。与国内其他农业强省相比,"公司+合作组织+农户""企业+合作社+农户"等新型农业合作化模式发展还存在较大差距,并没有得到有效推广和普及。此外,当前全省普遍存在农产品生产与销售脱节的情况,一方面造成众多农产品滞销较为普遍,另一方面市场需求也得不到满足,农户收益得不到保障,极大地削弱了农业进一步发展的潜力。传统农业生产仍更多地专注于第一产业,第二、三产业发展相对滞后,农业生产产业链条较短,农产品精深加工业发展停滞不前,使得农副产品价格提升空间较小,这些问题都极大地制约了农产品增产、农户增收。此外,全省农产品物流体系效率不高,相关基础设施建设投入不足,也是制约农业产业化高度发展的重要影响因素。

2. 现代农业设施发展不足

湖北省对于现代农业实施的主要政策还是集中在农田建设方面,以提高农田生产效率和生产质量为主。调研数据显示,农田"宜机化"改造、机耕道建设和建设高标准农田实施范围非常广泛,其次是建设冷链物流基地和采用大数据、人工智能等现代信息技术,而农村保鲜仓储设施用电价格政策实施范围较低。从农户对现代农业设施的认知来看,51.69%的农户不太了解现代农业设施,23.17%的农户比较了解现代农业设施,非常了解现代农业设施的只占1.97%。湖北省围绕现代农业设施对农民进行的相关培训和政策普及不到位,导致当地农户对现代农业设施的掌握程度较低,不利于后续农业现代设施的进一步发展。

3. 农业科研成果推广转化能力弱

湖北省农业从业者分散化、土地碎片化的现实状况,增加了农业技术推广的难度,提高了推广成本,使得农业绿色、高质量发展等先进技术相对滞后,农业相关研究课题、科技创新成果的有效转化效率偏低。湖北省"以钱养事"改革过程中出现的众多新情况和新问题,尚未得到有效解决,使得基层生产一线农业科技推广体系不完善,缺乏专业的推广人员和合适的推广手段,缺乏与农民有效的沟通机制，使得农业科技项目推广落实不到位。加之当前科研和推广机制考核不完善，对创新项目缺乏支持，导致现有考核结果难以全面反映工作人员的贡献和成果，也在很大程度上影响了农业科研和推广项目工作者的积极性。

从调研情况来看，目前湖北省落实落地的农业科技创新主要以更换农机设备为主。尽管部分地区建设了高新技术示范区，但由于推广转化能力较弱，对当地农业发展和乡村产业发展带动效果不强。科技特派员制度实施范围很窄，农户普遍反映未接受科学技术培训，调研数据显示，64.82%的农户不太了解农业科技创新，15.84%的农户比较了解农业科技创新，非常了解农业科技创新的农户只占1.47%。

4. 农产品质量安全水平有待提升

长期以来，传统的农业生产方式导致了对农业资源的过度开发，并为此付出了极大的资源和环境代价，给农产品质量安全埋下诸多隐患。当前湖北省农业生产仍然以家庭单位为主，农业生产经营主体偏小、分散、混乱的情况还比较突出，经营方式也相对落后，种植养殖业标准化水平不高，加之相当一部分农户对种养缺乏科学认识，农业生产中投入品误用和乱用的情况时有发生，使得农产品质量安全很难得到保证。同时，农业投入品生产和监管仍存在较多政策漏洞，一些超标农药、禁用有毒有害添加剂等仍有可能用于农业生产领域、对农产品质量安全构成严重威胁。加之农产品质量安全监管工作还缺乏规范性、制度性运转，农产品质量安全监管人员配备也明显不足，致使监管职责不能真正履行到位等，都导致当前全省农产品质量安全水平还存在较大的提升空间。

5. 农民发展绿色农业意识不足

目前，湖北省农业生产主要采取传统的粗放式发展模式，农业种植过量、过度使用农药和化肥等问题非常突出，导致生态环境持续恶化。从调研情况来看，农民环境保护意识薄弱是导致农业生态环境恶化的主要原因之一。表5-3表明，40.43%的农户不太了解农业绿色发展的相关政策，30.98%的农户比较了解农业绿色发展政策，非常了解农业绿色发展的只占4.54%。

表5-3　农业绿色发展政策调研数据

了解程度	占比/%	具体政策	数量/人	存在问题	数量/人
不了解	24.91	发展生态循环农业	551	农业企业、农民等主体绿色发展理念淡薄，保护环境意识薄弱	673
比较不了解	15.52	推进化肥、农（兽）药减量增效	830	配套的具体措施和规章制度不完善	478
一般了解	24.05	加强畜禽粪污资源化利用、加强农作物秸秆、农膜等回收利用	938	政府宣传工作不到位	329
比较了解	30.98	推广新型可降解生态农业循环物资	227	绿色农业投入成本较大	492
非常了解	4.54	发展绿色农产品、有机农产品和地理标志农产品	413		

数据来源：根据华中农业大学乡村振兴大调研问卷统计。

（二）乡村产业融合发展程度不深

1. 资源要素瓶颈约束日益严重

（1）土地资源制约

随着湖北省农业产业融合的持续推进，新兴产业和业态逐渐崭露头角并前景光明，但同时也产生了与当前土地配置现状，以及土地供给管理制度间的不协调等问题。首先，当前湖北省农村大部分地区仍存在着地块数量较多但分布零散、面积较小等问题，并未达到农业规模经营的要求，制约着农业产业化发展；其次，土地流转关系不稳定，广大农民对土地的情怀和依赖成为影响土地流转的重要因素，加之部分农民仍然期望土地价值进一步上升，使得目前难以实现大面积的土地流转集中；最后，目前农村产业融合发展缺乏归属明确的配套用地，农业用途与非农业用途、经营性建设用地与农业设施用地交织在一起，影响农业产业化发展用地的审批。如以农业为依托的休闲观光、农家乐或园区、电商经营储存流通用地，因为上述原因造成了相关设施建设严重滞后。

（2）资金扶持不足

尽管国家层面近年来持续推进的农村金融改革取得了显著进展，涉农贷款规模和种类已经实现了大幅提升，但湖北省农村产业融合发展过程中，金融支持服务仍然存在一系列问题，融资难、融资贵等问题突出，成为农村产业融合发展过程中的短板，影响农业产业的规模化经营。当前全省农村领域的资金投入相对受限，金融产品、服务和贷款抵押方式不够多样化，贷款规模往往较小，直接融资渠道也较为狭窄，贷款和融资均面临较大的困难。

（3）农业人才缺失

农业农村发展中产业是基础，而人才则是关键，随着湖北省农业一二三产业融合发展，对人才的需求量、需求层次都在迅速提升，但目前农村人才"引不进、留不住"的现象却十分普遍。究其原因，一方面湖北省农业企业的资金实力相对有限，经济效益不明显，导致农村地区缺乏吸引外来劳动力的竞争优势，同样缺乏留住农村劳动力的实力；另一方面，由于收入上与在城市就业存在差距，留在农村从事农业生产的以中老年群体为主，其文化素质和技能水平，尤其是现代农业生产经营的理念和技术采用都不高。事实上，农村一二三产业融合发展代表着农业的全面升级，需要吸引并整合来自二、三产业的技术、理念和商业模式等多种资源，而这些资源的实际运用和转化同样离不开人才的关键支持。然而，课题组调研结果显示，当前湖北省71.42%的农户不太了解三产融合，同时广大农村地区长期缺乏具备先进技术知识的高端人才，也缺乏了解经营、管理以及熟悉网络运营等多方面技能的复合型人才。

2. 农村基础设施建设及服务体系亟须完善

与其他农业强省，尤其是农业产业发展强省相比，湖北省农村的基础设施和公共服务平台配套体系相对滞后，作为产业发展的基石，基础设施建设和服务配套体系的滞后同样制约着农村产业融合发展的广度和深度。一方面，当前全省农村道路交通，尤其是鄂东和鄂西等山区交通的便利性还有待提升，"村村通"等二、三产业的配套支撑不足，制约着当地农产品的流通和市场交易。

同时，很多农村地区的水、电等设施建设相对落后，不利于农业的高效生产。另一方面，广大农村地区的信息化水平也相对滞后，无法实现跨部门、跨地区、跨行业的信息互联互通共享。对于大多偏远山区或贫困地区的农民来说，农业信息化"最后一公里"问题并未得到解决，无法对产权流转、生产经营以及创业创新等信息进行有效整合和利用，使得基础设施建设及服务体系难以很好地满足三产融合发展的需求。

3. 产业链条延伸有待加强

调查中发现，农村产业融合发展在湖北省许多地区刚刚起步，很大程度上农业产业链仍过于依赖传统农产品生产，缺乏多样性和综合性，同时市场营销和品牌建设更是相对落后，农产品附加值普遍较低。整体来看，当前湖北省除"稻花香""周黑鸭"系列产品、旭东坚果等少数上市公司外，其余大部分农产品加工企业均属于"产品特色不明、企业品牌不响、竞争实力不强"的中小微企业。课题组调查结果显示，当前湖北省农村地区整体上农业多功能性资源挖掘不足，全省开展休闲农业、特色小镇等政策实施范围小，农村旅游、生态农业、休闲农业等项目尚未得到充分开发。现有的休闲旅游农业项目也大多缺乏创意，市场影响力有限，未能吸引足够多的游客，旅游业发展潜力未被充分发挥，进而导致了旅游资源的浪费，农民错失了创收机会。

4. 三产融合层次仍需深化

课题组对湖北省农业三产融合发展政策的调查结果显示，农民对政府针对三产融合实施的政策认知不足，导致三产融合层次较浅。调查数据显示（表5-4），71.42%的农户不太了解三产融合，12.74%的农户比较了解三产融合，非常了解三产融合的只占1.76%。三产融合的细分政策实施范围都较为有限，其中试点示范建设和"种养殖＋加工＋销售"一体化产业链延伸相对较高，而休闲农业、特色小镇等实施范围最低。因此，湖北省政府对于三产融合的发展支持力度不够大，目前主要是通过延伸产销一体化的产业链为主，没有全方位地挖掘各个地区的产业融合相对优势。同时还存在农村缺乏人才、没有龙头企业带动，农户对于三产融合的认知程度低等一系列问题。因此湖北省政府应当立足当地产业优势，深度挖掘当地三产融合优势。同时加强人才引入，增加资金支持、培育龙头企业、进行农户培训，从人才、资金、企业、农户、产业等全面发展三产融合。

表 5 - 4   三产融合政策调研数据

了解程度	占比/%	具体政策	数量/人	存在问题	数量/人
不了解	54.67	新增非农建设用地	154	产品销售渠道不畅通	307
比较不了解	16.75	开展试点示范建设	445	农民对三产农业认知少	751
一般了解	13.29	财政资金支持	516	缺少龙头企业带动	407
比较了解	12.74	培养新型职业农民	370	农村人才不足、资金缺乏	557
非常了解	1.76	新增非农建设用地	154	基础设施不完善	295

数据来源：根据华中农业大学乡村振兴战略项目实地调研统计。

四、湖北促进农业和乡村产业发展的对策建议

（一）加快推进农业高质量发展

1. 提升农村基层治理能力水平

针对当前湖北省广大农村地区政策落实不到位情况较为普遍的问题，在进一步完善相关政策落实制度建设的同时，更要发动多方力量，尤其是农村基层组织的力量。要依托乡村振兴和和美乡村建设等战略实施和项目的推进，进一步加强农村党组织建设，发挥党组织在农村政策落实和治理中的核心作用，推进村民小组、龙头企业、农业合作社等组织统筹建立党组织，扩大农业政策影响力。同时，要建立健全基层干部选拔任用机制，选拔有才干、有责任心的基层领导者，并加强基层干部培训，在提高其政策水平和业务能力的同时，建立科学的考核机制，激励他们更好地为农村发展服务。此外，要引导建立健全村民自治机制，充分发挥村民委员会的作用，实现农民的自我管理、自我教育和自我服务，推动农民参与到农村事务决策过程中来。为保证政策实施到位，要

在农村地区逐步建立规划实施监测机制，完善评价体系和评价方法，省农业农村厅以及各级相关职能部门，要定期组织督导评估，并以适当形式向社会公布。

2. 打造现代农业全产业链

造成当前湖北省农业产业化程度不高、农业产业链不长的众多因素中，缺乏系统性科学规划是其主要原因之一。因此，要统筹全省农业高质量发展，推进形成功能定位清晰、资源匹配合理、特色优势彰显、区域发展协调的农业生产结构和区域布局。要根据现代农业，尤其是农业产业链打造的规律，在优势农产品主产区布局加工园区，推进加工企业向优势产区聚集。注重发挥湖北"江湖文化"资源优势，打造湖北特有的乡村旅游空间格局，促进农村一二三产业深度融合发展，锻粗延长十大重点农业产业链，深入实施龙头企业"十百千万"工程。同时，要进一步推进科研院所与龙头企业合作，建设一批产学研融合的企业技术创新中心。加强农产品品牌建设，进一步提升"随州香菇""潜江龙虾"等重点品牌。此外，还要健全专业化社会化服务体系，推广"服务主体＋农村集体经济组织＋农户""服务主体＋各类新型经营主体＋农户"等多种农业产业化发展组织形式，鼓励发展多种形式的农业社会化服务组织。

3. 强化农业科技创新驱动

要牢牢抓住湖北省强大的农业科教资源优势，加强农业科技创新平台建设，加快推进武汉国家现代农业产业科技创新中心、湖北省洪山实验室等重大创新平台建设，大力推动农业科技成果转化，深入推进农科教结合、产学研对接、创新成果转化体制机制建设，实施一批农业科技成果转化示范工程。在强化农业科技创新驱动的过程中，要聚焦"强优势、补短板、破卡点"，在农业基础前沿重点领域加强研究，加快农业关键技术核心攻关，同时要鼓励支持龙头企业、农民合作社等新型农业经营主体参与其中，共同开展实用性技术研究和成果转化应用。此外，还要从制度建设、人才队伍保障等层面提供支撑。如创新基层农技推广体系建设，加快构建以国家公益性农技推广机构为主导，农业科研院校、龙头企业、农民合作社等广泛参与的多元互补、高效协同的农技推广体系。进一步提升基层农技推广队伍保障，增加农技推广人员，增强公益性农技推广服务能力，健全完善科技特派员制度，持续开展农业科技下乡活动，加快科技成果转化。

4. 提高农产品质量和食品安全水平

随着人民生活水平的提高和收入的增长，对农产品质量尤其是食品安全的要求越来越高。因此，湖北省要积极谋划创立国家现代农业标准化示范区，支持建设一批绿色、有机、地理标志和良好农业规范农产品的原料和生产基地，加快推进标准化生产。同时，要守住农产品质量安全底线，健全完善农产品质量安全检验检测体系，完善农产品质量安全风险监测机制，扩大监测覆盖面，建设农产品质量安全风险评估与预警信息平台，提出风险防范对策措施，服务农业产业健康发展。要充分利用现代信息技术和平台的优势，加快国家农产品质量安全追溯管理信息平台推广应用，推行食用农产品达标合格证制度，探索推广"合格证＋追溯码"管理模式。

5. 持续推进农业绿色发展

农业生产粗放式的种养模式对环境资源造成的影响和危害，将长期存在，因此要从根本上改变农业生产方式，持续推进农业绿色发展。具体来说，要推行农业绿色生产方式，包括选育推广节肥、节水、抗病、抗逆新种子种苗，大力推广稳粮增效、水产健康生态养殖、畜禽标准化养殖等高效生态模式。同时，鼓励从事绿色农业生产经营、清洁农业投入品、农业污染治理的市场主体发展，推行节水农业，推进化肥、农药使用量零增长行动，推广有机肥替代化肥、测土配方施肥，强化病虫害统防统治、农药"处方制"和全程绿色防控。进一步加强农业废弃物资源化利用，推进畜禽粪污资源化、粪肥还田，加快普及标准地膜，提高农膜回收率，开展农药包装废弃物回收处置试点。此外，作为长江中游重要的省份，要积极响应国家号召，打好长江"十年禁渔"持久战，建立长江禁捕执法管理网格体系，实现保护区监管全覆盖，促进水生生物群落恢复，减缓长江流域的环境污染。

（二）深入推进乡村产业融合发展

1. 激活要素资源配置

鉴于当前湖北省农业产业发展面临资源约束的现状，要以体制机制创新为着力点，重点破解土地、资金、人才三大瓶颈，激活要素配置。首先，健全用地制度，引导土地规范化、规模化流转，使土地能够更灵活地用于农业生产和二、三产业的融合发展；其次，加强财税支持，鼓励金融机构与新型农业经营主体间建立紧密合作关系，推广产业链金融模式，鼓励发展政府支持的"三农"融资担保和再担保机构，带动和引导社会资金投向产业融合领域；最后，要健全人才培养模式和吸引政策，实施鼓励农民工等人员返乡创业三年行动计划和现代青年农场主计划，为农业三产融合发展奠定坚实基础。

2. 健全基础设施与公共服务体系

当前，针对湖北省农村地区农业基础设施建设滞后，以及农村公共服务体系不完整的现状，要在坚持实施350万亩高标准农田建设总体规划的同时，提高中低产田的产量，确保已有耕地产能不降。为此，要加快完善农村水、电、路、通信等现代农业基础设施，支持恩施州等16个国家级、随县等17个省级全域旅游示范区建设，推进山、水、田、林、路、房的景观化治理。通过统筹规划县、乡、村三级物流网络建设，搭建农村综合性信息化服务平台等举措，更好地提供电子商务、乡村旅游、农业物联网、价格信息、公共营销等服务，进一步支持休闲农业、农业产业园等三产融合发展。

3. 打造优势高附加值产业链

当前，全省要立足各地的资源禀赋优势，紧扣当地产业优势，深度挖掘三产融合优势。其中，要重点发挥龙头企业在三产业融合中的重要推动作用，政府要进一步加大对龙头企业的引导和扶持，深入实施壮大龙头企业"十百千万"工程，发挥其在资源配置与产业链建设中的核心作用，充分发挥其资金、技术、品牌和管理优势，健全农产品营销网络，提高产品附加值。在此基础上，进一步鼓励合作社和农业企业等主体与农民合作，实现农产品供应链的有效连接。同时，相关职能部门要依托当地特色农业资源，实行企业与农户结合、种养与加工结合、农业与旅游结合，探索建立"农户种养、就地加工、休闲旅游、循环生态"的三次产业融合发展新业态，支持创建现代农业产业园、农村产业融合发展示范园等新型产业，鼓励农业多功能发展。

4. 健全农村产业融合推进及支持政策

在当前全国农村一二三产业融合发展支持政策尚未形成体系的背景下，湖北省要立足长远，加大对农村特色产业和三产融合发展的支持力度，从人才、资金、企业、农户、产业等方面持续落实相关政策，以满足不同地区和产业的需求，通过促进农村产业融合，推动农村经济的可持续发展。

第六章

加强农村社会建设和乡村治理

　　全面推进和实施乡村振兴战略是当前做好"三农"工作的总抓手，加强农村社会建设和提升乡村治理水平是推动农村经济社会发展的必然要求，也在根本上决定着乡村振兴的质量。自实施乡村振兴战略以来，湖北省各级党政部门出台了一系列政策文件，为推动湖北省农村经济社会发展提供了政策支持和制度保障。通过实地调研发现，湖北省坚持农业农村优先发展，加强农村基础设施建设，加快补齐农村民生短板，大力提升农村公共服务水平，有效促进乡村治理体系和治理能力现代化，农民群众的获得感、幸福感、安全感显著增强。但同时，湖北省在农村交通物流、水利设施、电气化、电网和信息网络建设等方面还存在弱项和短板，农村教育水平、农村公共卫生服务能力、农村社会保障体系、农村养老服务能力、农村防灾减灾救灾能力、农村公共文化服务水平整体不高和发展不均衡，乡村治理体系不够完善、乡村治理方式较为单一。新发展阶段，湖北省各级党政部门要全面加强农村基础设施建设，进一步改善农村生产生活条件；加大农村公共服务供给，提升农村公共服务水平；完善现代乡村治理体系，提升乡村治理效能。

一、湖北加强农村社会建设和乡村治理的政策实践

　　"三农"工作是党和国家工作的重中之重。自国家实施乡村振兴战略以来，湖北省各级党政部门积极响应落实，出台了一系列政策措施（表6-1），为推

动湖北省乡村振兴和农村经济社会发展提供了基本遵循。

表 6-1　2018—2022 年湖北加强农村社会建设和乡村治理的有关文件和规划

发文时间	文件名称	发文单位
2018.02	《关于推进乡村振兴战略实施的意见》	中共湖北省委、湖北省人民政府
2019.04	《关于对标全面建成小康社会必须完成的硬任务扎实做好"三农"工作的若干意见》	中共湖北省委、湖北省人民政府
2020.04	《关于加快补上"三农"领域短板决胜全面建成小康社会的实施意见》	中共湖北省委、湖北省人民政府
2020.10	《武汉市推进美丽乡村建设三年行动计划（2021—2023 年)》	武汉市人民政府办公厅
2021.04	《关于全面推进乡村振兴和农业产业强省建设 加快农业农村现代化的实施意见》	中共湖北省委、湖北省省人民政府
2021.09	《关于印发湖北省推进农业农村现代化"十四五"规划的通知》	湖北省人民政府
2021.04	《关于印发 2021 年全市农业农村工作要点的通知》	武汉市农业农村局
2022.02	《关于做好 2022 年全面推进乡村振兴重点工作的实施意见》	中共恩施市委、恩施市人民政府

（一）推进农村基础设施提档升级

1. 实施农村道路畅通工程

一是全面推进"四好农村路"建设，深入开展示范路建设，探索推行"路长制"。二是开展城乡交通运输一体化示范创建工作。推动城乡路网一体规划设计，优化农村路网，加快实现县乡村道路联通。推动城乡客运一体化发展，新建和改建一批乡镇客运站和建制村候车亭。三是在畅通农村公路骨干网、连通基础网的基础上，开启老旧路提升和生命防护工程，加快建设乡镇双通道、建制村双车道。

2. 强化农村防汛抗旱和供水保障

一是提高农村抗旱饮水保障水平。开展农村标准化水厂建设，配套完善农村供水工程净化消毒设施设备，做好水质监测；实施农村供水保障工程；加强城乡供水一体化、区域供水规模化项目建设，推进农村饮水提标升级；实施骨干水源新建、泵站涵闸更新改造、大中型灌区续建配套工程。二是加快重大水利工程建设，开展大中型病险水库除险加固和主要支流、中小河流、坡耕地水土流失、重点山洪沟等整治。

3. 优化升级乡村电视网络

一是推进广播电视"户户通"。建成覆盖所有行政村的农村智能广播网，基本实现数字广播电视"户户通"；巩固提升广播电视"村村响""户户通"工程。二是优化升级乡村网络基础设施。加快 20 户以上自然村光纤铺设和 4G 网络全覆盖，推进农村电信网、广电网基础设施共建共享；推动农村千兆光网、5G 网络、移动物联网、移动通信网络与城市同步规划建设，支持光纤从行政村向自然村延伸。

4. 健全农村物流配送体系

加快实施"快递下乡进村"工程，建设县乡村三级寄递物流体系，支持邮政、快递、物流等企业共建共享基础设施。有效整合邮政乡镇局（所）、供销乡镇基层社、乡镇客运站、电商乡镇服务站、快递企业乡镇代理点等资源，统筹村邮站、邮乐购站（点）、供销村级综合服务社、农村益农信息社、电商服务点、快递代理点等村级寄递资源，推动实现村级综合服务网点全覆盖。十堰市提出要深化"物流＋客货运班线"融合、"交邮"融合、"物流＋电商"融合，推进"一站多用、多站合一、一点多能"。

5. 加强农村公共卫生基础设施建设

在垃圾处理方面，建设一批县级垃圾焚烧厂、乡镇垃圾中转站、村级垃圾封闭堆放点，建设一批有机废弃物综合处置利用设施。在厕所卫生方面，持续推进厕所革命，因地制宜配套建设公共卫生厕所；推进农村学校卫生厕所改造建设，全面消除旱厕，强化洗手设施建设；重点开展农贸市场、医疗卫生机构、客运站、停车场等公共场所厕所建设。

6. 实施乡村清洁能源建设工程

因地制宜建设多能互补的农村分布式低碳综合能源网络，建设与农村居民点相适宜的沼气工程。推进新能源汽车充电桩等新型基础设施建设，有条件的乡镇建设充（换）电站。实施"气化乡镇"工程，加快推进农村天然气基础设施建设。

7. 加强文体活动基础设施建设

加快推进农村基层综合性文化服务中心提档升级。支持建设文化礼堂、文体广场等公共设施，建好用好乡村综合文化服务中心。在农村党员群众服务中心设立科普阅览室、科普报告厅、科普 e 站、科普宣传栏，在有条件的镇（村）建设科普广场，设置科普大屏，拓展科普宣传阵地。加强农村体育场地设施建设，丰富农村群众业余文化生活。

8. 加强数字农业基础设施建设

推进数字农业示范工程，围绕数字农场、数字牧场、数字渔场建设，促进物联网、智能控制、卫星定位等信息技术在农机装备和作业中的应用，推广以机械手、机器人、无人机为重点的智慧农业装备应用。大力推进智慧农机工程建设，促进北斗导航等技术在农机领域的大规模应用。加大农产品产地仓储冷链物流基础设施建设。

（二）强化农村基本公共服务供给

1. 加强农村学校及师资队伍建设

在学前教育层次，支持农村公办幼儿园建设，增加普惠性学前教育资源供给，构建覆盖城乡、布局合理的学前教育公共服务体系；支持农村地区新建、改扩建一批公办幼儿园，扩大公益普惠学前教育资源供给。在义务教育层次，加强乡镇寄宿制学校和乡村小规模学校建设；加强失学辍学适龄儿童少年劝返复学工作；落实教育投入"两个只增不减"政策，巩固落实城乡统一、重在农村的义务教育经费保障机制；深入实施农村义务教育学生营养改善计划。在高中教育及中职教育层次，优化中小学布局，在县城和中心镇新建改扩建一批高中和中等职业学校；扩大职业教育学校在农村招生规模，提高职业教育质量。在职业教育方面，深化职普融通、产教融合、校企合作，开展职业教育赋能提质专项行动。在师资队伍建设上，支持贫困地区培养全科教师；落实中小学教师平均工资收入水平不低于或高于当地公务员平均工资收入水平政策，教师职称评聘向乡村学校教师倾斜；深化农村教师"县管校聘"改革；完善县域内义务教育学校校长、教师交流轮岗制度，支持建设城乡学校共同体。针对农民工子女入学问题，要求"以流入地为主，以公办学校为主"帮助农民工子女随迁入学。

2. 提升农村公共医疗卫生服务水平

一是加强乡镇卫生院标准化信息化建设，推动基本公共卫生服务覆盖到村，提档升级村卫生室水平，提升乡镇卫生院医疗服务能力。二是加强乡村医生队伍建设，大学生村医实行"乡管村用"；推动村医职业化，组织符合条件的村医专项招聘。开展基层卫生人才能力提升培训；推行乡村医务人员"县管乡用、乡管村用"；持续推进"万名大学生乡村医生配备"项目实施。三是做好农村常见病、地方病防治。加强妇幼、老年人、残疾人等重点人群健康服务。四是加强基层疾病预防控制队伍建设，做好重大疾病和传染病防控。五是分类落实村医养老、医保等社会保障待遇。落实农村低收入人口医保参保缴费资助政策。

3. 实施农村基本公共文化服务提升行动

一是加强农村文化工作队伍建设，支持反映农民生活的文艺创作和乡土文艺团组发展。实施乡村文化人才培养工程。创新文化站人员聘用机制，实行"县聘乡用""派出制"。二是常态化开展文化惠民活动，推动专业艺术院团、文艺轻骑兵、文艺团队进乡入村，广泛开展农民文艺活动。三是加强非物质文化遗产、重要农业文化遗产保护利用。常态化保护好农业遗迹、民族村寨、传统村落等，传承好乡村非物质文化遗产和少数民族优秀传统文化。四是实施农耕文化传承保护工程，办好中国农民丰收节。

4. 推动农村人居环境整治

在治理内容上，一是分类有序推进农村厕所革命，引导农村新建住房配套建设卫生厕所，襄阳市推出厕所革命"五个一批"工程（新建一批、改造提升一批、统筹推进一批、资源化利用试点一批、长效管护试点一批），开展"五大攻坚行动"（统筹规划行动、全面建改行动、管理提升行动、示范引领行动、文明如厕行动）；二是持续推进农村生活垃圾无害化处理，开展就地分类、源头减量试点；三是梯次推进农村污水处理，开展水系连通及农村水系综合整治试点，治理农村黑臭水体；四是推进村庄有机废弃物就地利用处理。在治理主体上，调动群众积极性，广泛开展村庄清洁行动，发动群众参与环境整治，形成持续推进机制；广泛开展群众性村庄清洁行动和铁路、公路、风景区等沿线环境综合整治。

5. 提升农村公共养老服务水平，关爱留守儿童、妇女、残疾人等特殊群体

一是推进县级失能特困供养机构、乡镇中心福利院和农村互助照料中心等设施建设。二是加强对农村留守儿童和妇女、老年人以及困境儿童的关爱服务；健全农村留守儿童和困境儿童关爱服务体系，加强心理健康和疏导教育。三是实施农村福利院"平安工程""冬暖工程"；做好残疾人照护服务，量化调整农村低保、特困供养等保障标准，将符合条件的对象及时纳入社会救助保障范围，加强动态精准管理。

6. 加强防灾减灾救灾能力建设

一是有效防范应对农业重大灾害。加大农业防灾减灾救灾能力建设和投入力度，完善农业重大灾害快速响应机制，修订完善水旱灾害防御预案；推进江河湖库系统治理，实施抗旱水源工程；强化农业农村、水利、气象灾害监测预警体系建设，加强农业气象适用技术推广应用；强化种子、化肥、农（兽）药等生产储备调运。二是加强基层动植物疫病防控体系建设。坚持人病兽防、关口前移，阻断人畜共患病传播途径，抓好重大动物疫病基础免疫，提升非洲猪

瘟、草地贪夜蛾等动植物重大疫病防控水平。三是做好重大疾病和传染病防控。

7. 加强村级综合服务中心建设

打造"一门式办理""一站式服务"、线上线下相结合的服务平台，深入推进党员群众服务中心党务、村务、医务、警务、服务"五务合一"。制定村级巩固服务目录和代办政务服务指导目录，提供就业社保、卫生健康、法律咨询等公共服务。

（三）党建引领乡村"三治融合"治理

1. 加强农村基层党组织建设

一是健全党员干部管理体制和工作机制，实施村党组织带头人整体优化提升行动。全面落实村党组织书记县级党委备案管理制度和专职化管理；加强"三农"机构队伍建设。落实推进机构改革部署要求，整合优化"三农"工作部门力量和资源；优化农村党员队伍结构，加大从青年农民、农村外出务工人员中发展党员力度，引导各类人才投身乡村振兴；加强农村基层党风廉政建设，持续整治"三农"领域形式主义、官僚主义问题，从严查处违规违纪违法行为。二是强化党对"三农"工作的领导。落实主体责任，加强党委农村工作领导小组和工作机构建设；充分发挥各级党委农村工作领导小组牵头抓总、统筹协调作用，健全议事协调、督查考核等机制，成员单位出台重要涉农政策要征求党委农村工作领导小组意见并进行备案；发挥农村基层党组织的战斗堡垒作用，推动"三治融合"；建立健全党组织领导的自治、法治、德治相结合的领导体制和工作机制，发挥群众参与治理主体作用，加快建设善治乡村。

2. 健全基层群众自治制度

一是全面落实"四议两公开"，健全村级重要事项、重大问题由村党组织研究讨论机制；发挥村民委员会、村务监督委员会、集体经济组织和各类社会组织作用；创新发展基层民主，加强村级民主协商和村务监督，激发村民自治活力。二是加强自治组织规范化制度化建设，指导农村普遍制定或修订务实管用的村规民约。三是加强农村群众性自治组织建设，推行村级事务阳光工程；修订完善务实管用的村规民约，发挥红白理事会、家庭家风家教等在乡村治理中的作用。四是充分发挥农民主体作用，尊重农民首创精神，发挥和调动农民群众积极性、主动性；发挥政府投资的带动作用，通过民办公助、筹资筹劳、以奖代补、以工代赈等形式，引导和支持村集体和农民自治组织实施或参与直接受益的村庄基础设施建设、农村人居环境整治、美丽乡村建设等。

3. 提升乡村德治水平

一是深入开展群众性精神文明创建活动，评选表彰一批文明村镇、文明家庭，引导激励农民群众爱党爱国、向上向善、孝老爱亲、重义守信、勤俭持家。二是依托有效精神文明建设载体，如新时代文明实践中心、县级融媒体中心等平台开展对象化、分众化宣传教育，弘扬和践行社会主义核心价值观；在乡村创新开展"听党话、感党恩、跟党走"宣讲教育活动；实施"推动移风易俗、树立文明乡风"行动。三是推进道德文化阵地建设。持续推进移风易俗，引导婚丧礼仪节俭文明，整治大操大办、盲目攀比、赌博抹牌、薄养厚葬等陈规陋习，树立文明乡风。四是创建文明村镇。持续推进农村移风易俗，反对封建迷信活动；依法制止利用宗教干预农村公共事务。

4. 加强农村法治建设

一是健全农村社会治安防控体系，深入推进扫黑除恶专项斗争。依法严厉打击农村黑恶势力、宗族恶势力、宗教极端势力、"村霸"，严防其侵蚀基层干部和政权。依法管理农村宗教事务，制止非法宗教活动，防范邪教向农村渗透，防止封建迷信蔓延。二是完善县乡村三级综治中心功能和运行机制，拓展网格化服务管理；加强农村地区群防群治工作，开展"平安守护"行动，加快推进"雪亮工程"。三是推广新时代"枫桥经验"。推行领导干部特别是市（县）领导干部定期下基层接访制度；健全乡村人民调解机制，完善农村矛盾排查调处化解机制。四是健全乡村公共法律服务体系，落实"一村一警（辅警）、一村一法律顾问"，加强乡村法律援助。五是加强乡村交通、消防、农机、公共卫生、食品药品安全、地质灾害等公共安全事件易发领域隐患排查和专项治理；严厉打击制售假冒伪劣农资、非法集资、电信诈骗等违法行为。

总的来说，湖北省省级、地（市）级、县级乃至乡镇层级关于农村社会建设和乡村治理的相关政策文件涵盖内容全面，在农村基础设施建设方面，包括公路建设、水利设施建设、能源供应体系建设、电网建设、信息网络建设、物流网点建设、广播电视设施建设等；在农村公共服务方面，包括农村教育、公共卫生服务、社会保障体系建设、养老服务能力建设、防灾减灾救灾能力建设、公共文化建设等。在乡村治理方面涵盖了农村基层党组织建设、村民自治实践、法治乡村建设、乡村德治建设、平安乡村建设、农村基层服务体系建设等。

根据对近五年中央1号文件及湖北省各级各类相关政策文件的梳理研究可以看出，湖北省关于农村社会建设和乡村治理相关政策的出台呈现出以下特点：

一是自上而下的承接性。湖北省近五年的1号文件内容明显呈现出对于中央1号文件内容的承接，而湖北省各地（市）的相关政策文件则明显与省级1号文件相呼应；而县、镇（乡）、村则在承接上级政策的同时因地制宜推出了具有地方特色的政策。这样从中央到地方基层上下通达、一致的政策体系有利于各项政策的落实落地，保障其有效性。

二是时间上的接续性。湖北省省级层面出台的以每年1号文件为代表的相关政策文件在具体内容上呈现明显的接续性；同一项措施要求可能在几年的文件中被反复提及，部分得到落实的措施要求则会在下一年的文件中被再次提及并强化升级。这样接续性的政策措施有利于保持其长效性，更好地发挥其作用。

三是政策出台的渐进性。在乡村振兴与脱贫攻坚工作交叠的几年中，湖北省关于农村社会建设和乡村治理的相关政策侧重于对标脱贫攻坚。随着脱贫攻坚工作的阶段性成功及小康社会的全面建成，湖北省相关政策的重心开始从脱贫攻坚向乡村振兴转移，在政策上侧重实现由脱贫攻坚至乡村振兴的有效衔接，各项措施及要求呈现渐进式升级。如在基础设施建设上，工作重点由基础性建设转变为"重点领域提档升级"再到"补足短板"。

二、湖北加强农村社会建设和乡村治理的主要成效

2018 年以来，湖北省各级党政部门，围绕农民群众最关心、最直接、最现实的利益问题，坚持农业农村优先发展，加强农村基础设施建设，加快补齐农村民生短板，大力提升农村公共服务水平，有效促进乡村治理体系和治理能力现代化，农民群众的获得感、幸福感、安全感不断增强。

（一）农村基础设施建设成效显著

1. 农村交通物流设施不断改善

农村道路是带动当地经济发展的必要条件，调研结果显示，湖北省农村交通条件不断改善，80％的县（市）和 41％的乡（镇）有长途客运站，46.7％的县（市）有高铁站。公交站点布设不断优化，54.5％的受访村庄有公交车站，47％的受访者认为其所在村落有乡村客运站，85.7％的受访者认为客运车行驶路线方便。村村通公路覆盖率较高，乡镇调查数据显示，40 个乡（镇）的覆盖率达到了 100％，2 个乡（镇）的覆盖率为 90％；入户调查数据显示，94.3％的受访者认为所在村落实现了村村通、村组通，且 53.6％的受访者认为所在村落已有"四好"农村路。硬化道路占全村道路总长度的比重达到 89％以上，且 84.4％村庄铺设了路灯；村庄内主干道路类型以柏油路（占比 30.5％）和水泥路为主（66.1％）；村庄至乡（镇）道路类型也主要以柏油路（56.9％）和水泥路为主（41.1％）。在乡村物流建设方面，51.1％的村庄有快递服务，62.5％受访者认为本村有电商物流配送网点，每个行政村的快递网点数量的平均值为 2.17 个。

2. 农村水利基础设施建设不断加强

农村饮水安全保障水平得到提升，自来水入户平均比例分别达到 96％以上，86.4％的村有饮水安全工程。在饮用水源方面，84％的家庭饮用水来源于入户集中供自来水，6.8％的家庭饮用水来源为自家井水，5.3％的家庭饮用水

来源为购买的桶装水，另有 1.7% 的受访者家庭饮用水来源为大面积水域（池塘、湖泊或水库）等。抗旱应急水利设施不断完善，68.2% 的乡（镇）有水库，一型、二型、三型水库的平均数量分别为 2 座、5 座和 1 座；集体灌溉设施相对比较便利，91.1% 的村有公共沟渠，81.8% 的村有公共抽水泵。村庄水库除险加固工作不断加强，48.1% 的受访者认为所在村落进行过水库除险加固，70.2% 的受访者认为所在村落进行过灌溉渠道建设。农户对农村水利设施建设的满意度较高，95% 的农户对饮用水来源满意，77.4% 的农户对所在村落水库除险加固表示"满意"，81.8% 的农户对所在村落灌溉渠道建设工作表示"满意"。

3. 农村电网改造不断升级

农村用电得到充分保障，用电平均保证率达到 99% 以上，村级断电次数平均值为 1，村级电压合格率为 98%；电力类型上，家庭用电均有照明电动力电；村庄的户均配变容量为 4～5 千瓦每小时，能够基本满足农业生产和农民生活需要。

4. 农村信息网络建设快速推进

4G 基站和 5G 基站建设不断完善，97.8% 的村庄有 4G 网络，36.4% 的村庄有 5G 网络，所有行政村实现了"村村通宽带"的目标，90% 的农村家庭已安装宽带，对宽带的使用"满意"率为 77.5%。84.4% 行政村安装了公共广播电视，83.1% 的行政村安装了农村广播；有线电视入户率较高，92.4% 的受访农村家庭安装了有线电视网络。

（二）农村公共服务水平不断提升

1. 农村基础教育条件不断改善

县级数据显示（表 6-2），2021 年，受访县小学（1～6 年级）平均数量为 106 所，县小学教师平均数量为 2 147 人；县小学在校学生平均数量为 40 720 人。县初中数量平均 32 所，其中乡镇初中数量平均为 19 所；县初中教师平均数量 1 822 人，其中乡镇初中教师平均数为 1 673 人。县初中在校学生数量为 24 807 人，其中乡镇初中在校学生平均人数为 13 031 人。受访县高中平均数量为 5 所，县高中教师平均数量为 1 109 人，高中在校学生平均数量为 10 955 人。受访乡（镇）小学（1～6 年级）平均数量为 6 所，乡（镇）小学教师平均数量为 238 人；乡（镇）小学在校学生平均数量为 2 126 人；乡（镇）初中教师平均数量 135 人，乡（镇）初中在校学生数量为 1 802 人。

表 6－2　调研地区农村基础教育情况

类　　别	县级（平均值）	乡级（平均值）
2021 年小学（1～6 年级）数量/所	106	6
2021 年小学教师数量/人	2 147	238
2021 年小学在校学生数量/人	40 720	2 126
2021 年初中数量/所	32	1
其中，乡镇初中数量/所	19	——
2021 年初中教师数量/人	1 822	135
其中，乡镇初中教师数量/人	1 673	——
2021 年初中在校学生数量/人	24 807	1 802
其中，乡镇初中在校学生人数/人	13 031	——
2021 年高中数量/所	5	0.2
2021 年高中教师数量/人	1 109	32.8
2021 年高中在校学生数量/人	10 955	418

数据来源：湖北省乡村振兴大调研县级和乡级问卷。

2. 农村公共卫生服务水平不断提升

县级调查数据显示，2021 年受访县卫生机构平均数量为 378 个，医院平均数量为 13 个。综合医院平均数量为 10 个，其中三级医院平均数量为 0.8 个，二级医院数量平均数量为 1.7 个，一级医院平均数量为 5.6 个；中医医院平均数数量为 1 个，最大值为 1。从基层卫生医疗机构来看，受访县基层卫生医疗机构平均数量为 390 个，其中社区卫生服务中心（站）平均数量为 48 个，街道卫生院平均数量为 2 个，乡镇卫生院平均数量为 15 个，村卫生室平均数量为 370 个，门诊部（所）平均数为 144 个；乡镇卫生院、村卫生室覆盖率达到100％，76.2％的受访者有家庭医生签约服务；79.5％的受访者表示本村定期开展健康教育活动，普及卫生健康理念和生活习惯，受访者对本县医疗卫生建设的满意度均值为4.7分（满分为5分）。

3. 农村社会保障体系不断健全

2021年，新型农村合作医疗（简称新农合）参保人数平均比例为91.52％；新农合平均报销比例为79.2％。新农合政策落实比较全面，受访者均享受了湖北省新农合有关政策；基本养老保险、大病保险制度、农民重特大疾病救助体系比较完善，92.4％的受访者参加了基本养老保险，72％的受访者认为构建了大病保险制度，65.8％的受访者认为建立了农民重特大疾病救助体系。对困难群众实施分类救助，县级纳入低保范围的农村居民平均人数为19 230人、乡级为1 327人，县级纳入五保范围的农村居民平均人数为3 683人、乡级为175人，县级建档立卡户平均数量为37 737人、乡级为1 468人。特殊关爱政策落实有效，96.9％的受访者认为所在村落落实了低保政策制度，93.2％的受访者认为所在村落对于特困人员实行了救助帮扶，92.2％的受访者认为所在村落对特殊群体提供了关爱服务。

4. 农村养老服务能力不断加强

养老服务设施条件得到改善，2021年受访县农村养老院平均数量为33个，其中，床位数平均为1 865个，供养老人平均数为1 640人。77.3％的受访村有老年活动中心，各行政村2021年集中养老的人数平均值为9人；95.2％的村为老年人定期体检，且2021年体检次数为2次，48.8％的受访村逢年过节会给村里老人发放福利。69.7％的受访者认为形成了养老服务网络（即与农村基本公共服务、农村特困供养服务、农村互助养老服务相配合的服务网络）；受访者对本县关爱老人措施实施的满意度均值为4.54分（满分为5分）。

5. 农村防灾减灾救灾能力不断增强

有81.6％的受访者表示所在村落遇到自然灾害时有预警信息发布；54.5％的受访者表示所在村落进行了防灾减灾工程建设；51.9％的受访者表示

所在村落建立了公共消防工程；43.6%的受访者表示所在村落建立了自然灾害救助物资储备体系；64.8%的受访者表示所在村落进行了防灾减灾演练和宣传教育。受访者对所在村落防灾减灾救灾能力建设的满意率较高，均在80%以上。

6. 农村公共文化建设和服务供给不断强化

所调查的县和乡（镇）均实施了乡村文娱发展支持政策，着力建设乡村书屋和乡村文化广场、开展戏曲进乡村活动和举办乡村文体项目比赛。各行政村不断加强文体设施建设，85.7%的受访者表示所在村有文化馆、村史馆、广场、农家书屋等文化中心，71.3%的受访者表示所在村落开展过文艺、戏曲进乡村活动，85.8%的受访者表示所在村落有健身设施，79.8%的受访者表示所在村落开展过群众性文化活动，各村均设有综合服务站。2021年，97.5%的受访乡开展了文化下乡活动，各行政村均组织过文体活动，组织的平均值为4次。

（三）乡村治理体系不断完善

1. 农村基层组织建设全面加强

党支部管理和运行较为规范，2021年召开村党员大会次数的平均值为13次，召开村支委会次数的平均值为23次。村级党组织的全面领导能力不断提升，81.9%的受访者表示所在村的村级党组织负责人担任村民委员会主任和集体经济组织、农民合作组织负责人，70.2%的受访者表示所在村落建立了基层党组织与各类经济与社会服务组织共建互补的村级组织体系。村"两委"成员的结构显著改善，村"两委"人数的平均值为5人；受教育程度不断提高，村支部书记的平均受教育年限为12.7年，"两委"成员的平均受教育年限为11.9年；村"两委"成员的来源比较多元，主要以复员军人、企业经商人员和外出务工人员为主。对村"两委"成员的培训力度加大，县级培训村"两委"成员为20 188人次，乡镇培训村"两委"成员为168人次。党员队伍管理不断加强，95.4%的受访者表示所在乡村党员队伍管理建设规范、合理。基层干部解决农村实际问题的能力不断提升，93.0%的受访者认为乡村基层干部能够积极研究解决群众生产生活等问题。

2. 社会协同治理建设有序展开

55.1%的村落或社区有工会、共青团、残协等群团组织，93.6%的受访者认为所在村落或社区的群团组织发挥了民主管理和民主监督作用。社工人员、支教人员、新乡贤已经成为乡村治理中的新兴力量，45.3%的受访者认为所在村落有社工人员，14.9%的农户认为所在村落有支教人员，16.8%认为所在村落有新乡贤（企业家、专家、建筑师等能人在村内任职）。

3. 平安乡村建设全面推进

县、乡（镇）推进安乡村建设的力度不断加大，"雪亮工程"的平均覆盖率为83.7%，92.9%的受访乡实施了"一村一辅警"行动，77.8%的受访村设置了治安室和报警点，89.1%的受访者表示所在村落建有技防系统。各类纠纷相对较少，2021年受访村发生各类民事纠纷起数的平均值为7次，发生各类违反社会治安管理条例起数为1起，发生各类刑事犯罪案件起数为0.1起；治安状况整体良好，受访者认为所调查的村落均不存在黑恶势力、非法宗教及邪教，96.5%的受访者表示所在村落有民事调解机构或组织。对平安乡村建设政策的整体满意度较高，平均值为4.69分。其中，对于所在村落治安室和报警点作用的发挥，受访者的满意率为84.5%[①]；对于所在村落设置"一村一辅警"的评价，受访者的满意率为84.6%；对于所在村落技防系统作用的发挥情况，受访者的满意率为83.2%；对于所在村落民事调解机构或组织的作用发挥情况，受访者的满意率为84.8%。

4. 村民自治实践扎实推进

自治组织比较健全。县、乡（镇）高度重视村民自治工作，并按照村民自治条例推进村民自治；"双肩挑"广泛落实，村主任均由村支部书记兼任；村

---

① 满意率＝满意＋还算满意的比例，下同。

民委员会力量得到充实，平均人数为 4.8 人；所有行政村均设有村务监督委员会，人数的平均值为 3 人。村民代表大会能够规范运行，2021 年举行村民代表大会或村民大会次数的平均值为 7 次，其中 1～5 次的占 43.2%，6～10 次的占 22.7%，11～15 次的占 31.8%，16 次以上的占 2.3%。村务监督状况良好，2021 年受访村公布财务信息次数的平均值为 8 次。受访村村委会成员候选人的产生程序较为规范，75.5% 由村民进行海选，15.1% 由上级指派或推荐候选，9.4% 属于自我推荐。村民民主推进状况良好，94.7% 的受访者认为所在村落可以参与民主选举、发表意见和参与乡村治理，94.8% 的受访者认为所在村落鼓励村民对村级重大事项进行民主协商，"村民代表会议"是村级重大事项民主协商主要形式（比例为 62.8%），而"村民会议"这一选项的选择率为 42%。"三公开"执行情况良好，90.0% 的受访者认为所在村落的"党务、村务、财务及监督机制"公开透明，98.2% 的受访者认为所在村落的"党务、村务、财务及监督机制"的公开及时，95.9% 的受访者认为所在村落的"党务、村务、财务及监督机制"公开内容全面。村民自治制度较为完善，87.6% 的受访者表示所在的村落有自治章程、村规民约，98.8% 的受访者认为所在村落的自治章程、村规民约合法、合情、合理，95.3% 的受访者认为所在村落的自治章程、村规民约充分发挥了作用。

5. 法治乡村建设不断加强

法治乡村建设成效比较显著，县级数据显示，93.3% 的受访县推进了法制乡村的政策，对本县法制乡村政策实施力度的评价得分为 4.46 分，对法制乡村政策实施满意度为 4.46 分。乡级数据显示，95.6% 的乡（镇）有推进法制乡村相关政策，获得县级"民主法治示范村"称号的村庄为 4.9 个，获得县级"文明村"称号村庄个数为 6 个。80.0% 的受访村在 2021 年开展了"法律进乡村"活动，平均值为 4 次；92.9% 的行政村发放了法治宣传教育材料，49.8% 的行政村开展了"法治带头人"实践活动；95.6% 的受访者认为开展的法治宣传教育有利于提升自身的法治意识。法治乡村建设情况评价良好，受访者对于开展"法律进乡村"活动的满意度为 82%，对所在村落开展法治宣传教育满意度为 82.3%。

6. 乡村德治水平不断提升

乡村德治工作全面推进，所有县和乡（镇）均有推进乡村德治的政策和制度，受访者对本县德治乡村政策实施的满意度为 4.64 分。文明乡村建设效果明显，所调研的行政村中 61.4% 的村落属于县级以上文明村，97.8% 的村落有村规民约，所有行政村的村规民约中均包括弘扬优秀传统文化的相关内容；94.4% 的受访者表示自己所在的村落倡导培育淳朴民风和良好家风，93.6% 的受访者认为自己村落已经形成了淳朴民风；71.2% 的受访者表示自己所在的村落开展过农村道德模范、最美邻里、身边好人等选举活动，80.9% 的受访者表示自己所在的村落进行过陈规陋习的治理。在对所在村落陈规陋习治理效果的评价中，95.7% 的受访者表示比较理想。

三、湖北加强农村社会建设和乡村治理的突出问题

（一）农村基础设施建设存在短板

1. 农村交通物流设施建设需要强化

一是长途汽车站的布局需要进一步完善，调查数据显示，仍有 20% 的县没有长途汽车站；乡村客运站建设的力度需要加大；农户对乡村客运站的满意度为 3.83 分，满意度较低。二是农村公路管理养护不足，不同程度存在公路损毁和危桥情况。调查数据表明，45.1% 的受访者认为所在村落的公路存在受损，20.0% 的村庄存在危路危桥，其中只有 69.2% 已经实施改造。三是村落公路后期养护管理不及时、不规范，仅有 63.8% 的受访者认为所在村落公路定期进行后期养护管理，另有 36.2% 的受访者认为所在村落公路没有定期进行后期养护管理。四是乡村物流和电商建设需要进一步加强。调查数据显示，48.9% 的村庄尚无快递服务点。

2. 农村水利设施比较薄弱

一是乡村水库建设的力度需要加大，调查数据表明，仅有 53% 的县、

68.2%的受访乡和 31.4%的受访村有水库，35.6%的受访村村有公共水井。二是水库除险加固工作需要加强，51.9%的受访者认为所在村落没有进行水库除险加固，仅有 77.4%的农户对所在村落水库除险加固表示"满意"，满意度较低；部分受访者认为需要对所在村落应进行水库除险加固，加大资金投入，改善水质；部分受访者认为渠道使用少、易荒废，渠道管理与维修不到位，渠道窄、水量少，希望统一规划灌溉渠道建设。

3. 农村电气化水平有待提升

农村现代能源设施建设需要加强，目前农村通天然气（液化气）的村庄平均比例相对较低，县级数据为 43.8%，乡级数据为 47%，村级数据为 20.7%。从农户层面来看，主要炊事能源为液化气的农户居多，达到 51.5%；采用液化天然气作为主要炊事能源的农户仅占 11.6%。受访者对能源建设的平均满意度为 3.91 分，相较于满分 5 分还有一定差距。从农户对天然气的需求来看，有 59.4%的受访者建议所在村庄统一引进天然气，说明农户对于天然气的需求较大。

4. 农村网络质量亟须改善

从调研情况来看，88.8%的受访者希望能够普及 5G 网络，说明农户对于 5G 网络的需求较大，但目前 5G 网络供给严重不足。乡级、村级 5G 基站数量较少，乡级平均数仅为 1.2 个，仅有 28.7%的访者以及家庭成员在使用 5G 网络。移动网络信号质量需要进一步提升，农户对本村的移动网络信号质量的满意度仅为 4.1 分。信息技术与农村生产生活需要进一步融合，受访村认为本村信息技术与生产生活融合程度的得分仅为 3.8 分，对农村广播电视等基础设施的建设满意程度为 3.8 分，28%的受访者认为信息技术与生产生活融合情况一般。

（二）农村基本公共服务水平有待提升

1. 农村基础教育资源不足

一是幼儿园和小学的布局需要优化，仅有 50%的受访村有幼儿园，

46.2%的村有小学；仅有30.5%的受访者认为所在村落有专门的学前教育机构、29.5%的农户认为所在村落有专门的义务教育机构。二是部分农村平均就学距离较远。调研数据显示，村委会离最近幼儿园距离为3千米，最近小学的距离为3.5千米，最近的初中距离为4.3千米。三是农户对学前教育和义务教育布局的满意度较低。校舍和场地的标准化建设方面，仅有7.6%的受访者表示"满意"，对本村校舍和场地的标准化建设情况表示不满意的受访者高达61.6%。对中小学信息化基础设施建设满意度不高，仅有17.3%的受访者表示"满意"。四是农户对学前教育师资资质和中、小学教师资质情况了解程度不深。调查数据显示，对学校教育和义务教育教师资质情况的了解方面，尚有37.3%的受访者对本村学前教育教师资质情况表示"不了解"；对在村落中、小学教师资质情况了解程度方面，仅有7.6%的受访者表示"了解"。五是中小学师资力量相对紧缺。调查数据表明，有68.9%的受访者认为本村教师紧缺，仅有27.1%的受访者认为教师配置比例达到标准。

2. 农村医疗卫生服务水平不高

家庭医生的服务质量需要提高。在家庭医生签约服务方面，没有参与家庭医生签约服务的受访者占70.6%。在家庭医生签约满意度方面，仅有34.4%的受访者对家庭医生签约服务表示"满意"。村落卫生院的建设力度需要加大，针对所在村落卫生院的病床床位及医生资源配比是否合理这一问题，仅有20.5%的受访者认为资源配比合理，79.5%的受访者认为资源配比不合理。

3. 农民重特大疾病救助体系不够完善

调查数据显示，28%的受访者认为本村没有构建大病保险制度，34.2%的受访者认为所在村落没有建立农民重特大疾病救助体系。因此，需要进一步健全和完善大病保险制度、农民重特大疾病救助体系。

4. 农村养老服务体系不够全面

调查显示，仅有52.8%的受访者表示养老机构建立了老年人关爱服务体系，有69.3%的受访者表示所在乡镇、村落有五保供养机构，另有54.5%的受访者表示所在乡镇、村落养老机构具有为老年人提供医疗保健服务的能力。受访者对本县关爱老人措施实施的满意度均值仅为 4.2 分（满分为 5 分）。

5. 农村防灾减灾救灾设施不够健全

调查数据表明，45.5％的受访者表示所在村落没有防灾减灾工程建设；48.1％的受访者表示所在村落没有公共消防工程；56.4％的受访者表示所在村落没有建立自然灾害救助物资储备体系；35.2％的受访者表示所在村落没有进行防灾减灾演练和宣传教育。

6. 农村传统文化建设不够有效

保护传承农耕文化的力度需要加强，仅有 41.2％的受访者表示所在村落有保护传承农耕文化的活动，35.3％的村没有组织过文娱活动。农村公共文化活动场所的建设力度需要加强，仅有 1/5 的受访村有图书馆（书籍阅览室）和露天广场。

（三）乡村治理体系有待进一步完善

1. 农村基层党组织领导能力有待提升

一是农村党员队伍的性别结构不合理。调查数据显示，男性占 95.6％，女性仅占 4.4％。二是村级党组织带头人队伍建设需要进一步加强。数据显示，在对村级党组织带头人队伍建设满意度的评价中，仅有 35.7％的受访者选择满意，另有 44.4％的选择还算满意，有 12.9％的受访者选择一般。三是村党组织服务能力需要提升。村"两委"干部存在个人业务能力不精，在处理一些日常事项上存在"慢一拍"的现象，群众意见较大。四是部分基层党组织引领作用发挥不够充分。部分基层党组织积极谋创新促发展的主动性不强，被动等待上级安排部署工作的多，结合实际工作创造性开展工作不够。五是基层工作队伍力量不足。调查中发现，虽然各村（社区）"两委"按照换届要求，配齐配强了村（社区）"两委"班子成员，但因基层工作繁重等原因，基层治理职能职责发挥作用不足。

2. 乡村群团组织作用发挥不充分

群团组织是社会治理的重要主体，承担着重要的治理职能，但由于群众对相关组织了解不深入，参与意愿不强，公益性、服务型、互助性社会组织培育困难。调查数据显示，在有群团组织的村落，93.6%的受访者认为所在村落或社区的群团组织发挥了民主管理和民主监督作用。但从整体上看，仅有55.1%的村落有群团组织，社工人员、支教人员、新乡贤极为紧缺，仅有45.3%的受访者认为所在村落有社工人员，14.9%的农户认为所在村落有支教人员，16.8%认为所在村落有新乡贤（企业家、专家、建筑师等能人在村内任职）。

3. 乡镇综治中心硬件基础薄弱

调研发现，各乡镇综治中心建设虽然已实现全覆盖，但由于经费不足等原因，办公场所主要还是利用各种闲置资源，少数综治中心办公场所简陋，缺少运行经费；部分乡镇智能化建设相对滞后，雪亮工程建设与智能化防控体系相关标准差距较大，部分接入平台的视频监控设备较为陈旧，无法有效使用。

4. 网上服务体系建设需要加强

调研数据显示，仅有57.3%的受访者认为自己所在的村落建立了网上服务体系；各类便民政务服务如"一站式服务""一门式办理"和进驻村（社区）办理效率不高，便民利民服务作用发挥不明显。

5. 村民自治能力需要进一步提升

"党务、村务、财务及监督机制"的公开程度需要进一步提高，10.0%的受访者认为所在村落的"党务、村务、财务及监督机制"不够公开透明。"自治章程、村规民约"的建设需要进一步加强，12.4%的受访者认为所在村落没有自治章程、村规民约。村民自治的满意度需要整体提升，村民对参与村级重大事项民主协商的评价、对本村村委会工作的评价和对所在村落的自治章程、村规民约建设评价"满意"选项的数值都没超过40%，评价"还算满意"的比例较大。

6. 法治乡村建设内容不够全面

在法治乡村建设的内容方面，民主法治建设的示范创建工作需要加强，受访乡具备县级"民主法治示范村"称号村庄个数的平均值为 4.9 个，具备县级"文明村"称号村庄个数为 6 个；在不是"民主法治示范村"的村落中，50.8% 的受访者认为本村没有开展过"民主法治示范村"创建工作。"法律下乡"活动需要加强，21.5% 的村落没有开展"法律进乡村"活动；"法治带头人"的培育力度需要加大，50.2% 的受访者认为本村落没有培育"法治带头人"。受访者对所在村落法治乡村建设情况的满意度需要提升，对"法律进乡村"活动、对所在村落法治宣传教育评价"满意"的比例均在 30% 左右。

7. 乡村德治的示范引领工作需要加强

文明村镇建设的力度需要加大，在不是文明村镇的村落中，有 63.2% 的受访者表示自己所在村落在进行文明村镇建设，而高达 1/3 的受访者表示自己所在村落未进行文明村镇建设工作。道德模范评比活动需要加强，28.8% 的受访者表示自己所在村落未开展过"农村道德模范""最美邻里""身边好人"等选举活动，有 82.9% 的受访者认为需要开展此类活动。对于需要开展此类活动的原因，调研数据显示，有 33.6% 的受访者选择"有利于培育良好村风"；其次是"可以起到榜样带头作用"，选择率为 24.4%；有 10% 左右的受访者认为"好人好事应该得到表扬和宣传"（10.2%）、"有助于提高村民道德水平"（选择率为 10.9%）和"有利于乡村文明建设"（选择率为 9.7%）；还有 8.4% 的受访者选择了"有助于邻里和睦"；2.8% 的受访者选择了"丰富农村生活"。

四、湖北加强农村社会建设和乡村治理的对策建议

（一）全面加强农村基础设施建设

1. 加强农村交通物流设施建设

构建广泛覆盖、优质高效的农村公路网络，推进有条件的自然村通硬化路

建设，进一步提升农村公路通达深度、广度。推进"四好农村路"创建，实施乡村道路提档升级工程，全面实行农村公路"路长制"管理，常态化推进危桥改造和安防工程建设。建立共治共享的农村公路管理机制，充分发挥乡镇政府、村委会作用，调动农民群众参与乡村公路管理的积极性和主动性。

2. 完善农村快递物流体系

进一步完善县乡村三级寄递物流体系，提升农村物流便捷化水平。统筹村邮站、快递、电商、供销、电信等平台资源，按照便利惠民、服务高效、持续发展的原则，在行政村建设标准化村级快递物流综合服务网点，提供农村邮件快件揽收、投递服务，鼓励叠加代收、代缴、代办、代购等便民服务，实现"一点多能"和"一网多用"。深入实施"快递进村"工程，引导邮政快递企业与商超便利店等农村市场主体合作，提升物流服务覆盖乡镇、建制村的比例，提供农村寄递服务。建立寄递物流村级综合服务网点，重点打通快递服务从行政村到户的寄递渠道。

3. 强化农村水利基础设施建设

持续推进农村水利设施建设，构建系统完善、安全可靠的水网体系。实施农村饮水安全提标升级工程，对老旧工程进行升级改造，加强水质管理、水源地保护和应急水源工程建设，健全农村供水设施管护机制。完善饮水安全应急保障机制，有效应对安全饮水不稳定或季节性缺水等难题。因地制宜推进水利工程配套设施建设，积极推进水利补短板工程建设，推动中型水库和小型水库建设进程，扩大农村地区受益范围。全面推进防汛能力提升工程建设，加快重点区域排涝能力建设，全面完成对现有水库除险加固任务，深入推进山洪灾害防治非工程措施建设和山洪沟治理工程。加强农村河道流域管护与水资源管理，落实河（湖）长制，建立完善管护体系。

4. 构建农村现代能源体系

完善农村能源基础设施网络，加快新一轮农村电网升级改造，推动供气设施向农村延伸。实施乡村电气化提升工程，推动农村电网改造工程，确保农村供电可靠率不低于99.8％，户平均电压合格率不低于97.9％，户平配变容量不低于2千伏安。启动和推进农村燃气基础设施建设，天然气基础设施覆盖面和通达度明显提高。推进农村能源消费升级，优化农村能源供给结构，大力发展太阳能，因地制宜开发利用水能和风能，大幅提高电能在农村能源消费中的比重。

5. 改善乡村信息化条件

加快数字乡村建设，改善乡村信息化条件。加快农村地区宽带网络和第五代移动通信网络覆盖步伐。实施数字乡村建设发展工程，推动农村千兆光网、5G移动通信、移动物联网与城市同步规划、分步实施建设，确保行政村通光纤全覆盖。支持5G、物联网等新基建向农村覆盖延伸。加快现代信息技术与农村生产生活的全面深度融合，提升数字信息技术与乡村生产生活的融入度，加快推进农业信息化和数字乡村建设，健全农业信息服务体系，加大推进物联网、云计算、大数据、移动互联、人工智能等技术在村落发展中的应用，逐步实现行政村5G网络、主要公共场所网络、视频监控全覆盖，提升乡村数字化水平。

（二）加大农村基本公共服务供给

1. 加大农村教育投入

加大农村义务教育薄弱环节改善和能力提升力度，加强村小基础设施建设，补齐办学基本条件短板。合理布局农村地区义务教育学校，保留并办好乡村教学点和必要的小规模学校，缩短农村义务教育阶段学生平均就学距离。健全城乡优质教师资源向重点村倾斜的调配机制，均衡城乡教育发展，不断提升农村义务教育质量。实施义务教育薄弱环节改善与能力提升工程，深入推进中小学教师"县管校聘"改革，加大农村义务教育教师补充力度，促进城乡教师合理流动和对口支援。积极发展"互联网＋教育"，提高教育信息化水平。实施优化教育帮扶政策，严格落实义务教育"双线控辍保学"责任制，加大对特殊困难学生关心关爱，确保除身体原因不具备学习条件外脱贫家庭义务教育阶段适龄儿童少年不失学辍学。加强乡村寄宿制学校和乡村小规模学校建设，加快城镇学校扩容增位，统筹推进义务教育优质均衡发展，鼓励有条件的村落开办幼儿园。

2. 推进健康乡村建设

突出补短板、强弱项、堵漏洞，促进更多优质医疗资源向基层倾斜。加强疾病预防控制体系建设、医疗救治体系建设、基层防控体系建设，构建横向到边、纵向到底的全民健康信息平台，提升突发公共卫生事件的监测预警、医疗救治、应急指挥能力。持续做好农村家庭医生签约服务，重点做好高血压、糖尿病等慢病患者的规范管理和健康服务。加快三级医院建设，深入推进县域医疗服务共同体建设，推动优质医疗资源扩容下沉。推进优质医疗资源合理布局，提升乡镇卫生院和村卫生室标准化建设水平，继续加强动态监测与督导，保持基层医疗卫生机构和人员能力建设达标。加强基层医疗卫生人才队伍建设，加大乡村全科医生培养力度，落实"县管乡用、乡管村用"措施，实现"一村一名大学生乡村医生"目标；完善乡村医生基本养老保险补助政策，推进乡村医生职业化进程。推动"互联网＋医疗健康"发展，加快实现医疗资源上下贯通和信息互通共享。

3. 完善农村社会保障体系

深化农村社保和医疗保障制度改革，持续推进全民参保，扩大社会保险覆盖面。开展农村全民参保登记，建立全面、完整、准确、动态更新的社会保险基础数据库。鼓励在城乡之间流动就业和居住的农民持续参保，积极引导在城镇稳定就业的农民工参加职工社会保险。落实城乡居民基本养老保险基础养老金标准正常调整机制，逐步提高基础养老金标准，合理调整城乡居民基本养老保险费代缴比例。完善农村医疗保障政策，统筹发挥基本医疗保险、大病保险、医疗救助三重保障制度的综合减负功能，合理确定农村医疗保障待遇水平。落实农村居民重点对象基本养老保险费代缴政策，结合县域实际情况适度扩大参保覆盖面，按照最低缴费档次为参加城乡居民养老保险的农村低保对象、特困人员、返贫致贫人员、重度残疾人等缴费困难群体代缴部分或全部保费。

4. 健全农村养老保障和儿童关爱服务机制

完善养老服务体系建设，健全以特困供养、互助式养老为主的农村养老服务机制。深入开展农村福利院服务外包试点改革，促进社会力量参与养老行业发展。加大居家社区养老和农村互助养老服务设施建设，提高服务便捷性，满足广大农村老年人养老需求。建立健全农村"三留守"人员关爱保护制度，完善关爱服务措施。开展"三留守"关爱服务，加强"三留守"关爱服务体系建设，加强信息动态化管理，建立农村"三留守"人员档案，落实定期探访制度。充分发挥乡镇（街道）基层干部、村（社区）"两委"干部、驻村干部、下沉党员的作用，多形式开展关爱服务工作，鼓励和引导社会力量广泛参与"三留守"关爱服务。全面落实困难家庭、重度残疾人、高龄、空巢、独居孤寡老人、困境儿童和孤残儿童定期走访探视制度，严防冲击社会道德底线事件发生。

5. 建强公共文化服务阵地

加强农村精神文明建设，引导广大农民积极弘扬和践行社会主义核心价值观，破除大操大办、整无事酒、薄养厚葬等陈规陋习，倡导文明殡葬、生态安葬、文明低碳祭祀。持续开展"听党话、感党恩、跟党走"宣讲活动。加强公共文化服务体系建设，按照"三室一厅一场"[①]标准建设乡镇综合文化服务中心；整合党员群众服务中心，按照"七个有"[②]的标准，统筹建设村（社区）综合文化服务中心。拓展新时代文明实践中心（所、站）的功能，构建乡村志愿服务体系，推动志愿服务进村入户，组织开展群众喜闻乐见的文明实践、群众文化等活动。加强广播电视基础设施建设，推进广播电视节目无线化覆盖工程和应急广播体系建设，管好用好"村村响"。实施新全民健身示范工程，逐步实现每个村都有体育设施。

---

① 图书阅览室（含电子阅览室和文化信息资源共享工程基层服务点）、教育培训室、管理和辅助用室、多功能活动厅、数字电影院和文体广场。

② 有戏台舞台、有活动设备（1套音像设备、1套广播设备、1套体育健身器材）、有宣传专栏、有群文团队、有健身队伍、有活动品牌、有管理制度。

（三）健全现代乡村治理体系

1. 加强农村基层党组织建设

（1）健全以党组织为核心的乡村组织体系

广大农村基层要不断探索建立和完善重要事项由村党组织研究决定的体制和机制，村（居）党组织书记通过法定程序担任村（居）委会主任和村集体经济组织、合作社负责人，村（居）党组织成员通过法定程序担任基层群众自治组织负责人，进而夯实党在农村的执政基础。规范设置村党委、党总支，根据需要划分党支部、党小组，把党组织覆盖到产业链、特色小镇、易地扶贫搬迁集中安置点，选优配好党小组长。在农村党组织的领导下，建强村（居）民委员会，培育和引进现代农业企业、培育新型经济合作组织，带动村级股份合作社、农民专业合作社发展壮大。持续整顿软弱涣散村党组织，着力解决基层党组织运行中存在的弱化、虚化、边缘化等问题，切实增强农村基层党组织"慢不得"的危机感、"等不得"的紧迫感和"松不得"的使命感。

（2）加强农村基层干部队伍建设

一是选准选好用好带头人。重点从致富能手、外出务工经商返乡人员、本土大学毕业生、退役军人等群体中储备一批政治强、文化高、懂科技、会管理、善经营的村（社区）"两委"后备干部，增强村"两委"班子公信力、执行力。打造推进基层组织建设、引领乡村振兴的接班人队伍。二是选优派强驻村工作队，健全驻村第一书记选派长效机制。各地要加强对选派人员的把关，选派政治素质过硬、工作能力强、有责任心、不怕吃苦、甘于奉献、热爱农村、懂农村工作的优秀干部驻村，并加强管理和监督。三是大力储备村级后备力量。深入落实"一村多名大学生"计划。扎实推进村级后备干部"市统一安排、乡镇统一招考、村级统一使用"制度。建立新乡贤能人库，发挥新乡贤能人资源优势，着力支持引进新乡贤能人回乡投资兴业，献智献策，助力乡村振兴。四是提高村级干部待遇。落实村干部基本养老保险缴费补贴和离任村干部生活补贴，为村"两委"干部购买意外伤害保险和重大疾病保险，稳定基层干部队伍。

2. 推进农村自治法治德治

（1）深化推进村民自治实践

进一步完善党组织领导的村民自治机制，有序推进自治实践，依法实行民主选举、民主协商、民主决策、民主管理、民主监督，保障村民的知情权、决策权、参与权、监督权，提高村民"自我管理、自我服务、自我教育、自我监督"能力。健全村级民主议事协商制度。建立村民议事协商委员会，在村党组织的领导下开展村民议事活动，接受村民委员会工作指导、向其负责并报告工作。健全基层群众性自治组织依法自治事项、依法协助政府工作事项和减负工作事项清单，规范村级机构牌子和证明事项。实施村级事务"阳光工程"，全面推行村级重大事项"四议两公开"制度，一切村级重大事项均应在村党组织领导下，根据"四议两公开"程序进行决策和公开，健全村级议事协商机制，推进村民自治制度化、规范化。

（2）持续推进乡村法治建设

强化对村"两委"班子成员、村务监督委员会成员法治思维和法治能力培训，推动建立村干部任前法治培训工作制度。深化和推广"民主法治示范村（社区）"创建工作，通过典型示范，引领带动法治乡村建设。实施农村"法律明白人"培养工程，培养农村学法用法示范户。健全乡村矛盾纠纷化解机制，推广"枫桥经验"，强化矛盾纠纷调处层级管理，确保小事不出组，大事不出村。深入推进常态化扫黑除恶斗争，积极探索新形势下专群结合、依靠群众的新途径，广泛宣传动员全社会关心支持常态化扫黑除恶斗争，营造全民扫黑氛围。加强法治宣传教育，持续开展"律师三进""三学三知"活动，开展农村主题普法活动，以提升农民法治素养为重点，广泛开展普法惠民服务和群众性法治文化活动。全面推行"一村一警（辅警）"，推进乡镇、村法律顾问服务全覆盖。加强农村法治文化建设，推进乡村法治广场、法治长廊、法治院落等阵地建设，提高农村法治文化阵地利用率和覆盖面。

（3）大力提升乡村德治水平

大力推进新时代文明实践站（所）建设，实现站（所）乡村全覆盖，扎实开展文明实践、志愿服务和道德典型评选活动。健全乡风文明理事会、村民议事会、村民监事会等自治组织，引导乡土人才、致富能手、"五老"人员等新乡贤力量参与乡村治理，开展乡风评议。各级党组织把移风易俗要求纳入农村支部主题党日活动之中，推广党员干部移风易俗承诺践诺、红白事报告、陋习曝光等做法。加强高价彩礼、人情攀比、厚葬薄养、铺张浪费等不良风气治理，推进移风易俗行动，培育文明新风。完善村规民约，结合各村实际，通过图文并茂、形神兼备等方式，将核心价值观、优秀传统文化融入村规民约中，把村规民约"种进"村民心田里，激发村民共守村规民约、共享建设成果。深化文明村镇、文明家庭等创建活动，大力开展道德模范、身边好人、清洁户、好媳妇等评选活动，注重发挥家庭家教家风在乡村治理中的作用。

3. 推动基层治理能力提升

（1）健全农村基层服务体系

推动村级综合服务设施提档升级。各乡镇（街道、区）要进一步整合资源，使综合服务设施进一步提档升级，建立优化文化体育、教育、科技、卫生、环境、法律等相关服务设施，提升便民服务质量。将为民办事端口前移，引导各地推广和使用"鄂汇办"等便民服务平台，实现群众事项足不出户、网上办结；压实驻村干部责任，每月下沉入户走访，掌握群众需要办理事项，主动认领，及时办结，让群众少跑路。完善"一站式"便民服务。优化办事流程，对涉及村民的所有行政审批和公共服务事项进行梳理，提高窗口服务人员业务素质，提供户籍管理、就业、就学、就医和社保、法律咨询等"一站式"、网络化便民服务；整合社会保障、综合治理、应急管理、社会救助等公共服务内容，建立一体化信息系统和综合指挥平台，推动"互联网＋"向乡村延伸，提升办事效率，规范审批流程。

（2）创新农村基层治理方式

一要大力开展和推广积分制管理。乡镇和村落要围绕支部建设、乡村振兴、公德美德、遵纪守法、移风易俗、环境卫生、公益事业等细化积分指标，完善积分兑换、捐赠等激励约束机制，引导村民参与村级治理。二要推行清单制，规范小微权力运行。科学制定并完善"小微权力"清单，推动村（社区）小微权力监管清单化、流程化、规范化；建立健全小微权力监督制度，形成党内监督、群众监督、村务委员会监督、上级党组织和有关部门监督与会计核算监督、审计监督等多方联网的监督体系，提高村务监督水平。三要提升乡村治理智能水平。依托综治信息系统，不断完善协作配合、精干高效、便民利民的实体化工作平台功能，深入推进乡村"雪亮工程"全覆盖、全联网，推动村网格管理服务中心与"雪亮工程"一体化建设，提升乡村治理智能化、精细化水平。

第 七 章

强化农业生态建设和农村人居环境整治

强化农业生态建设和人居环境整治，是实施乡村振兴战略的重点任务，也是农民群众的深切期盼。习近平总书记指出，"良好生态环境是农村最大优势和宝贵财富。要守住生态保护红线，推动乡村自然资本加快增值，让良好生态成为乡村振兴的支撑点"①。党的十九大以来，湖北省贯彻落实中央决策部署，围绕强化农业生态建设和人居环境整治，采取了一系列有力的政策措施，取得了一系列突破性进展。与此同时，当前还存在农民对生态保护修复政策的认知尚浅、绿色化肥农药施用比例较低、垃圾分类设施与制度薄弱等问题。面向新阶段，湖北仍需克服主客观制约因素，弥补政策短板，大力推进农业生态建设和人居环境整治。

一、湖北强化农业生态建设和农村人居环境整治的政策实践

我国历来重视农业生态和农村人居环境问题，党的十六届五中全会提出"生产发展、生活宽裕、乡风文明、村容整洁、管理民主"二十字社会主义新农村建设总要求。党的十九大提出"产业兴旺、生态宜居、乡风文明、治理有效、生活富裕"乡村振兴战略总要求。两相对照可以看出，在中国特色社会主义进入新时代、"三农"事业获得长足进步的形势下，农业农村发展的战略要

---

① 习近平著，《论"三农"工作》，中央文献出版社 2022 年版，第 250 页。

求也与时俱进地"升级",以满足广大农民群众对日益增长的美好生活需要。在农业生态建设和人居环境治理方面,从"美丽乡村"到"乡村生态振兴",体现出乡村生态环境保护的高目标和高要求,乡村环境治理的机制发生了一系列变革。党的十九大以来,湖北省准确把握新形势新要求,围绕强化农业生态建设和人居环境整治,进行了一系列探索实践。

(一) 强化农业生态建设

1. 推行绿色生产方式

(1) 推进农田土壤生态化

一是农田土壤改良与耕地地力提升。农田土壤改良与耕地地力提升实际上是手段与结果的关系,基本措施包括:土壤水利改良,包括推进工程节水技术、发展田间节水工程、增加高效节水设施建设;土壤工程改良,包括末级渠系改造和田间配套等工程建设、加强护路护沟建设及石漠化综合治理,以及通过机械深耕深松等技术调节土壤质地,改善农田耕作层;土壤生物改良,包括推广新型肥料、秸秆还田、绿肥种植、实施测土配方施肥,提升土壤有机质品质和含量,促进土壤营养平衡。二是农田土壤修复与污染治理。土壤修复是使遭受污染的土壤恢复正常功能的技术措施。《湖北省土壤污染防治行动计划工作方案》《湖北省 2021 年土壤污染防治工作计划》等文件规定,推进酸性土壤治理示范工程建设、重金属污染土壤排查整治、污染地块联动监管和风险管控。《湖北省污染地块开发利用监督管理办法(试行)》等文件要求实行分类管控,对土壤污染风险不明的地块,不得纳入土地收储计划、不得进入土地供应与开发利用环节;对存在污染扩散风险的地块,应责令土地使用权人及时采取有效污染物隔离、阻断等环境风险管控措施;针对地下水污染物超标的遗留地块,应立即采取措施切断污染源,防止污染物进一步扩散。

(2) 建设多种类田间生态设施

田间生态设施建设是指根据因害设防、因地制宜的原则,对农田防护与生态环境保护工程进行合理布局,在田间地头建设生态设施,推广生态整治,推进农田基础设施功能提升、耕地质量保护、生态涵养修复、农业面源污染防治和田园生态改善有机融合，推动高标准农田绿色生态转型的生态工程建设。《湖北省绿色农田建设示范指导意见（试行）》要求，推行项目法人制，落实政府监管和考核。同时，要求把道路建设要与生态宜居结合起来，与农村居民点景观建设相协调，构建农田生态廊道。在内容上，要求优化道路布局，建设机耕路、生态路、生态田埂和植物篱带，形成农田生态隔离带。《湖北省新一轮高标准农田建设三年行动实施方案（2020—2022 年)》要求田间道路直通田块数占田块总数的比例，平原区达到 100％，山丘区达到 90％以上。

（3）实施农田生物多样性恢复工程

农田生物多样性恢复工程是高质量高标准的农田生态设施，在高标准农田的基础上，对基础条件较好的区域才能建设农田生物多样性恢复工程。从内容上看具体包括：传粉昆虫栖息地，利用农田空闲边角地带，选配乡土植物，恢复并保护授粉昆虫生态环境；天敌保育区，合理建设天敌越冬、繁育、观测等保育区，提升农田生态系统自我调控和修复功能；田间生态林岛，利用农田区域内自然水系与林地，保留并优化建设田间生态林岛，为农田生物保留栖息地。但是，农田生态多样性恢复工程的难点并不在于技术手段方面，而在于工程建设区域的选定和农田权属的划分。

在耕地轮作休耕方面，《2020 年湖北省油菜轮作试点政策》要求"亩平补助标准 150 元，对油菜扩种超过 300 亩以上的种植大户和新型经营主体，通过'以奖代补'形式给予适当补助，亩平补助标准不超过 150 元"。在田园生态景观建设方面，《湖北省绿色农田建设示范指导意见（试行）》要求"利用农田、农用地和镶嵌其间的自然、半自然用地，适度建设廊桥、栈道、藤架等人工设施，构成具有观赏特征的农田景观，彰显农田生产、生态、休闲等多功能目标价值"。《湖北省农业可持续发展规划》也提出，"注重农耕文化、民俗风情的挖掘展示和传承保护，推进休闲农业持续健康发展"。在田园生态景观建设之外，与休闲康养、人文建设、经济发展相关的乡村生态旅游也是农业景观建设的重要内容。

（4）推进水产绿色健康养殖

《湖北省水污染防治条例》第十一条、第二十二条规定了农业农村主管部门对水产养殖投入品负有主要管理责任。在内容上，要求水产养殖用药减量化。根据水产养殖病害实际情况，坚持以防为主、防治结合的原则，重点做好发展生态养殖减少用药、使用优质苗种减少用药、加强疫病防控减少用药等技术措施。《武汉市水产绿色健康养殖技术推广"五大行动"实施方案》提出实施水产养殖用药减量行动，要求推进水产养殖规范用药科普下乡、实施水产苗种产地检疫、加强疫病监测和预警预报、开展水产养殖动物病原菌耐药性监测。

《2020 年湖北省水产绿色健康养殖"五大行动"实施方案》等文件要求对传统圈水养殖模式进行变革，主要包括生态健康养殖模式和养殖尾水治理模式两类。生态健康养殖模式重点在于实现养殖尾水生态循环利用，提升养殖效率和经济效益，包括池塘工程化循环水养殖、稻渔综合种养、集装箱式循环水养殖等。养殖尾水治理模式旨在对养殖尾水进行多级处理后再循环或排放，包括人工湿地尾水处理技术模式、池塘"零排放"圈养循环养殖技术模式等。

2. 加强农业生态保护修复

（1）矿山生态修复

要求对矿业废弃地污染进行修复，实现被破坏生态环境的恢复。《湖北省自然资源资产产权制度改革实施方案》等文件指出，要实施"一矿一策"，针对不同地区生态环境特点因地制宜做好修复工作。在资金方面，要求用好用活"长江经济带生态绿色发展基金""省级土壤污染防治基金"等。

（2）饮用水源地保护

《长江保护修复攻坚战行动计划》等文件作出了详细规定，要求多措并举，实施从水源地到水龙头的全过程控制，健全农村集中式饮用水水源保护区生态环境监管制度，加强饮用水源信息公开。

（3）林草资源提升和保护修复

《湖北省天然林保护条例》《湖北省林业有害生物防治条例》等法律法规，要求全省建立全面保护、系统恢复、用途管控、权责明确的天然林保护修复制度体系。对林草资源实行分级保护，坚持政府主导、社会参与，鼓励和引导社会组织和公众力量参加造林绿化和生态修复。

（4）水土流失和土地荒漠化治理

全省要求通过建设生态工程实现综合治理。同时划分生态保护红线六大分区，分区分类地对水土流失和土地荒漠化进行综合整治。要求在 2025 年年底前，新增水土流失治理面积 8 000 平方千米。

（5）耕地质量监管

坚持政府主导、科学规划、用养结合、综合治理、严格监管、永续利用的原则，落实最严格的耕地保护监管制度。《湖北省推进国土空间规划体系建立并监督实施方案》《省人民政府关于推进自然资源节约集约高效利用的实施意见》等文件要求建立耕地和永久基本农田动态监测预警机制、"耕地保护红黄牌"制度、制定分级分类管控办法、探索建立农用地安全利用技术库和农作物种植推荐清单等。

（6）河湖湿地保护修复

根据《湖北省湿地保护修复制度实施方案》，到 2020 年，全省湿地面积不低于 144.5 万公顷，自然湿地不低于 76.42 万公顷，湿地保护率提高到 55％以上；新增湿地 1.33 万公顷；全省重要水功能区水质达标率提高到 80％以上，全省自然岸线保有率不低于 55％，全省水鸟种类不低于 112 种。具体措施包括湿地保护红线管控、建设退耕还湿退田还湿工程、建设人工湿地保护修复工程等。

（7）农业种质资源保护

《关于加强农业种质资源保护与利用的实施意见》指出种质资源保护的主要任务有开展种质资源调查收集、建立健全种质资源鉴定评价体系、有机衔接的农业种质资源保护机制，具体包括设定自然保护区域、建设生态保护园、建设省级种畜禽遗传资源基因库等。

（8）防范外来物种入侵

《湖北省推进农业农村现代化"十四五"规划》《湖北省农业可持续发展规划》等明确了主要责任在于引进主体和监管主体，引进主体负有报备义务，应当主动提供引进物种环境影响风险评估报告，并主动申请审批；监管主体应当持续观察监测，避免危害发生或及时减轻、消除危害；同时，还要建立农业外来入侵生物监测预警体系，从技术上严防外来物种入侵。

3. 加强农业面源污染防治

（1）推进化肥农药减量增效

作为农业生产过程中最主要的农业投入品，化肥农药对农业生态和土地环境的影响主要在于两方面：一是化肥农药本身的滥用，二是不可降解的化肥农药包装废弃物被随意丢弃。后者的政策要点与实施要点同农业薄膜的回收处理基本一致，所以在此仅阐述防治化肥农药滥用的相关要点。为了防治滥用化肥农药，湖北省从禁止滥用和鼓励善用两个方面作出了规定。

一是禁止滥用不符合标准的化肥农药。省级地方性法规中已经出台了一系列禁止性条款。如《湖北省土壤污染防治条例》第四十条、《湖北省乡村振兴促进条例》第二十九条，严格限制对农业生态和土地有严重影响的化肥农药的使用。二是鼓励善用新型化肥农药。《湖北省土壤污染防治条例》第四十一条第一款和第二款分别对应了增效和减量的总体目标要求。《省农业农村厅关于印发2021年化肥减量增效实施方案》等文件指出了具体的实施路径，主要包括：施肥方式转变，通过改善施肥的方法技术和转变施肥主体以提高化肥农药的使用效率；施肥结构优化，推行化肥农药"处方制"，提高肥料使用效率；施肥管理创新，发挥新型经营主体示范引领作用；加强绿色防控，发展油菜绿肥，推广有机肥等化肥农药替代品，通过绿色防控手段替代化学防治方式。

除此之外，部分市（县）还创新性提出了一些化肥农药减量增效措施。如《荆州市种植业农业面源污染综合防治技术》提出农田原位阻控：积极推广作物氮磷高效利用品种，提高肥料养分的当季利用率；通过各种农艺或工程措施，将肥料养分固持在农田中，阻止其流失或损失，供当季或下一季作物利用。

（2）促进农业废弃物资源化利用

第一，推进秸秆综合利用。根据《省农业农村厅印发湖北省2021年农作物秸秆综合利用工作实施方案》等文件，推进秸秆综合利用主要包括：一是资源管理和体系建设，以县为单位建立秸秆资源台账，搭建国家、省、市、县四级秸秆资源数据平台；开展秸秆收储运体系建设，发展秸秆收储运社会化服务组织，实现秸秆收储运的专业化和市场化。二是"五化"综合利用，包括能源化、饲料化、基料化、原料化、肥料化利用。三是政策扶持，采取措施鼓励规模化种植大户、秸秆综合利用企业等市场主体积极承担回收利用责任。

根据省级层面出台的文件，各市（县）也因地制宜制定了相关方案。如《江陵县农业面源污染综合防治实施方案》提出，加大秸秆还田农机装备水平，着重发展秸秆还田技术。荆门市以地方性法规的形式特色性地提出秸秆燃料化利用。《黄冈市黄州区农作物秸秆综合利用重点区项目实施方案》将秸秆的综合利用和粪污治理结合起来，侧重于秸秆沼气化利用和燃料化利用。

第二，推进畜禽粪污无害化资源化处理。畜禽养殖具有集中化规模化的特点，因此针对畜禽粪污的防治措施主要集中在无害化处理和资源化利用上。在坚持无害化处理方面，要求畜禽养殖主体严格落实畜禽养殖环评制度，对未依法进行环境影响评价的畜禽规模养殖场予以处罚；要求建设相应的无害化处理设施；要求对粪污废弃物进行无害化处理，达到标准后方可排放。在推进资源化处理方面，湖北省出台了《绿色种养循环农业试点工作实施方案》《加强畜禽养殖废弃物资源化利用工作的通知》等政策文件，从责任上可划分为管理主体和养殖主体。

对于管理主体，主要包括：制定畜禽养殖废弃物资源化利用实施方案，结合实际，统筹考虑畜牧养殖生产布局；完善畜禽养殖污染监管，实施畜禽规模养殖场分类管理，将无害化还田利用量作为统计污染物削减量的重要依据；建立政府引导吸引社会资本参与机制，吸引社会资本投入，形成工作合力；构建"养-服-种"全链条粪肥还田运行服务机制，探索"花钱买机制"工作运行体系，确保三方受益，形成良性循环；构建种养循环发展机制，推动建立有机废弃物收集、转化、利用网络体系，构建可持续的商业运行机制。

对于养殖主体，主要包括：加快畜牧业转型升级，发展生态养殖，推动生产方式转变；拓宽粪肥还田渠道，合理选择还田技术，协同推进畜禽粪肥还田化肥减量增效；落实规模养殖场主体责任，明确畜禽规模养殖场是养殖废弃物资源化利用的责任主体；构建粪肥还田全过程可追溯运行监管机制，加强台账信息化管理，实现粪肥来源清楚、去向可查；严格控制粪肥还田质量，养殖场、社会化服务主体严格按照标准进行无害化处理和腐熟堆沤，严把还田粪肥质量关。

（3）推进塑料农膜污染治理

农业薄膜对土壤的影响主要在于薄膜本身对土壤的污染和薄膜容易四处散落的特性导致难以回收。与薄膜治理相关的政策文件也主要集中在薄膜标准和质量控制与健全薄膜回收体系两方面。

一是薄膜标准和质量控制。主要是普及标准地膜和推广新型地膜。对农用地薄膜生产企业要求实施标准化生产，加强新型薄膜研发；对农业生产者要求不使用不符合标准的薄膜，鼓励使用新型可降解地膜。《湖北省到2020年农作物秸秆、畜禽粪便、农田残膜基本资源化利用行动方案》提出，"到2020年，全省严禁生产和使用厚度0.01毫米以下地膜，严格规定地膜厚度和拉伸强度，从源头保证农田残膜可回收。"

二是健全薄膜回收体系。由于薄膜和化肥农药包装废弃物同属塑料制品，往往将两者一并无害化处理，在回收程序上也基本一致。从主体上看，《湖北省农业生态环境保护条例》规定农业生产经营者负有不可随意丢弃的义务，县级以上政府应当组织回收并利用处理。许多地方市（县）也有相应规定，如武汉市提出要发挥现有再生资源回收利用中心的作用，试点执行"谁生产、谁回收"的地膜生产者延伸制度。从内容上看，依照《加强农药包装废弃物回收处理监督管理工作的意见》《湖北省农业可持续发展规划》等文件，可根据回收流程分为回收、暂存、转运、处理四个阶段。在回收阶段，重点在于强调薄膜和化肥农药废弃物不得随意丢弃。要求发动农药使用者及时收集农药包装废弃物并交送回收点，落实农药生产者和经营者回收主体责任与义务。在暂存阶段，重点在于建设回收暂存站点。要求合理布局、科学选建、加强管理。在转运阶段，重点在于信息台账和数字化、信息化管理体系建设，确保物账一致。在处理阶段，重点在于资源化利用和无害化处理。需坚持"风险可控、定点定向、全程追溯"原则，防止危害人体健康。

另外，要大力推广地膜无害化处理与资源化利用技术模式，包括多次循环利用技术、农膜回收熔融再生技术、全生物可降解地膜示范技术等。

(二) 推进农村人居环境整治

1. 推进农村垃圾治理

(1) 完善农村生活垃圾分类处理体系

农村生活垃圾的分类处理能够从源头上有效减少垃圾量，并承接无害化处理及回收利用。湖北省对于垃圾分类处理出台了相关政策文件：在省级地方性法规中鼓励建立垃圾分类处理体系，但当前省级文件中对于农村垃圾分类的要求较为宽泛，未给出具体的实施要求和方法。市（县）级文件则对农村生活垃圾分类提出了具体要求，进行了明确划分，以便对不同类型的垃圾给出相应的处理方法。

(2) 推进农村生活垃圾资源化利用

可回收垃圾的回收利用能够有效减少垃圾量，也能促进资源及经济的循环发展，省级文件中较为细致地提出了对农村生活垃圾回收利用的实施要求。农村生活垃圾经过分类后，废土、废砖、废石、废陶瓷、水泥块、煤渣等垃圾可直接就近进行填埋，当前政策文件中对其的提及较少。而对于有害垃圾的无害化处理虽然较多文件提及，但相关规定较为笼统，缺乏细致的实施要点。湖北省的政策文件在农村生活垃圾问题方面主要关注的是对易腐垃圾进行资源化利用、完善可回收垃圾的回收利用网络。

(3) 完善农村生活垃圾长效收运处置体系

建立农村生活垃圾收运处置体系是农村人居环境治理较早确定的目标，该体系的建立健全是后续生活垃圾分类与处理的基础。湖北省的人居环境治理相关文件中大多提及农村生活垃圾收运处置体系建设，但都较为简略，部分县域文件对垃圾收运处置体系则进行了较详细的规定，如《梅家河乡农村生活垃圾处理实施方案》规定了不同的垃圾收运处理模式，因地制宜建设农村生活垃圾收运处置体系，并要求通过县域或乡镇文件具体落实到各村。

2. 推进农村污水治理

(1) 因地制宜推广适宜的生活污水处理模式

农村生活污水处理根据地形、人口、经济条件等因素，不能搞一刀切，湖北省人居环境相关文件均根据国家政策文件提出要因地制宜选择合适的污水处理模式。省级政策文件对生活污水处理的要求是以资源化利用为主，无害化处理后排放为辅，鼓励村内污水以大三格与小三格为主要处理模式，并推进城镇污水管网向附近村镇覆盖。市（县）级文件中则对村镇农村生活污水处理模式进行了更明确的划分来指导农村生活污水处理。

（2）推进农村生活污水处理设施建设

从湖北省相关政策文件来看，对农村生活污水处理设施建设的规定主要集中于两点，一是对临近乡镇的村庄推动乡镇污水管网延伸覆盖，二是对人口集中或经济条件较好的村庄建设和规范农村生活污水收集管网和处理设施。对于乡镇污水管网的延伸覆盖多数文件均提及，但未给出相关实施措施。对乡镇污水管网的建设与维护在省级文件有所体现，如《省人民政府办公厅关于改善农村人居环境的实施意见》中，对位于城镇污水处理厂服务范围以外的村庄与散居村庄分别给出了建议意见。

（3）完善责任监督体系

湖北省文件中对农村生活污水处理的责任落实与监督体系并未给出直接的表述，其要点为河长制与湖长制的责任体系向农村延伸，例如《农村人居环境整治三年行动方案》中"将农村水环境治理纳入河长制、湖长制管理"的提法。在后续"十四五"期间的文件中则以"实施河湖水系综合整治，加快河湖长制向村级延伸"的表述出现。在农村生活污水处理设施的管理文件中存在更明确的责任划分，如《湖北省农村生活污水处理设施运行维护管理办法》，规定了乡镇与村级组织对生活污水处理设施负有的责任，对责任主体以及政府进行实绩考核，以及对第三方污水处理设施运维单位的监督等。

（4）建立长效管护运行机制

对人居环境问题的治理不仅要看一时的成果，也要注重长远的运行维护。对长效管护机制建立的政策规定主要在运维主体的监督、资金的长效维持等方面。例如《湖北省乡村振兴促进条例》规定"推行环境治理依效付费制度，健全服务绩效评价考核机制"，前者是对资金长效投入的保障措施，而后者是对运维主体的监督考核要求。《湖北省农村生活污水处理设施运行维护管理办法》还提出对运维主体加强培训以达到长效管护效果的政策要求以及对人民政府在资金长效投入方面责任的要求。

3. 推进农村厕所革命

目前厕所革命已开展多年，并取得一定的成果。目前政策文件主要要求深入推进厕所革命，总结先前工作经验，将新建厕所的粪污问题与生活污水处理体系衔接，以及完善农村公厕的管理长效机制。

（1）因地制宜选择改厕模式

改厕模式的合理选择决定着厕所革命工作的成效。在人居环境相关文件中多以"深化农村改厕"或"深化推进农村厕所革命工作"的提法表述厕所革命的要求，并提出因地制宜选择改厕模式。在厕所革命专门的行动方案或计划中有更明确的政策要求，如《湖北省"厕所革命"农村无害化厕所建造技术指南》具体给出了湖北省推行的可选择的几种改厕模式，对于不同条件的地区具体的改厕模式选择也给出了具体方案。由此可见省级政策文件的要点在于明确不同条件下因地制宜选择改厕模式，落实厕所革命的工作实效。

（2）推进厕所粪污与生活污水治理衔接

从厕所模式的选择上可以看出湖北省选择的均为无害化水冲厕所，因此粪污处理与生活污水处理工作存在很大的重合。省级文件对此有较多的规定，如《湖北省乡村振兴促进条例》《湖北省"厕所革命"三年攻坚行动计划》中，将政策要点集中在推进建设经济适用、生态环保的无害化厕所，扩大无害化厕所的覆盖度，加强改厕与乡村生活污水处理的有效衔接，推进厕所粪污无害化处理和资源化利用，提高污水资源化、无害化、减量化治理水平。

（3）引入考核监督机制和巩固改厕成果

当前阶段性的厕所革命工作已基本完成，下阶段的工作重点是巩固当前农村厕所革命成果，并建立管护长效机制，以及深入推进厕所革命，将厕所革命工作从"建起来"发展到"用起来、美起来"。具体文件如《湖北省"厕所革命"三年攻坚行动计划》中明确提出了要推进"五个一批"工程，整村推进农村户用厕所建改。市（县）级的政策文件以省级文件提出的"五个一批"工程为基础，具体落实为"五大攻坚行动"和农村改厕"回头看"，如咸宁市在市域开展"三通三有"公厕建设。

4. 推进村容村貌建设

乡村村容村貌提升是人居环境治理中较为复杂的工作，在省级文件乃至国家人居环境治理相关文件中对村容村貌问题所涉范围都不尽相同。在此主要以省级文件规划中对村容村貌相关要点进行分类列举，并归纳分析政策实施要点。

（1）有序推进庭院整治

庭院整治行动在乡村振兴、农业农村工作中也有所提及，例如规定"持续推进村庄绿化、庭院整治"，而具体实施要点集中在《湖北省农村人居环境整治三年行动计划》，将庭院整治分为了两个部分，第一部分是对乱搭乱建、乱堆乱放、乱拉乱接现象整治，首先达到庭院内外整体整洁有序；第二部分是在整洁的基础上与村庄绿化行动相结合，在文件中的具体要求为："整治公共空间和庭院环境，消除私搭乱建、乱堆乱放。推进村庄绿化……深入开展城乡环境卫生整洁行动"。

（2）村庄公共环境清理

村庄公共环境清理工作在湖北省政策文件中体现在农村电力线、通信线、广播电视线"三线"整治问题，以及对积存垃圾、残垣断壁等清理问题的村庄清洁行动上。村庄清洁行动的要点是针对农村的公共环境，要全面清理存积垃圾堆、农业废弃物等，以及拆除没有保留价值的村庄废弃建造物。在县级实施文件如《建始县农村人居环境整治三年行动实施方案》中也未进行更详细的规定，仅以"坚决消除私搭乱建、乱堆乱放的现象，全面推进卫生县城、卫生乡镇创建工作"进行描述。

（3）提升乡村风貌建设

乡村风貌建设工作的意义在于将农村人居环境治理工作从整治、清理，深入推进到美观、文化特色的层面。政策的要点为改善原有农房与修建具有乡村风貌的新农房两方面，还包含村庄清理和水体清理。湖北省政策文件对乡村风貌提升与文化传承较重视，将其与村容村貌其他问题分开进行规定，具体的描述如《恩施州改善农村人居环境实施方案》中规定注重传承优秀历史文化，体现地方文化特色的镇村建筑风貌。而在《建始县农村人居环境整治三年行动实施方案》中，具体提到了要推广符合湖北省风格的建筑风格："积极推广'荆楚派'建筑风格，塑造具有民族特色的农村建筑风貌。"

综上，湖北省农业生态建设和人居环境治理政策在制定过程中，通常是以国家相关政策为根本指导，并根据地方特色对政策进行具体化，市、县两级的政策有时是在省级政策的基础上更加具体化。所以，从政策的具体化和可操作性来说，湖北省、市、县三级相关政策通常而言符合湖北地方特色，并具有一定可操作性。当然，很多政策也要求因地制宜，对不同情况采取不同政策，这就需要政策执行者具有一定的解决多种问题的智慧，对基层工作人员要求较高。当然，如果基层工作人员遇到政策描述情形中比较复杂或者需要长期承担人力和费用的实务，也不一定能够顺利执行，这也可能导致政策虚化。

二、湖北强化农业生态建设和农村人居环境整治的主要成效

农业生态和农村人居环境关系到社会经济的永续发展。我国乡村占有最广大的地理区域，为中国领土面积的 90% 以上，拥有最多的人口，占中国总人口的 70% 以上。乡村的生态系统是国家生态系统的主要构成部分，乡村生态环境质量关系国家整体环境状况。乡村不仅为全体国民提供了生态环境，还提供了食物及各种生态产品。近年来，湖北省不断强化农业生态建设和农村人居环境整治，取得了显著成效。

（一）农业生态建设效果明显

1. 生态环境明显改善

调研数据显示，农民对于农业生态建设的效果普遍持较高的评价。从近几年当地生态环境变化来看，认为当地生态环境明显改善的受访者占 32%，认为有些改善的占 49%，认为没有明显变化的占 12%。在生态修复保护工程实施效果方面，非常满意的占 16%，满意的占 46%，认为效果一般的占 27%。在矿山生态修复效果满意度评价方面，非常满意的占 10%，满意的占 32%，

认为效果一般的占 46%。在饮用水源地保护效果满意度评价方面，非常满意的占 16%，满意的占 48%，认为效果一般的占 28%。在林草资源提升效果满意度评价方面，非常满意的占 13%，满意的占 41%，认为效果一般的占 38%。在水土流失综合防治效果满意度评价方面，非常满意的占 14%，满意的占 40%，认为效果一般的占 36%。在耕地质量监管效果满意度评价方面，非常满意的占 16%，满意的占 40%，认为效果一般的占 34%。在河湖湿地保护修复效果满意度评价方面，非常满意的占 14%，满意的占 41%，认为效果一般的占 36%。在生物多样性保护效果满意度评价方面，非常满意的占 14%，满意的占 39%，认为效果一般的占 37%。在以上评价中，无论是对总体生态环境评价，还是对某一方面的生态环境评价，除了矿山生态修复满意度评价外，满意以上的评价都超过半数。总的来说，湖北农民直接感受到了生态环境的改善，同时也说明乡村振兴战略实施过程中推进乡村生态振兴取得了相当好的效果。

2. 绿色化肥农药逐步推广

化肥农药减量增效是构建绿色种植制度的重要组成部分，湖北省为了防治滥用化肥农药，从禁止滥用和鼓励善用两个方面进行规制。在禁止滥用不符合标准的化肥农药方面，省级地方性法规已经出台了一系列禁止性条款，要求严禁生产销售不达标化肥农药，并规定了处罚措施。在鼓励善用方面，为了达到减量和增效的目的，采取的措施主要是推广新型化肥农药，同时在施肥方式、施肥结构、施肥管理等方面进行改革，提高化肥农药使用效率。

调研数据显示，施用绿色新型化肥农药的比例虽少，但其效果较为明显。在使用绿色化肥方面，使用有机肥占绿色化肥使用者的 27.5%，其中认为效果非常好的占 18%，认为效果较好的占 60.2%，认为效果一般的占 18%。使用测土配方肥的仅占被调查对象的 4.9%，但是认为效果非常好的占 19%，认为效果较好的占 64.9%，认为效果一般的占 16.2%。在使用新型农药方面，使用者虽仅占被调查对象的 13.8%，但是认为效果非常好的占 21.6%；认为效果较好的占 55.7%，认为效果一般的占 19.8%。所以，如何积极促进农民使用绿色新型的化肥农药，依然是化肥农药减量增效政策提升的关键。

3. 秸秆综合利用稳步推进

在严禁私自焚烧秸秆方面，政策执行到位。调查数据显示，在村庄针对秸秆焚烧的管理是否严格的问题上，认为对秸秆焚烧管理严格的占 94％。这主要是政府采用多种技术手段和制定严格的法律法规对焚烧秸秆的行为进行监管，通过宣传农民普遍能够认识到秸秆焚烧的违法性和严重后果。在如何处理秸秆的问题上，将秸秆进行综合利用的占 91.4％，将秸秆焚烧或作为柴火使用的仅占 8.6％。这也说明湖北相继出台关于秸秆资源管理和体系建设的规定，以及关于"五化"综合利用的规定和相关政策获得落实。

4. 塑料薄膜污染防控有序进行

在控制塑料薄膜造成白色污染方面，主要政策是推广可降解地膜，要求到2020 年，全省严禁生产和使用厚度 0.01 毫米以下地膜，农田残膜回收率达80％以上，并在适宜区域逐步示范推广全生物可降解地膜。同时提出将修订地膜使用标准，严格规定地膜厚度和拉伸强度，从源头保证农田残膜可回收。武汉市提出要发挥现有再生资源回收利用中心的作用，试点执行"谁生产、谁回收"的地膜生产者延伸制度。

5. 畜禽粪污处理逐步规范

大规模养殖场和集中养殖点畜禽粪污处理较为规范，畜禽粪便污染的防治措施主要集中在无害化处理和资源化利用上。对 20 个养殖场的调研结果显示，在养殖场选址是否在限制区域问题上，处于限制区域以内和限制区域以外的养殖场各占一半。在养殖场是否进行环保审批问题上，没有进行环保审批的养殖场占 15％，进行了环保审批的养殖场占 85％。在养殖场粪污是如何处理的问题上，将畜禽粪污随意排放的养殖场仅占 10％，将畜禽粪污进行资源化利用的占 85％，以其他方式处理畜禽粪污的占 5％。总的来说，规模养殖业的污染处理比较规范。

（二）农村人居环境整治成效显著

1. 垃圾集中处理全面落实

在垃圾集中处理问题上，分类处理的占 24％，集中处理但是不分类占 74％，两者占总数的 98％。这说明湖北要求农村垃圾集中处理，这一要求基本达成。目前农村各地的垃圾集中、转运以及处理的费用基本上由政府财政支出，同时政府还组织了相关的清洁检查活动。在垃圾集中投放点的问题上，有垃圾集中投放点的占 94％，无垃圾集中投放点的仅占 6％，有专人负责清运生活垃圾的占 98％。而且，表示垃圾清运过程不存在问题的占比达到 80％。明显可以看出目前在垃圾的集中与清运工作方面政策落实扎实，基本达到了垃圾集中处理清运的全覆盖。

2. 农村生活污水治理得到加强

农民对于村庄周边的水体污染状况认可度较好，39％的村民认为没有污染，34％的人认为污染较轻，17％的人认为污染情况一般，认为污染比较严重和非常严重的仅占 8％和 2％，由此可以明显看出当前农村整体水体污染治理得较好。至于农村生活污水排放方面，在污水排放渠道问题上，通过自家修建与统一修建排水设施的占 89％，随意倾倒的占 11％。生活污水治理的长效机制方面，认为本地区污水处理工作不存在问题的占 51.6％。

3. 无害化厕所改造稳步推进

无害化厕所改造政策普遍获得执行。在对村庄是否进行厕所改造以及改厕模式的调查中，91％的数据表示进行了改厕。改厕模式中，统一为村民修建新厕所的占 58％，修建公共厕所的占 18％，同时使用这两种模式的占 10％，其他模式的占 5％。农户是否参加了厕所改造以及未改造原因的调查中，参与了厕所改造的占 73％，未参与改造的占 27％。未参与改造的农户中有 17％已经安装冲水式卫生厕所无须改造，4％认为没有必要建设新厕所，2％的人认为没有地方进行改造扩建，2％的人提供的信息为担心有额外的费用，还有 2％提出其他问题。这其中认为改造后的厕具质量不好或施工不规范的不到 0.5%。在推进无害化厕所改造方面，使用家庭冲水式卫生厕所的占 90%，使用家庭旱厕的占 8%，使用村庄公共旱厕和使用村庄公共冲水式卫生厕所均仅占总数的 1%。这说明无害化厕所改造任务完成，并且基本为冲水式卫生厕所。

4. 村容村貌整体得到提升

在对"本村是否有改善村容村貌的相关活动"问题的回答上，认为进行了改善村容村貌相关活动的占 94%，表示无相关活动的占 6%。可见村容村貌提升行动已经基本覆盖全省，各市（县）对于人居环境整治三年行动中对于村容村貌提升要求都有落实。在对"村民房屋建设是否有统一要求"问题的回答上，无统一要求的占 63%，有统一要求的占 37%。在对"村内是否规划统一搬迁"问题的回答上，未规定统一搬迁的占 83%，提出规定统一搬迁的占 17%，这说明村庄建设规划中注重尊重农民自主建设房屋。在"美丽庭院"等类似评选活动的调查上，有美丽庭院等评选活动的占 51%，无类似评选活动的占 49%。此类活动有利于促进村民在村容村貌建设中的积极性。总的来说，农村村容村貌整体提升已经形成了广范围的覆盖，相关政策得到了较好的落实，并且在尊重农民自主建设的基础上贯彻了国家对村容村貌建设要体现乡村特色的方针。

三、湖北强化农业生态建设和农村人居环境整治的突出问题

党的十九大报告指出，我国社会主要矛盾已经转化为人民日益增长的美好生活需要和不平衡不充分的发展之间的矛盾。主要矛盾的转化必然带来政策法规制定与实施的转变。在实践中，地方政府多将环境政策作为争夺资本和劳动力的一种辅助手段，而不是解决本地区环境问题，提高公共环境质量。从环境质量公报数据来看，我国环境质量依然尚未实现根本性好转，当前湖北省农业生态建设和农村人居环境整治仍存在短板弱项需要补足和强化。

（一）农业生态环境建设存在短板

1. 生态保护修复政策宣传不足

课题组针对农民有关生态保护修复方面政策的认知情况进行了调查，具体涉及生态保护修复、矿山生态修复、林草资源提升、水土流失综合防治、土地荒漠化治理、耕地质量监管、河湖湿地保护修复和生物多样性保护等方面的政策。调研数据显示，针对以上每个类别的相关政策，表示很不了解的农户占比为四成左右，一般了解的农户仅占二成，表示了解的农户不到一成。这说明，村民对于生态环境保护修复相关政策的内容以及实施情况了解程度低的占多数。特别是对于专业程度较高的矿山、林草、水源地、水土流失、生物多样性保护等具体生态保护领域的相关政策，农民了解更少。由于信息掌握不足，农民参与生态环境保护修复的积极性与主动性不高。

2. 绿色化肥农药施用比例较低

化肥农药减量增效的整体落实效果有待提升，大部分农民为实现粮食丰收，通常使用传统化肥农药。在施用量方面，大多数农民并没有减少相关化肥农药的施用量，绿色新型化肥农药的施用比例低。调研数据显示，没有实施过减少化肥施用措施的农户占 74.8%，没有实施过减少农药施用措施的农户占 70.1%。对于传统化肥的效果，认为效果非常好的农户占 15.6%；认为效果较好的占 63.8%；认为效果一般的占 18%。对于传统化学农药的效果，认为效果非常好的占 19.2%；认为效果较好的占 63.6%；认为效果一般的占 15.7%。这说明，很多农民依然认为传统的化肥农药有保证，如果没有一定的驱动力，很难作出改变。

3. 秸秆综合利用效益不高

调查数据显示，对秸秆进行综合利用的农户占比为 91.4%，秸秆综合利用政策执行率较高。但是，秸秆综合利用的途径有待扩展，利用效果有待提升。在综合利用方式方面，秸秆还田肥料化利用的农户占 93.1%，这是目前最主要的综合利用方式，且 59％ 的农户采取的是秸秆粉碎翻压还田的方式，经济效益较低。有必要探索经济效益更高的秸秆综合利用方式，例如秸秆饲料化利用等。

4. 塑料薄膜回收利用有待强化

塑料薄膜是应用广泛的农业投入品，如何妥善回收处理农业薄膜是避免白色污染的重点问题。从废弃薄膜的处理方式来看，调查数据显示，将薄膜送至回收站点回收利用的占有效回答数的 30％。在废弃薄膜的处理方式上，将薄膜作为生活垃圾丢弃至垃圾桶的农户占比为 46.9％，将薄膜直接堆放在田间地头的农户占 13.5％，将薄膜自行掩埋的农户占 7.2％，将废弃薄膜自行焚烧的农户占 6.5％。在废弃薄膜的回收处理障碍问题上，认为回收薄膜费时费力的农户占比为 38％，认为地膜过薄难以回收的占 21％，认为废弃薄膜不影响耕地质量而不需要回收的占 12％。这说明，全省对废弃薄膜回收处理利用的要求显然没有达到政策目标，农户作为落实回收主体的责任与义务未被履行。

5. 家庭畜禽养殖粪污规范处理不足

从畜禽养殖粪污处理方式来看，将畜禽粪污直接排放在田间地头的农户占比为 44％，将畜禽粪污排放至厕所化粪池的农户占 21％，将畜禽粪污作为农家肥或饲料使用的农户占 28％。这说明，养殖户对畜禽粪污处理方式基本没有规范，未经处理直接排放畜禽粪污比较常见，未能实现无害化处理。

6. 绿色种植进程缓慢

绿色种植制度是通过调整种植结构，合理利用土地资源，降低农药等有害物质残留，确保农产品优质健康的绿色生产方式。根据调研数据，湖北省绿色种植发展比较缓慢。在耕作方式上，未实施过免耕少耕的农户占比为 91％，未实施过深耕深松的农户占 79％，未实施过间作套种的农户占 85％，未实施过轮作的农户占 66％，未实施轮作休耕制度的农户占 66％。从田间生态设施建设情况来看，湖北省的建设重点在于田间道路建设和水利工程建设，分别占比 48％ 和 43％；而农田防护林建设仅占 9％，农田多样性恢复工程在全省则几乎没有实施。

（二）农村人居环境整治有待加强

1. 垃圾分类设施与制度薄弱

湖北省农村垃圾分类设施设置较为薄弱且缺乏相应监督机制，超过半数（53%）农村未设置垃圾分类设施，60%的受访农户认为所处村庄不存在对垃圾分类工作的监督。在对垃圾分类进行奖惩激励方面，57%的农户认为不进行垃圾分类无任何后果，表示会被批评教育或警告的农户占32%，表示会被罚款、被取消评选的荣誉、被减少或取消各种补贴或分红以及其他方式的占11%。从进行垃圾分类的障碍来看，40%的农户认为垃圾分类太过麻烦，33%的农户因环保意识薄弱而不愿意分类，28%的农户因缺乏垃圾分类知识而未能实施垃圾分类，11%的农户认为自己对垃圾分类处理后得不到妥善处理。这说明，垃圾分类困难一方面是由于基础分类设施不足造成，但更为重要的是村民的主观意愿，觉得垃圾分类比较烦琐而不愿意分类。从垃圾转运中存在的问题来看，20%的农户认为存在垃圾清运不及时、清运垃圾不干净、清运垃圾有撒漏、清运车速度太快、清运时噪声太大等问题。

2. 农村生活污水处理缺乏规范

湖北省农村生活污水集中处理率较低。调研数据显示，通过排水设施将污水排到污水处理厂仅占36%，大部分农户将生活污水直接排放至周边土地和临近河道。从监管方面来看，湖北省对农村生活污水排放的监管力度较弱，58%的农户认为随意排放生活污水没有后果。

3. 厕改持续维护工作有待跟进

如何降低使用成本和提高质量是湖北厕改亟待解决的难题，调研数据显示，27%的农户认为改造后的厕所耗水量太大，25%的农户认为测试施工不规范、安装不达标，23%的农户认为修建成本太高，21%的农户认为厕改后维护费用太高，18%的农户认为厕所设施质量差，16%的农户认为改后厕所在冬天由于冰冻而无法使用。

4. 村容村貌提升亟须配套支持

湖北省农村居民对于村容村貌提升的主人翁意识不足，调研数据显示，70%的农户认为村容村貌提升的主体是政府和村委，仅有24%的农户认为垃圾处理的主体是村民，21%的农户认为厕所治理的主体是村民，12%的农户认为生活污水处理的主体是村民。然而，《农村人居环境整治三年行动方案》明确提出要坚持村民主体地位，尊重村民意愿，要求明确农民维护公共环境责任，庭院内部、房前屋后环境整治由农户自己负责；村内公共空间整治以村民自治组织或村集体经济组织为主，主要由农民投工投劳解决，鼓励农民和村集体经济组织全程参与农村环境整治规划、建设、运营、管理。因此，湖北省农村居民对村容村貌的责任意识有待进一步强化。

四、湖北强化农业生态建设和农村人居环境整治的对策建议

2018年中央1号文件明确指出，到2020年，"农村人居环境明显改善，美丽宜居乡村建设扎实推进""农村生态环境明显好转"；到2035年，"农村生态环境根本好转，美丽宜居乡村基本实现"；到2050年，全面实现"农村美"。从短期来看，乡村振兴要求农村生态环境"明显好转"，而从长期来看，农村生态环境应实现"根本好转"。如要实现"明显好转"，或者乃至于"根本好转"，就不能仅仅抑制现有的环境污染和生态破坏而降低环境生态的负荷，而是应尽力促进生态环境的恢复，在降低环境污染和生态破坏负荷基础上，加大生态环境恢复的能力，恢复污染与破坏前的环境。湖北省在全面推进乡村振兴的进程中，针对农业生态建设和人居环境整治仍需持续发力。

(一) 落实城乡生态环境治理统筹机制

我国城乡二元结构一直以来影响着城乡的经济发展，在生态环境保护上也出现相同的问题。农村生态环境并非只是农民的生态环境，农村生态环境与城

市生态环境属于同一个"生态环境共同体"，国家应该加强农村生态环境保护财政的专项支出。如中央财政以"以奖促治"的方式支持农村饮用水水源地保护、生活污水和垃圾处理、畜禽养殖污染和历史遗留的农村工矿污染治理、农业面源污染、土壤污染防治等与改善农村环境密切相关的生态环境综合整治措施。"以奖代补"主要用于农村生态创建示范成果巩固和提高所需的环境污染防治设施或工程，以及环境污染防治设施运行维护支出等，这些都需要中央财政上的转移支持。

同时，通过农村环境综合整治，确保农村集中式饮用水水源地划定水源保护区，在分散式饮用水水源地建设截污设施，加强水质监测，依法取缔保护区内的排污口；采取集中和分散相结合的方式，妥善处理农村生活垃圾和污水，并确保治理设施长效运行和达标排放；通过生产有机肥、还田等方式，规模化畜禽养殖污染得到有效防治，分散养殖户实行人畜分离，养殖废弃物得到综合利用和处理；推广生态农业，建有机食品基地；在污灌区、基本农田等区域，开展污染土壤修复示范工程，保障食品安全。这些仅仅依靠农村的财政收入是不可能实现的，所以在城乡统筹治理机制下，应加强财政对于农业农村生态环境保护专项治理活动的支持。

农业农村生态环境保护在城乡统筹治理机制下必须建立健全长效机制，主要有资金投入和管护两个方面。在资金投入问题上需要强化财政投入，在财政投入的基础上引导社会资金的投入，面对当前已经取得的成就，仍需继续投入足够的资金来填补农业农村生态环境保护的"欠账"。由此，探索新的环境治理依法付费制度成为重点，即探索出合理的政府、组织、农户之间的支出比例。

在城乡统筹机制下，农村的村民也应提高参与生态环境保护的意愿。在环境保护领域，个人参与意愿表现出结构性的错位，即对于与公众切身利益密切相关的环境问题可能会有较高的参与度，而在那些与自己不存在直接利益关系的环境问题上参与意愿似乎并不高。大家都期望拥有良好的自然生态环境，但参与的生态环境保护行为却集中在个人生活空间，表现为与日常生活密切相关的节约用水、环保家具等能迅速带来改善效果并获得直接利益的简单的、浅层的参与行为。所以，不仅要提高直接相关的生态环境保护的参与意识，更要提高与关系周边农业农村生态环境保护相关的参与意识。也只有这样，才能实现农民在生态环境保护中的助推地位。

（二）健全农业农村生态环境治理协同机制

法律和政策是两种重要的社会治理手段，二者应当统筹兼顾，不可偏废。法律具有稳定性、执行力强、权义性的特点，而政策具有特定性、指导性、灵活性的特点。法律和政策区分不明显会导致法律政策互相取代，产生法律政策"等同论"的危险论断，并导致严重后果。强调法律而不重视政策会导致法律滞后，国家治理机械僵化；追求政策而不强调法律则会造成公权扩大，民主法治无法实现。因此，要在法治社会中正确处理好政策与法律之间的互动关系，必须在法治基本原则的整体框架下，注重政策制定的合法化和科学性，将合理化的政策合法化、法律化，发挥好二者在法治建设中的重要作用。

法律和政策本质上都是统治阶级意志的体现，在目的和功能上具有一致性。一方面，政策是立法者和执法者都不能忽视的非正式法源，法律中蕴含着大量政策要素；另一方面，政策必须在法律框架下制定和实施，为法律制度提供了实施细则，这就构成了法律政策协同的前提基础。法律政策的协同包括规则的协同和实施的协同。规则的协同是指法律政策的规则在符合一定条件下的相互转化，主要包括政策法律化和法律政策化。政策法律化突出以权利义务手段保障制度实施，如《中华人民共和国乡村振兴促进法》《中华人民共和国农业法》中的大量内容都来源于历经实践后的成熟政策，这已成为我国重要立法方式。而法律政策化突出以授权性规则要求因地制宜落实制度、贯彻原则，如《中华人民共和国环境保护法》《中华人民共和国土壤污染防治法》中的环境质量标准、按日计罚、土壤污染风险管控和修复等制度都授权了地方政府可以通过政策因地制宜地促进制度落实。

现有的法律法规对于农业生产与生活的污染防治有所规定，但大都比较原则和抽象。以《中华人民共和国水污染防治法》为例，其专门设一节的内容来规定农业和农村水污染防治的法律制度，涵盖了农药、化肥、畜禽、水产、灌溉等内容。如其第48条规定，县级以上地方人民政府农业主管部门和其他有关部门，应当采取措施，指导农业生产者科学、合理地施用化肥和农药，控制化肥和农药的过量使用，防止造成水污染。如果本条能够认真地贯彻执行，对于过度使用农药引起的水污染应该会有所控制。但是如何指导化肥农药使用并没有具体有效的机制，实施、监督等主体责任也没有明确规定。另外，对化肥农药的管理通常偏重于其对人体的安全而忽视对生态环境的安全，重视产品质量、肥力等要素，而忽略了其对环境的影响。所以，应细化农村生产与生活中污染防治的措施规定，制定具有可操作性并能取得一定实效的配套制度。

无论是从本体论的角度定位政策，还是从方法论的角度定位政策，都应当承认政策对法律的影响，只是施加影响的方式不同。因此在农业农村生态环境政策和法律的实施协同问题上，重点应当在于指导性规定的内容如何与法律协同。在实现方式上，宏观政策给予问题导向，法律提供一般性制度工具，同时以具体政策在行政方面填补空白，就可以实现政策与法律的实施协同。在协同内容上，应当表现为体系相互独立，功能相互补充。最重要的是以法律形式确定各方主体权责分配，为政策实现提供制度保障。如化肥农药减量增效方面，由于实践中发现还有很多地方没有推进化肥农药减量增效，因此需要强化基层组织治理义务，将治理责任细致划分到个人或组织而不是笼统地表述为市（县）政府，并将治理效果纳入行政绩效考核指标，推动政策执行。如秸秆综合利用和畜禽粪污治理方面，重点在于将回收利用的质量责任落实到回收利用主体上，即"谁处理谁负责"。同时应当完善制定回收利用标准，避免回收利用缺乏实效流于形式。如薄膜回收方面，重点在于将阶段性责任划分清晰。薄膜质量责任应当归于生产销售者，田地到回收点的回收责任应当归于农户，回收点到处理厂的转运责任应当归于基层政府，转运后的回收责任应当归于第三方处理主体。

（三）完善农业农村生态环境保护自治机制

农业农村生态环境保护自治机制一般是通过自愿或集体合意形成的，如果要保障此类机制有效运行，应该具备一定条件。一是提高农民主体意识。较高的环境保护意识是自治机制生成的主观条件，一般可通过环境教育或者环境活动来提高。根据调查，我国农民的环境维权意愿相当强烈，但环境维权意愿不能完全等于环境保护意识；对此，应该通过多种渠道，促进环境维权意识向环境保护意识的转化。在农村人居环境治理中，各级政府是主要的引导主体，负责统筹协调各项任务，同时农户等主体也是其中不可或缺的力量，应坚持和切实发挥农民主体地位作用。二是环境法律责任应进一步落实。环境法律责任虽是一种事后救济措施，无过失责任、因果关系推定、公益诉讼制度等使得环境法律责任日趋严格化。三是环境保护自治机制生成仍然需要国家规制的保障。

农业农村生态环境保护自治机制应具有一定的利益引导性，同时也可具有一定的强制性。在生态环境保护自治过程中，初期可以以补贴、奖励、荣誉等方式积极引导，逐步培养村民成熟的环境保护意识。在村民能够从农业农村生态环境保护中主动发现价值和实现价值转化的时候，就会自觉地遵守相关规则。当然，对于亟须生态环境保护修复的地方，自治机制应该具有一些强制性制裁措施，如污染特别严重的需要进行生态环境整治的农村区域，或者需要特别保护的农村区域，都需要加入名誉上的"红黑榜"或者行为上增加劳动的强制措施。

当然，对于自愿签订农业农村自治规约的主体，可以是村民、村委会，也可以是乡镇、环境保护社会组织。无论规约的法律属性如何，村民都可以获得互相之间的支持或者援助，并遵守协议内容。当然，除了资金与技术上的援助外，还可以获得政府或环境保护社会组织的环境认证，在其农产品上可以使用相应的绿色标签，表明产品生态品质，实现生态价值。

（四）加大农业农村生态环境综合执法力度

增强农村生态环境部门的行政执法能力，是农业农村相关生态环境法律政策贯彻落实的重要力量保障。生态环境保护执法是为应对环境问题恶化而产生的一个新兴执法种类，涉及多个部门，其人员不足与能力不强具有一定的历史原因，人员的增加和执法协同机制成熟也会存在一个过程。面对农业农村复杂的生态环境执法工作，对工作人员的教育和培训显得尤为重要，事关能否为环境行政执法提供坚实的事实依据和法律依据，这些都有赖于工作人员素质的提高和综合执法机制的完善。

在生态环境执法过程中，环境行政权力自身缺陷、需要其他部门协同而产生的制约、地方政府认知都是生态环境综合执法问题的根源所在。生态环境问题并非单一环境利用行为而产生，相应的环境对策也非仅在事后救济对策那么简单。它需要行政机关以全新的风险预防理念为指导，以保护农民环境权益和合理开发利用农业资源为目的，在对各类不同环境利用行为的决策中正确地处理经济发展和环境保护的关系。这些因素和关系的处理，导致以生态环境保护部门为主的生态环境综合执法，特别是乡镇基层政府的生态环境执法面临重重障碍。

欲破解此类生态环境执法难题，根本还是在于掌握生态环境执法的特点和性质。生态环境执法同环境问题的特点紧密相连，具有综合性、广泛性和科学技术性。生态环境执法中重要的是从宏观的角度确定生态环境行政的目标，使用包括管制在内的各种综合性政策手段以达到该目标。此目标的制定和实现不可能是作为政府的一个部门的事项，而应该是具有综合决策权力、管理地方全部事务的地方人民政府。对此曾有人归纳：环保是老大难，但是"老大"（即各省、市、县的一把手）一抓就不难了。生态环境执法问题的根源可以说在于总体决策上。如是否发展养殖业，或者发展某种种植业的时候，如果考虑到生态环境保护的要求，考虑到本地区的环境容量和生态系统，则其后的生态环境执法应该会顺利得多，不会像现在这样举步维艰。

第八章

强化乡村振兴人才科技资金要素支撑

党的十九大以来，党和国家围绕强化乡村振兴人才和科技支撑、资金投入保障出台了一系列政策文件，为深入实施乡村振兴战略提供了有力的政策支撑。本部分旨在梳理与乡村振兴有关的人才、科技、资金投入等支撑政策，结合湖北省乡村振兴调研数据，分析相关政策实施效果，为推进乡村振兴战略落实落地提供借鉴。

一、强化乡村振兴人才支撑

（一）湖北强化人才支撑的政策措施

乡村振兴，人才是关键。习近平总书记强调，人才振兴是乡村振兴的基础，要创新乡村人才工作体制机制，充分激发乡村现有人才活力，把更多城市人才引向乡村创新创业。为贯彻习近平总书记重要指示，党中央、国务院和湖北省先后出台了一系列强化乡村人才支撑的政策措施（表8-1）。湖北省委、省政府印发的《关于推进乡村振兴战略实施的意见》提出，要以乡情乡愁为纽带，吸引各类人才服务乡村振兴事业。湖北省委、省政府印发的《湖北省乡村振兴战略规划（2018—2022年）》提出，全面建立职业农民制度，培育一代爱农业、懂技术、善经营的新型职业农民。湖北省农业农村厅印发的《支持新型农业经营主体高质量发展若干措施的通知》，提出进一步完善政策体系，优化返乡入乡环境。

表 8-1 2018 年以来相关部门发布的关于支持乡村人才振兴的政策文件

发文时间	文件名称	发文单位
2018.01	《关于全面深化新时代教师队伍建设改革的意见》	中共中央、国务院
2018.02	《关于推进乡村振兴战略实施的意见》	中共湖北省委、湖北省人民政府
2018.06	《全省农民工等人员返乡创业三年行动计划（2018—2020 年)》	中共湖北省委、湖北省人民政府
2019.01	《中国共产党农村基层组织工作条例》	中共中央
2019.02	《关于坚持农业农村优先发展做好"三农"工作的若干意见》	中共中央、国务院
2019.04	《关于对标全面建成小康社会做好"三农"工作的若干意见》	中共湖北省委、湖北省人民政府
2019.05	《湖北省培育贫困村创业致富带头人实施方案》	湖北省人民政府扶贫开发办公室等 7 部门
2019.05	《湖北省乡村振兴战略规划（2018—2022 年)》	中共湖北省委、湖北省人民政府
2019.06	《关于促进乡村产业振兴的指导意见》	国务院
2019.06	《职业院校专业人才培养方案制订与实施工作的通知》	教育部
2019.08	《2019 年湖北省高职扩招专项工作方案》	湖北省教育厅
2020.01	《湖北省乡村振兴促进条例》	湖北省人民政府
2020.07	《关于提升大众创业万众创新示范基地带动作用进一步促改革稳就业强动能的实施意见》	国务院办公厅
2021.02	《湖北省农业农村工作要点及分工安排》	湖北省农业农村厅
2021.02	《关于加快推进乡村人才振兴的意见》	中共中央办公厅、国务院办公厅
2021.04	《关于全面推进乡村振兴和农业产业强省建设加快农业农村现代化的实施意见》	中共湖北省委、湖北省人民政府
2021.07	《关于推动脱贫地区特色产业可持续发展的实施意见》	湖北省农业农村厅
2021.11	《支持新型农业经营主体高质量发展若干措施的通知》	湖北省农业农村厅
2021.12	《支持新型农业经营主体高质量发展的若干措施》	湖北省农业农村厅
2021.12	《关于深入实施"我兴楚乡·创在湖北"返乡创业行动计划的通知》	湖北省发改委、财政厅
2021.12	《"十四五"农业农村人才队伍建设发展规划》	农业农村部
2022.03	《2022 年湖北省农业农村工作要点》	湖北省农业农村厅
2022.04	《关于开展 2022 年度高素质青年农民培育工作的通知》	农业农村部

1. 加强"三农"工作队伍建设

党的十九大报告指出，要培养造就一支懂农业、爱农村、爱农民的"三农"工作队伍。《中国共产党农村工作条例》提出，要把懂农业、爱农村、爱农民作为基本要求，加强农村工作队伍建设。

（1）拓宽"三农"队伍来源渠道

一是打造"一懂两爱"农村工作队伍，加强"三农"工作队伍的培养、配备、管理、使用，湖北省委、省政府印发《湖北省乡村振兴战略规划（2018—2022年)》，推动吸纳人才、评价机制、轮岗交流等政策落实。二是依托各级党校（行政学院）培养基层党组织干部队伍，发挥好党校（行政学院）、干部学院主渠道、主阵地作用，分类分级开展"三农"干部培训。三是健全农村工作干部培养锻炼制度，有计划地选派县级以上机关有发展潜力的年轻干部到乡镇任职、挂职，针对性地将选拔出来的优秀年轻干部派到一线工作。

（2）提升"三农"干部队伍素养

一是提升经管干部队伍素质，各级经管部门要按照建一流机关，创一流业绩的"双一流"标准，培养造就一支懂农业、爱农村、爱农民的经管干部队伍，提升履职尽责能力。二是推动村党组织带头人队伍整体优化提升，突出选拔"双好双强"（思想政治素质好、道德品行好、带富能力强、协调能力强）党员担任村党组织书记，全面落实村党组织书记县级党委组织部门备案管理制度和村"两委"成员资格联审机制，加大从优秀村党组织书记中考录乡镇公务员、招聘乡镇事业编制人员力度，支持村干部和农民参加学历教育。

2. 培养造就乡土人才

乡村振兴要发挥好本土人才的作用，积极培育高素质农民和农村专业人才，挖潜乡土社会"土专家""田秀才"，带动本地发展。一是加强高素质农民培育，实施高素质农民培育项目。共青团中央办公厅、农业农村部办公厅联合印发《关于开展2022年度高素质青年农民培育工作的通知》，聚焦新型农业经营主体负责人、经营管理骨干、返乡留乡入乡创业者，分类分批开展针对性培训，并纳入农业经理人、农业产业领军人才、农村实用人才带头人培育范围，培养一批高素质乡村产业带头人。二是加强农村专业人才队伍建设。农业农村部印发《"十四五"农业农村人才队伍建设发展规划》，支持高校、职业院校创新人才培养模式，大力培养和引进农业科技领军人才和创新团队。

3. 鼓励吸引人才下乡

以乡情乡愁为纽带，吸引支持各类人才下乡服务乡村振兴事业，引导工商资本积极投入乡村振兴事业。加快培养乡村公共服务人才。加强乡村教师队伍建设。中共中央、国务院印发《关于全面深化新时代教师队伍建设改革的意见》，实施革命老区、民族地区、边疆地区人才支持计划，教师专项计划和银龄讲学计划。加强乡村卫生健康人才队伍建设。着力改善基层基础设施条件，完善乡村基层卫生健康人才激励机制，破解卫生健康领域发展不平衡不充分问题。加强乡村文化旅游体育人才队伍建设，推动文化旅游体育人才下乡服务，重点向革命老区、民族地区、边疆地区倾斜。加强乡村规划建设人才队伍建设。2022年中央1号文件要求加强乡村振兴人才队伍建设，支持熟悉乡村的首席规划师、乡村规划师、建筑师、设计师及团队参与村庄规划设计、特色景观制作、人文风貌引导，提高设计建设水平，塑造乡村特色风貌。统筹推进城乡基础设施建设管护人才互通共享，搭建服务平台，畅通交流机制。

4. 鼓励返乡入乡创新创业

积极支持湖北省在外人员返乡创业，助力巩固拓展脱贫攻坚成果，加快推进乡村振兴。一是吸引返乡入乡创新创业人才，完善返乡入乡创新创业政策，完善返乡创业"引人""育人""留人"政策措施，多措并举引进返乡创业人才；二是打造返乡入乡创业服务平台，择优推荐一批功能完善、环境良好的全国农村创新创业孵化实训基地，为人才提供更好的实习实训平台，加大创新创业人才培养力度，深入实施农村创新创业带头人培育行动。

5. 创新人才培育与使用机制

实施人才振兴发展战略，必须创新人才工作机制，破解乡村人才瓶颈制约，调动各种乡村人才投身乡村建设。一是创新人才培育与引进机制，发挥农村实用人才培训基地的综合平台作用，健全农村实用人才培训体系。二是完善农业农村人才评价激励机制，深化农业技术人员职称制度改革，支持和鼓励事业单位科研人员创新创业，积极搭建人才发现、激励平台，打通职称制度与职业资格制度发展通道，破除"三唯"倾向，完善职称评价标准，丰富职称评审方式，畅通职称评审"绿色通道"，改进基层人才职称评审，进一步下放职称评审权，促进职称制度与人才培养使用制度相结合。三是健全人才激励机制，健全鼓励人才向艰苦地区和基层一线流动激励制度，适当放宽在基层一线工作的专业技术人才职称评审条件。

（二）政策措施落实情况

1. 农业农村人才队伍现状

一是专业技术人才队伍结构不均衡。现有专业人才集中在教育和卫生系统，其他领域缺乏。以湖北省恩施州建始县为例，据县统计年鉴及调研数据显示，2022 年建始县人才队伍现状如下：从性别来看，女性占 46.4%；从行业分布来看，教育系统占 58.61%、卫生系统占 22.44%、农业专技人才占 7.49%，其他专技人才占 11.46%；从学历结构上看，研究生占 1.09%、本科占 54.12%、大专及以下占 44.77%；从职务结构上看，专业技术人员高级职称 797 人占 11.68%、中级职称 3 053 人占 44.73%、初级职称 2 975 人占 43.59%[①]。

二是乡村卫生健康人才队伍质量显著提升。乡镇卫生院至少配备 1 名公共卫生医师。据建始县统计年鉴及调研数据显示，2022 年恩施州建始县乡镇卫生院人员核定编制总数 669 个，实际在编 502 人[②]。深入实施全科医生特岗计划、农村订单定向医学生免费培养和助理全科医生培训，支持城市二级及以上医院在职或退休医师到乡村基层医疗卫生机构多点执业，开办乡村诊所，充实乡村卫生健康人才队伍。

---

① ② 数据来源：2022 年湖北省恩施州建始县统计年鉴及 2022 年乡村振兴调研县级问卷统一整理获得。

2. 农业农村人才队伍培训现状

一是农村创新创业孵化实训基地建设持续推进。湖北省建始县推动县域内智泰科技、食达好、晓姚食品、容华食品等企业孵化创建了自主科研团队，县域创业创新能力提升；连续举办农村创新创业博览会和创新创业项目创意大赛，创新创业人才不断涌现。二是创新示范培训基地建设模式，如"农业企业/农民专业合作社＋培训基地""科研基地＋产业园区＋培训基地"模式等。三是建立健全实用人才培训体系，实行"定制"项目，确定培训方向，合理分配培训场次，实行差异化培训。四是结合县内实际需求，分类开展乡村振兴各类人员的培训，如乡村建设工匠、改厕专家、修路工、水利员等。五是深入实施农村创新创业带头人培育行动，加大农村创新创业导师、示范园区管理人员和优秀带头人等培训力度。

（三）人才建设存在的问题

一是"三农"工作队伍素质有待提升。调研数据显示，仅有32.02％村庄实施了高素质农民培育项目，67.98％村庄未实施该项目或对项目不知情，村平均高素质农民培训数量在10～20人之间，56.73％的村组干部、农民专业合作社负责人、大学生村官和村级农民技术员未开展定时定量培训，44.15％的村干部未定期参加干部培训；针对新型农业经营主体的调研数据显示，72.98％的新型经营主体不了解"三农"工作队伍建设，45.2％的经营主体认为乡镇干部工作能力一般或较弱，45.9％的经营主体认为"三农"工作部门工作效果一般或较差。二是农业农村人才类型相对匮乏，传统民间艺术人才后继乏人，现有文化遗产传承人才队伍年龄结构不合理，大多数文化遗产明显缺乏经营性、长期性的展示平台。三是群文作品创作、表演人才紧缺，调查数据显示，仅23.10％的村落有文化和旅游、广播电视、网络视听等专业人才。四是缺乏旅游体育专业管理人才，制约乡村体育旅游产业可持续发展。

（四）强化人才支撑的对策建议

1. 加强农村专业人才队伍建设

一是加强农村人才队伍建设，优化乡村建设工匠培训和管理，建立工匠人才库，选拔"名匠名师"；培育农村人才创新能力，加强创新人才评价指标体系构建，健全完善激励创新政策体系，结合县级实际需求，实行揭榜挂帅制。二是改进人才评价机制，从实绩实效出发，建立职业技能等级制度，推动职业技能等级认定向社会全面放开，推动技能人才评价与激励紧密衔接。三是加强农村创新创业孵化实训基地建设，由政府搭建平台、委托管理，将产学研孵化众创空间建设和创业实训基地建设相结合，项目营运和创业实训相结合，建设培训、实训、孵化一条龙的农村创新创业孵化实训基地；对农村实用人才培训基地进行动态调整，加强受训人员的综合评价。四是对接"神农英才"计划，持续加大宣传力度，实施高素质农民培育计划，加快培养科技领军人才、青年科技人才和高水平创新团队，建立区域性人才竞争比较优势。五是深入推行科技特派员制度，完善科技特派员工作经费保障机制、成果转化收益保障机制、创业保障机制等，加大对科技特派员创办企业的支持力度，支持科技特派员领办创办协办农民合作社、专业技术协会和农业企业。六是促进专业技术人才队伍更好更快建设发展。湖北省专业技术人才队伍仍存在总量不足、结构不合理、高精尖人才短缺、人才创新能力有待加强、人才评价机制急需改进等突出问题。坚持问题导向，努力研究和解决好这些问题，是促进全省专业技术人才队伍更好更快建设发展的重要举措。

2. 鼓励吸引城市人才下乡

一是加强返乡创业平台建设，依托现有设施资源，县级建立返乡创业园，乡镇建设返乡创业小区，村庄依托主导产业、特色产业，建设就业扶贫车间、就业扶贫合作社等，积极引导返乡人员就近创业；搭建返乡创业企业紧缺人才共享平台，建立健全人才柔性流动机制，满足企业对紧缺人才的需求，对评定为州级"人才超市"或"人才平台"的给予资金扶持。二是加大推进孵化基地建设支持力度，对评定为州级创业孵化基地的、对从州级创业孵化基地每孵出1家创业实体并在本地注册经营的给予资金补助，对入驻创业实体租用场地给予场租、水电费补贴；对返乡创业者创办的小微企业或从事个体经营的，优先推荐入驻经政府认定的创业孵化示范基地。三是优化返乡创业服务，推进"一网覆盖、一次办好"改革，完善紧缺人才引进和评价机制，建立返乡创业项目库，组织开展"返乡创业政策进村入户行动""返乡创业推介活动"，组织开展返乡创业培训，加强返乡企业用工服务。四是落实返乡创业财税政策，落实定向减税和普遍性降费政策，符合国家政策条件的返乡创业企业，按规定享受小微企业税收优惠政策，对符合条件的个人、合伙经营、小微企业发放的创业担保贷款按规定给予担保贴息。

二、强化乡村振兴科技支撑

为提高农业科技自主创新水平，引领支撑农业转型升级和提质增效，湖北省出台了《关于推进乡村振兴战略实施的意见》《湖北省乡村振兴战略规划（2018—2022年）》等一系列政策文件（表8-2），对农业机械化、乡村振兴科技创新基地建设、农业关键核心技术、农业科技成果转化、数字农业发展等进行安排部署，推动科技支撑湖北省乡村振兴。

表8-2　2018年以来湖北省发布的关于强化乡村振兴科技支撑的政策文件

发文时间	文件名称	发文单位
2018.02	《关于推进乡村振兴战略实施的意见》	中共湖北省委、湖北省人民政府
2018.09	《关于加快推进农业科技创新工作的意见》	湖北省人民政府
2018.09	《关于创建农业高新技术产业示范区的实施意见》	湖北省人民政府办公厅
2018.10	《关于加强科技创新引领高质量发展的若干意见》	中共湖北省委、湖北省人民政府
2019.05	《湖北省乡村振兴战略规划（2018—2022年）》	中共湖北省委、湖北省人民政府
2021.04	《关于农业科技"五五"工程实施方案的通知》	湖北省人民政府办公厅
2021.04	《关于全面推进乡村振兴和农业产业强省建设 加快农业农村现代化的实施意见》	中共湖北省委、湖北省人民政府

（续）

发文时间	文件名称	发文单位
2021.07	《百校联百县——高校服务乡村振兴科技支撑行动计划（2021—2025）》	湖北省教育厅
2021.10	《湖北省科技创新"十四五"规划》	中共湖北省委、湖北省人民政府
2021.11	《湖北省数字农业发展"十四五"规划》	湖北省农业农村厅
2021.11	《湖北省推进农业农村现代化"十四五"规划》	湖北省人民政府
2021.11	《湖北省数字经济发展"十四五"规划》	湖北省人民政府

（一）湖北强化科技支撑的政策措施

1. 提升农业科技创新能力和技术发展水平

科技创新是质量兴农、绿色兴农的重要支撑，是促进农业农村现代化的重要途径。湖北省根据省情农情，重点围绕发展现代农业，出台一系列措施，不断提升农业科技创新驱动能力。一是推进农业机械化，确保农业生产高效高质发展。积极推进作物品种、栽培技术和机械装备集成配套，加快形成农机农艺农事农信的机械化生产技术体系；大力推广应用北斗终端等信息化技术，开展数字农业示范试点，加快推进信息化技术在农机装备制造、流通、维修、作业等各环节的应用，提高农机装备信息收集、智能决策和精准作业能力。二是大力推进农机补贴，加速提升农机装备水平。优化农机购置补贴，重点支持粮油等重要农产品生产、丘陵山区特色产业及农业绿色发展所需机具的购置，加快淘汰老旧动力、收获、插秧、植保、脱粒等农业机械，促进农机装备结构优化调整，加大农机作业补贴力度，落实好农机深松整地作业补助政策，加强信息化监测手段在政策实施过程中的应用。三是加快提升丘陵山区农机化发展水平。积极开展丘陵山区农田"宜机化"改造试点，探索符合区域特点的农田"宜机化"改造路径；支持各地统筹国土整治、高标准农田建设等项目资金和社会资本，改善农机通行和作业条件；支持丘陵山区围绕产业发展特点大力开展农机化新技术试验示范和推广应用，加快提升农机化发展水平，抬高全省农机化发展底板。

2. 实施农业关键核心技术攻关行动

聚焦湖北省乡村振兴战略全面实施对农业关键核心技术的需求,《湖北省科技创新"十四五"规划》对种业技术、绿色生产技术、动物疫病和农作物病虫害绿色防控技术研发与突破提出了明确要求。一是提升自主可控的种业技术。开展粮食油料、畜禽生产、经济作物种质资源精准鉴定及功能基因挖掘研究,研发粮油作物分子育种繁殖新技术、基于大数据的畜禽设计育种、畜禽生物育种和高效繁殖等技术。二是全面提升农业绿色优质高效生产技术水平。围绕农作物绿色优质高效种植、标准化健康养殖,研发关键高效种养殖技术,聚焦农业面源污染和土壤污染治理重要领域研发新技术、新产品。三是加强动物疫病和农作物病虫害绿色防控关键技术攻关。研发高效、便捷的病原消杀、阻断技术,构建区域化生物安全防控和重大动物疫病净化技术体系,在农作物病虫害绿色防控与新型农药创制方面,构建有害生物高效绿色防控技术体系。

3. 统筹推进农业科技创新平台建设

农业科技创新平台是提升农业科技创新的重要载体,对推动乡村振兴建设、农业现代化发展发挥着至关重要的作用。近年来,湖北省人民政府先后颁发《关于加快推进农业科技创新工作的意见》《湖北省推进农业农村现代化"十四五"规划》等一系列政策文件,为有效推进农业科技创新平台建设指引方向。一是加强省农业科技创新联盟和产业技术创新联盟建设。优化整合产学研、农科教资源,充分发挥科技和人才优势,合力打造一批产业协同创新基地。二是构建创新创业平台。新建一批农业高新技术示范园区、农业科技园区、乡村振兴科技创新示范基地、星创天地,持续开展乡村振兴科技支撑行动。依据湖北省人民政府办公厅发布的《关于创建农业高新技术产业示范区的实施意见》,到 2025 年,以国家和省级农业科技园区为基础,布局建设 10 家左右省级示范区,争创 1~2 家国家示范区。

4. 加快农业科技成果转化应用

湖北省围绕农业科技成果转化应用,重点推广一批农业优质高效技术,集聚一支农技推广队伍，完善一套协同推广模式，壮大一批农业优势特色产业，积极支持农业领域先进引智成果培育、转化、推广，推动农业农村科技成果跨区域流动与落地。一是促进产学研对接，推动科技成果落地转化。深入开展院士专家科技服务"515"行动，围绕湖北重点农业产业链，对口联系湖北重点县（市、区），对接服务500家龙头企业及新型农业经营主体；由省农业农村厅、省农业科学院、华中农业大学和市场主体组成协同推广团队，进行产、学、研等多方面的高效协同运作。二是加强基层农技推广体系建设。健全完善科技特派员制度，持续开展农业科技下乡活动，探索建立乡镇农技推广机构"定向招生、定向培养、定向就业"管理体制，培养年轻高素质人才。三是鼓励支持新型农业经营主体开展实用性技术研究和成果转化应用。打造"政产学研用"优势资源集聚融合的平台载体，为龙头企业、农民合作社等新型经营主体创新发展提供技术支撑，促进相关主体科技成果转化落地。

5. 协同推进数字农业高效发展

近年来，湖北省颁布了《湖北省乡村振兴战略规划（2018—2022年）》《湖北省数字农业发展"十四五"规划》《湖北省数字经济发展"十四五"规划》等一系列文件，为数字技术助力乡村振兴做出全面部署。一是建设农业农村基础数据资源体系，推动城乡数字基础设施互联互通，建设省级农业农村大数据平台，推动新一代信息技术与农业生产经营深度融合，面向小龙虾、柑橘、茶叶、生猪、禽蛋、蔬菜（食用菌）等优势特色农业产业建设农业单品种全产业链大数据，利用现代数字技术完善农产品生产经营监测预警体系，提升优势特色农业产业生产经营决策科学化水平。二是推进农业生产智能化，依托大数据、云计算、区块链、物联网、人工智能等信息技术，推广应用遥感、航拍、定位系统、视频监控等成熟的智能化设备和数据平台，建立基于物联网技术的农业生产管理公共服务系统，挖掘一批能够显著提高农业生产效益的物联网模式，推动数字技术在农业生产领域的应用，推动农业生产智能化发展；打造一批数字化、智能化的农业示范园区、示范基地和示范企业。

（二）政策措施落实情况

1. 农业科技创新能力和技术助力乡村振兴

（1）丘陵山区宜机化改造试点工作有序推进

目前丘陵山区农田"宜机化"改造试点工作在荆门市、沙洋县、京山市、钟祥市、荆门市东宝区、掇刀区等地有序开展。

（2）农业机械化全面推进

湖北省启动培育省级智能农机装备创新中心，高等院校、科研院所、农机企业聚焦薄弱环节和关键技术需求，瞄准农机化与信息化深度融合的发展趋势，推动农机装备与农机作业水平不断提升，根据调研数据推断，全省约有62.63%的农户以及65.28%的新型经营主体实现了不同程度的机械化，另有58.82%的新型经营主体开展农机化新技术试验示范和推广应用。根据《湖北省统计年鉴》相关数据，湖北省2018—2021年农业机械化面积保持平稳，略有增加（图8-1）。数据显示，2021年全省小麦、水稻、油菜耕种收综合机械化率分别超过90%、86%和72%，全省农作物耕种收综合机械化率超过70%。农机装备对粮食增产贡献率显著提高。

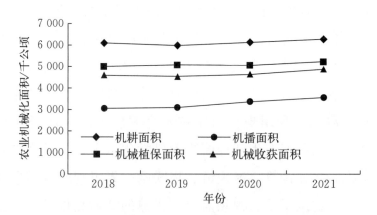

图8-1　湖北省2018—2021农业机械化情况统计

数据来源：《湖北省统计年鉴》

（3）农机补贴政策持续实施，补贴范围保持总体稳定

2021年全省共实施购机补贴资金6.68亿元，补贴农机9.5万台，受益农户达到 7.76 万户。在本次走访近 1 500 户农户与 76 户新型经营主体中，其农机更换意愿均较为强烈，约有 71.86％的农户和近 81.69％的新型经营主体愿意在现行农机补贴标准下更换农机设备（图 8-2），这说明农户对当前实行的农机补贴政策满意度较高，也从侧面反映出现行的农机补贴政策与农户农业生产实际需求相符合。

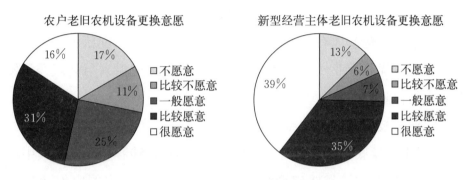

图 8-2　农机更换意愿

（4）种业技术水平持续提升

种子是农业发展的芯片，种业技术的发展对粮食安全、保量增收具有坚不可摧的影响。近年来，湖北省高度重视种业发展，持续加大攻关"卡脖子"技术力度，搭建种业研发平台，如聚焦生物育种领域的洪山实验室，自成立以来，自主设置了 9 个产业链重大项目、13 个基础研究类重大项目以及 16 项揭榜挂帅开放课题，跨单位、跨学科组建科研团队，联合优势力量开展协同攻关。武汉国家现代农业产业科技创新中心自成立以来成功研发出全球首张水稻全基因组育种芯片、全国首个双低油菜品种等 13 项国家级科研成果和 83 项高转化性科技成果，在种业创新服务、高端动物疫苗、饲料用酶制剂等领域处于领先地位。2021 年，湖北省共审定主要农作物品种 161 个，创湖北省审定品种数量历史新高。在审定的农作物品种中，高端、优质、抗逆品种占据主导地位。

2. 农业农村科技创新基地建设多措并举

（1）科技创新示范基地建设有序进行

近些年来，湖北省科技创新示范基地建设稳步推进，截至 2021 年年底，省内共有 50 家乡村振兴科技创新示范基地（2022 年共有 108 家），覆盖全省

47 个农业县（市、区），涵盖粮食、水产、畜禽等省内重要农业生产领域，建设运行成效明显。围绕关键产业技术需求，组建产学研创新合作团队 60 个，签订产学研合作协议 164 个。2020 年以来，取得农业新品种审定或登记 19 个，转化示范农业新品种 76 个，示范新技术 132 项，示范带动面积 173.2 万亩，开展技术培训 1 385 场次，培训农户数 47 904 人次，示范带动农户 5 万户以上，实现户均增收 1.8 万元以上。在本次走访的农户中，约有 90.84% 的农户认为科技创新示范基地有效推动了产业融合发展，科技创新示范基地筑起科技支撑湖北特色优势产业发展的地基，为推动地方产业振兴与县域经济发展提供了强有力的保障。

（2）农业科技园区经济效益显著

截至 2021 年年底，湖北共建有省级以上农业科技园区 55 家，其中国家级农业科技园区共 11 家，省级农业科技园区共 44 家。11 家国家农业科技园区汇聚研发机构 1 179 个，与园区有合作关系的科研单位数量达 199 个，入驻园区的科研单位达 119 个。入驻企业 14 084 家，其中涉农高企 196 家，上市企业 66 家。2021 年全省 11 家国家级农业科技园区经济效益显著，实现总收入 1 830.74 亿元，辐射带动农民 121 万余人。

（3）星创天地引领乡村振兴科技先行

"星创天地"是针对农业科技发展打造的新型农业创新创业"一站式"开放性综合服务平台。目前湖北省共建设国家级星创天地 59 家，省级星创天地 304 家，市级星创天地 585 家，实现星创天地县域全覆盖，过去一年里辐射农户 99.5 万户，有效带动农户增收。

3. 多径并行带动科技成果转化

科技成果转化是科技工作的重要一环，推动科技成果有效转化，推动科学技术落地生根，对服务"三农"工作有着重大意义。近些年来，为加快科技成果转化，使科技更好地造福于农业、农村、农民，湖北省积极探索多种有益途径。

（1）产学研有效对接促科技成果转化

建立市（州）与高校科技成果转化合作长效机制，开展百校联百县——高校服务乡村振兴科技支撑行动计划，确定农业等 10 个领域的 1 502 个高校科技支撑服务乡村振兴项目，参与高校 101 所，覆盖县（市）104 个，推动科技成果与实际运用有效衔接。

专栏 1　百校联百县行动助力建始县乡村振兴

在百校联百县行动中，华中农业大学因地制宜打造"园艺＋旅游"项目，倾情帮扶恩施建始县。学校围绕"产业、人才、文化、生态、组织"五大振兴，依托其科技、人力资源，打造建设"武陵山特色园艺作物良种繁育中心建设"项目、青花田园综合体项目、花坪特色小镇、长岭岗千亩连片花海等特色项目，以园艺、旅游双核发展为核心，拉长产业链条，辐射带动周边村落农户经济发展，推动一二三产业融合发展。

（2）开展院士专家科技服务"515"行动

"515"行动由中国科学院院士张启发、桂建芳，中国工程院院士傅廷栋、陈焕春、邓秀新等 5 位院士领衔，在涉农高校、科研单位牵头组建 15 个科技团队，对接联系 15 个重点县（市），围绕水稻、油菜、畜牧等优势特色产业，开展科技服务和成果转化。据相关统计，"515"行动开展一年来，共推广重大技术模式 62 项次，打造示范样本及示范点 138 个，辐射带动 732.95 万亩，服务生猪、肉牛 74 万头，羊、蛋禽 695.23 万只，开展技术培训 616 场次，服务农民 13.8 万人次，促进产业节本增效 21.63 亿元。

（3）建设产学研用平台，打造创新资源与高端农业人才高地

湖北省近些年来逐步形成农业科技园区、乡村振兴科技创新示范基地、星创天地，科技特派员相互联动、相互补充，产学研贯穿其中的农业科技创新格局，聚焦农业发展瓶颈问题，积极研发新技术，培育新品种，在绿色农业上取得较多成果。同时，关注农业生产繁育现实需求，同农业科技需求端开展协作，积极推动相关科研成果转化落地。根据本次调研数据可知，53.73％的龙头企业与新型经营主体产学研、农科教资源配备齐全，34.92％的龙头企业在平台技术支持下自主开展实用性技术研究和成果转化应用，反映出产学研平台正逐渐发挥"接力棒"作用,引导技术与需求端靠拢。

(4)积极推进农技推广体系建设

深入推行科技特派员制度,有效提升科技成果转化速度。本次走访调研省内 15 个市(县)发现,约有 93.33% 的地区建立科技特派员制度,在乡级层面约有 66.67% 的地区派驻农业科技特派员,覆盖范围较为广泛。组建高素质农业技术推广人才队伍,本次调研的 15 个县(市、区)均开展了农业技术推广人才队伍的选拔与建设工作,其中约有 92.85% 的乡镇组建了农业技术推广服务队,97.62% 的地区对农技推广人员开展定期、多维度的农业技术培训活动。

4. 数字农业助力乡村振兴

(1)农业农村基础数据资源体系建设初有成效

调研数据显示,湖北省内约有 85.71% 的县(市、区)开展了数字乡村示范点建设。农业指挥调度、信息采集、农技服务、农产品监测预警、市场监管服务等网络体系不断完善,纵向实现省、市、县三级覆盖。全省电子政务外网改造不断升级,省、市、区、乡镇、村五级相互贯通。农业农村基础数据资源大网正逐步铺开,为打造数据农业奠定基础。

(2)科技赋能智慧农业建设

调研数据显示,全省约有 73.3% 市(县)开展了数字农业示范点建设,在乡级层面约有 51.22% 的地区推进了数字农业建设,在推进数字农业建设的乡镇中约有 61.90% 的地区位于经济发展程度相对较好的地区。依托物联网、人工智能以及大数据等技术支持,建设了一批汇聚农业供产销监测于一体的示范基地与示范企业,带动全省农业"智慧化"发展。依托北斗高精度定位导航技术,北斗导航在土地整理、播种、养分管理、病虫害管理、收获等农业生产环节广泛运用。

(三)科技支撑存在的问题

1. 农业机械化方面存在的问题

(1)农机高端技术创新能力不足

湖北虽是农机使用大省,但在农机制造方面相对薄弱。科技创新原生动力不足，截至 2020 年年底，在本土企业生产的 385 种农机产品中，具有发明专利的仅占 9.8％，普遍技术含量较低。

（2）农机推广与农机技术人员队伍建设仍需加强

此次调研中发现如下问题：农机政策宣传工作不到位，在调查样本中，约有 41.76％的农户不了解农机补贴等农机相关政策，而在新型经营主体中该比例仅为 16.44％。农机新技术新机具推广普及力度不够，很多农技人员观念滞后，技术老旧。

（3）"宜机化"改造仍处于试点阶段，"以机宜地"任务较为艰巨

丘陵山区耕地面积占湖北耕地面积的 63.36％，丘陵山区地形复杂，土地呈现碎片化，作业场地狭窄，农机具搬运转场困难致使农机无法正常作业。根据本次调研数据，在省内机械化程度较低地区中丘陵山区占 82.98％，省内机械化发展不均衡现象较为突出。

2. 农业技术方面存在的问题

一是种质资源、人才向高校科研院所倾斜，技术推广运用较少。湖北省内农作物种子企业种植资源匮乏，科技创新能力不足，具备自主研发能力的不足 25％。科研与市场衔接不畅，校企合作有待加强，"育繁推一体化"体系建设任重道远。二是育种创新能力仍需进一步提升。湖北省重生产轻育种的现象较为突出，粮食作物用种自主选育品种市场占有率均不高，高产、绿色、适合机械轻简化的稻谷等大宗农作物育种能力不强，适用精深加工的蔬菜、畜禽、中药材育种滞后，种质资源精准鉴定、基因挖掘和开发力度相对不足。

3. 科技成果转化存在的问题

（1）农技推广体系仍需完善

湖北省内大部分地区农技推广人员年龄偏大，农技推广站编制较少，人员更新较慢，人员梯队建设效率较低。调研数据显示，近 1/3 的调研乡镇未派驻农业科技特派员，仅有 29.36％的农户在种养殖方面获得相关技术支持。

（2）产学研深度融合有待加强

湖北省科研院所与高校数量众多，承担了省内极大部分农业科研项目，但科研项目与现实农业需求不完全匹配，落地运用到实践生产当中的成果仍占少数。同时，各个科研团队、科研平台欠缺交流合作，不利于创新资源聚集，优势互补。

（3）农业科技成果转化平台的搭建有待进一步升级

湖北省农业科技成果转化平台建设存在地区布局不平衡的问题，部分市（县）域农业科技成果转化平台建设水平不高。一方面，37.29％的地区缺乏完善的人才引入机制，未能实现高质量人才耦合效应；另一方面，54.23％的地区平台建设资金支持力度不足，难以承担重大科技成果的转化任务，限制了湖北地方科技成果转化的长远发展。

4. 数字农业发展存在的问题

（1）数字农业技术应用意愿不强

调研数据显示，约有82.40％的农户在农业生产经营中未引入物联网智能监测、管理等技术，农户更多地以传统的农业种植方式为主，农业信息化技术暂未引入到万千农户中。大部分新型农业经营主体、农户对数字农业了解甚少，投资数字农业的意愿普遍不强。

（2）数据资源较难互联互通

省内农业系统各级各部门基本建立了相关应用平台和数据系统，但部门之间尚未实现同质数据资源互联共享，数据资源整合力度不足，数据分割较为严重，不同部门同类数据搜集过程较为烦琐，"信息孤岛"现象较为明显，不利于可视化读取数据。

（3）数字农业人才匮乏

依据数字农业的相关概念，数字农业人才既需要掌握计算机技术、通信和网络技术、自动化技术等高新技术，也要懂得农业产业种养殖生产等相关知识，并能够将二者有机结合起来统一到实践运用之中。当前，省内这类复合型人才缺口大，可运用到农业基层一线的少之又少，制约了数字农业技术的推广与应用。

（4）数字农业应用范围有待扩大

数字技术与农业产业融合、农业物联网系统开发应用上仍存在不足，实现效果较不明显。部分数字农业项目发展处于行政引领性阶段，部分项目与农业农村实际生产经营发展不相匹配，数字农业应用范围需进一步做出调整。

（四）强化科技支撑的对策建议

1. 提升农业机械化水平的建议

（1）增强农机技术推广与农机技术人员队伍建设

各级相关部门应适时、定期针对农机技术推广人员及农机技术人员开展技能培训，切实提高有关人员农机装备知识水平以及操作技能。县（市、区）相关部门应根据地方发展需要制定农机技术推广人员选拔标准，严格农机技术推广人员选拔过程。乡级部门积极开展农机技术普及活动，全面推广农业机械化生产，提高新型农业经营主体、农户等使用农机生产意愿。

（2）增强农机高端技术创新能力

加强农机科研项目立项经费支持力度，完善农机科研项目审批体系，结合湖北省地形地貌特征以及农业发展现状，兼顾农机生产运用现实需求，以需求推动农机技术研发，实现科技与实际生产需要精准对接。

（3）加快"宜机化"改造进程，建设高标准农田

贯彻"以地宜机"发展思路，扩大农田"宜机化"改造试点范围，整合多方资源，围绕农田建设关键技术问题，组织协同科技攻关。积极探索宜机化改造新路径新方法，加强农田宜机化改造的培训宣传工作，提高"宜机化"改造补助标准。

2. 加快农业技术攻关建议

一是多主体协同攻克农业产业"卡脖子"技术。政府支持引导人才、资源、成果向种业企业流动，提升省内种业企业科技创新能力。完善科研项目评价体系，鼓励引导应用型农业技术研究。二是加快提升育种创新能力。持续推进"育繁推一体化"体系建设进程，鼓励各科研主体聚焦省内育种核心问题开展核心技术研究，加强良种良法配套研究，推进优良品种与高质高效栽培技术集成。

3. 推进科技成果转化的建议

(1) 完善农业技术推广体系建设

各县（市、区）完善农技推广人员选拔制度，动态调整农技推广队伍，鼓励各高校培育农技推广复合型人才；县级部门及时组织农业技术培训活动，确保农业技术下沉，真正运用到实践生产之中。省内相关部门做好农技推广资金保障工作，充分利用互联网信息优势，打造操作便捷内容丰富的农技传播平台。

(2) 加强农业科技成果转化平台建设

优化产学研深度融合联合攻关机制，鼓励引导校企合作，立足农业产业实际发展，依托现有科创基地，开展产学研深度合作。由各级政府引导持续推进产学研深度融合联合攻关，各地建立以科研院所、高校、农业企业、新兴农业经营主体、农户、科技转化机构等在内的农业科技成果转化平台，完善农业科技成果转化路径。

4. 数字农业发展建议

(1) 建立数字农业示范基地，加强数字农业推广宣传

探索农业产业数字化和数字农业产业化的新路径和新模式，建立一批数字农业示范基地，促进数字技术与农业产业融合发展。定期组织数字农业科普及技术培训活动，强化数字农业宣传。

(2) 建立省级一体化农业数据平台

建立省、市、县、乡、村五级一体化农业数据平台，实现各部门农业数据资源互联互享。建立统一规范的数据采集制度，整合农业产业数据资源，实现全省农业数据一站式获取，提高数据利用效率。

(3) 大力培育数字农业复合型人才

鼓励支持各高校相关专业开设数字农业有关课程，建立一批省内数字人才培训实践基地，开展数字农业相关技术研究与实践训练。评选一批省级数字农业优秀团队，示范带动省内数字农业长远发展。

(4) 扩大数字农业应用范围

持续推动物联网、人工智能、大数据等新一代技术与农业生产加工各环节

的融合与运用。鼓励支持各高校、科研院所开展数字农业应用型研究，提高数字农业科技成果转化率。

三、强化乡村振兴投入保障

中共中央、国务院印发的《关于实施乡村振兴战略的意见》提出，要健全投入保障制度，创新投融资机制，加快形成财政优先保障、金融重点倾斜、社会积极参与的多元投入格局，确保投入力度不断增强、总量持续增加。为贯彻落实党中央、国务院的部署和安排，湖北省各市（州）围绕财政投入、金融支持、社会资本投资、乡村振兴融资保险等方面，出台有关加强审计监督、加快农业保险高质量发展、加强农业产业化领域金融合作等政策文件（表 8-3），发挥银行、保险、财政联合作用，推出各类组合拳，加强湖北省乡村振兴的投入保障。

表 8-3　2018 年以来有关部门发布的关于加大涉农资金投入的政策文件

发文时间	文件名称	发文单位
2018.02	《关于实施乡村振兴战略的意见》	中共中央、国务院
2018.05	《关于加强农业产业化领域金融合作助推实施乡村振兴战略的意见》	农业农村部、中国邮政储蓄银行
2018.09	《贯彻落实实施乡村振兴战略的意见》	财政部
2019.03	《关于做好 2019 年银行业保险业服务乡村振兴和助力脱贫攻坚工作的通知》	中国银行保险监督管理委员会
2019.08	《关于在乡村振兴战略实施中加强审计监督的意见》	襄阳市审计局
2019.10	《关于加快农业保险高质量发展的指导意见》	财政部、农业农村部、中国银行保险监督管理委员会、国家林业和草原局
2019.12	《关于金融服务乡村振兴的指导意见》	中国人民银行武汉分行、湖北省财政厅等 5 部门
2019.12	《关于推进村镇银行坚守定位 提升服务乡村振兴战略能力的通知》	中国银行保险监督管理委员会
2020.04	《关于扩大农业农村有效投资 加快补上"三农"领域突出短板的意见》	中共湖北省委、湖北省人民政府

发文时间	文件名称	发文单位
2021.06	《关于建立健全乡村振兴重点帮扶县帮扶工作机制的通知》	中共湖北省委、湖北省人民政府
2021.09	《关于实现巩固拓展脱贫攻坚成果同乡村振兴有效衔接的实施意见》	中共湖北省委、湖北省人民政府
2022.06	《社会资本投资农业农村指引》	农业农村部

（一）湖北强化投入保障的政策措施

1. 银行业服务乡村振兴

一是建设有效农业农村信贷体系。湖北省农业农村厅、省乡村振兴局与中国农业发展银行签订了战略合作协议，充分发挥政策性金融服务额度大、期限长、利率低的优势。银保监会发布《关于推进村镇银行坚守定位 提升服务乡村振兴战略能力的通知》，要求村镇银行始终坚持扎根县域，专注信贷主业，有效提升金融服务乡村振兴的适配性和能力。二是建设政策性金融服务实验示范区。湖北省共建农业政策性金融服务乡村振兴实验示范区，推出优惠贷款利率、项目前期贷款、投贷联动、优化担保等 17 项务实管用的优惠政策。三是对多元化融资需求提供信贷支持。湖北省出台金融服务乡村振兴实施意见提出，有序开展农村承包土地经营权、林权、农村集体经营性建设用地使用权抵押贷款；做大农机具抵押、保单融资等产品份额；丰富农业农村领域信贷产品，提高农户融资可得性。

2. 保险业服务乡村振兴

一是全省扩大农险试点范围，开办新型特色险种，指导保险公司创新推出"扶贫保""防贫保"等扶贫保险产品，提供风险保障。二是探索乡村振兴金融服务模式，开展县域存贷比提升和"整村建档评级授信"三年全覆盖专项行动，推动农业保险"提标、扩面、增品"。三是开展全市政策性农业保险工作，武汉市政策性农业保险实施方案指出要创新性开展全市政策性农业保险工作。

3. 财政多措并举推动乡村振兴

一是土地出让收入优先支持乡村振兴。调整完善土地出让收入使用范围，优先支持乡村振兴，把土地增值收益更多用于"三农"，提高土地出让收入用于农业农村比例，总体上要实现土地出让收益用于农业农村比例逐步达到50%以上；土地出让收入用于农业农村的资金主要由市（县）政府安排使用，重点向县级倾斜，赋予县级政府合理使用资金自主权。二是撬动社会资本支持"三农"发展。探索政银合作、政保合作模式，通过保费补贴、贷款贴息、政府和社会资本合作（PPP）等市场化运作机制，有效发挥财政支农政策和资金的撬动及放大作用，引导社会资本支持"三农"发展。

（二）政策措施落实情况

1. 银行业为乡村振兴提供资金保障

（1）银行业关于乡村振兴工作的政策整体落实到位，实施效果良好

在信贷方面，被调研村庄的新型经营主体和农户的贷款需求基本都能得到满足，贷款审批和办理流程明显优化，实现了信贷环节、申报材料、办理时间"三减少"，融资可得性大幅提高。在金融基础设施方面，全省农商行完成了扫码商户"店店通"、自助银行"镇镇通"、电话银行"村村通"、手机银行"户户通"四通工程，电子渠道业务替代率超过90%。全省乡镇银行网点覆盖率、乡镇保险服务覆盖率、基础金融服务行政村覆盖率全部达到100%，基本实现"基础金融服务不出村、综合金融服务不出镇"。

（2）建设完善农业农村信贷体系，发挥普惠金融优势

首先，政策性银行充分发挥政策性金融服务额度大、期限长、利率低的优势，持续加大涉农贷款的规模。在41份有效问卷中，有33个乡镇都反映有政策性银行为乡村振兴战略的实施提供支持，但也有8个乡镇反映乡镇并没有政策性银行，办理相关业务需要到县，政策性银行的下沉比例相对来说较高。其次，村镇银行坚持扎根县域，专注信贷主业，努力打造金融服务乡村振兴的湖北经验、湖北模式。村镇银行积极开展针对新型经营主体和农户的普惠贷款。

在被访对象中，超过 80.88％的新型经营主体认为贷款需求基本得到满足或完全得到满足，67.46％的农户认为贷款需求基本得到满足或完全得到满足。调查结果显示，村镇银行解决了大部分农户和新型经营主体的资金困难。

（3）金融服务试验示范区加快建设，以点带面推广政策实行

湖北省积极建设金融服务示范区、示范点，共建农业政策性金融服务乡村振兴实验示范区 8 个，分别为红安县、麻城市、大悟县、嘉鱼县、公安县、恩施市、来凤县、十堰市郧阳区。示范区有效落实优惠政策，包括对优先安排资金、给予最优惠利率、开辟办贷绿色通道、减免企业收费等，助推县域经济发展突围，让金融服务真正落到实处。其他示范区出台扶持重点农业产业链的配套政策措施，积极培育和引进一批新型农业经营主体，加快农业生产方式转变和农村生态环境提升。如邮储银行湖北省分行创新推出"楚粮贷""畜牧贷""虾稻贷""香菇贷""硒茶贷""助艾贷"等 38 个地标贷款产品，引导金融"活水"精准滴灌地方特色产业。

（4）构建多元化的信贷融资支持，满足个性化需求

调研显示，湖北各地在多元化融资需求信贷支持方面，政策整体落实情况较好：第一，积极开展农村承包土地经营权、林权、农村集体经营性建设用地使用权、农机具等抵押贷款，在调研的县（市）中，仅有两个县（区）未开展承包权抵押贷款，其余都积极落实政策开展承包权抵押贷款；第二，推出加快产业融合和新型乡村产业的贷款产品，满足休闲农业、乡村旅游、农村电商等领域信贷需求。

（5）积极开展农业供应链授信模式和整村授信模式

大力发展订单融资，提高农户融资可得性。调研数据显示，82.76％的新型经营主体认为农业供应链授信模式对融资可得性有提升作用，说明这种新型模式能够为新型经营主体带来实在的帮助。

2. 保险业为乡村振兴提供风险保障

保险扶贫是金融业服务实体经济、助力乡村振兴的重要路径。据调研结果来看，在农业农村局、乡村振兴局和保监会的指导推动下，保险业对于乡村振兴战略的相关政策基本落实，实施效果较好。数据显示，2021 年，全省农业保险共为 635 万户次农户，提供风险保障 819.5 亿元；已支付保险赔款 17.2 亿元，惠及农户 61.7 万户次。

为巩固脱贫攻坚成果，降低脱贫户返贫风险，湖北省委办公厅、省政府办公厅《关于建立健全乡村振兴重点帮扶县帮扶工作机制的通知》在示范区推广和应用"防贫保"和"扶贫保"：一是拓宽"防贫保"覆盖面。"防贫保"以保险的方式，涵盖疾病、突发事故和教育等多个方面，将扶贫关口前移，为长效防贫、防范返贫建立了良性机制。2021 年，"防贫保"项目已经在湖北省 76 个区（县）落地，覆盖超过 1 800 万农村人口，农村人口覆盖率达到 75%。累计支付保险赔款 7 753 万元，受益农户超过 5.6 万户次，筑起了返贫致贫的"防火墙"。二是实现"扶贫保险"全覆盖。"扶贫保"一揽子扶贫项目为龙头企业、新型农业经营主体提供"免息免担保贴保费"的产业扶贫服务，为贫困农户捐赠涵盖意外险、医疗险、农险、教育基金等专属保险保障，实现"人、财、物"的全方位覆盖。

在开展新型、特色险种普及与推动农业保险"提标、扩面、增品"方面，湖北省相关政策落实相对到位，但政策实施效果一般，数据显示，普通农户对于新型险保险的接受度并不高，普通农户中 58.55% 的农户完全不了解或者基本不了解特色农业保险险种，新型经营主体的相关险种较为单一，新型经营主体中也有 26.29% 的人表示不了解相关的特色险种。

3. 财政资金为乡村振兴保驾护航

财政是支持乡村振兴战略实施的引领和中坚。为落实湖北省委、省政府《关于实现巩固拓展脱贫攻坚成果同乡村振兴有效衔接的实施意见》的工作部署，各县（市）积极开展相关财政支持工作，充分利用好中央衔接资金，加强资金监管工作，并重点加大农业产业化扶持力度，2021—2025 年，省财政每年安排 5 亿元，通过以奖代补、先建后补、保费补贴等方式，支持龙头企业开展科技攻关、农产品加工、关键设备购置、技术改造、冷链物流、人才培育、社会化服务、信息化建设等；积极建立涉农资金统筹整合长效机制，实施"大专项＋任务清单"管理，逐步建立金融支持乡村振兴投入保障机制，土地出让收入用于支持乡村振兴的力度不断增强。2021 年，28 个脱贫县统筹整合财政涉农资金 168.72 亿元，支持项目 12.63 万个。乡村振兴财政投入更加有力，乡村产业发展获得重点支持，乡村造血功能持续增强。

（1）多措并举增加乡村振兴财政资金来源

调研发现，各县（市）加大商业土地出让力度，形成的土地出让收入增加政府可调控收入，加快土地增减挂钩和节余指标交易进度，执行土地收入计提政策，并把所得收益主要用于巩固拓展脱贫攻坚成果和乡村振兴。加大争资立项力度和资金支持额度，严格兑现立项争资奖励，充分利用好中央财政衔接推进乡村振兴补助资金。2021 年，湖北省各级财政投入衔接资金 236.57 亿元，比 2020 年投入的财政专项扶贫资金多出近 6 亿元，做到中央、省、市、县衔接资金投入"只增不减"。全年实施衔接资金项目约 2.7 万个，其中，支持发展农作物种植面积 109.6 万亩、畜牧养殖 31.78 万头、新建产业发展配套设施面积 122.69 万平方米、新建及改扩建交通道路里程 5 222 千米、建设提升农村安全饮水保障工程 342 处。

（2）严格管控加强财政资金监管

在严格财政资金监管方面，从调研结果来看，政策基本全面落实，湖北省各市（州）、县（市）逐步建立和完善财政资金监管的长效机制，筑牢涉农资金安全高效使用的"保障网"，促进财政资金充分发挥效益，具体包括建立完善巩固拓展脱贫攻坚成果和乡村振兴项目库，加强衔接资金和项目管理；转变财政支农资金监管工作方式，充分开展预算执行情况分析，加强对财政支农资金的监管；落实将涉农资金统筹整合的要求作为推进乡村振兴的政治责任，确保脱贫攻坚 5 年过渡期内财政支农投入总体稳定，加强对财政支农投向的优化调整；强化政府采购活动监管，加强政府债务限额管理，确保债务风险可防可控，确保涉农政府采购项目真正为乡村振兴服务。

（三）投入保障存在的问题

1. 银行业服务乡村振兴能力有待增强

相较城市经济，农村经济基础先天比较薄弱、资金相对匮乏，资金供需长期不平衡，导致农村金融创新不足，经营主体金融知识缺乏、借贷意愿不强等问题有待解决。

（1）融资主体贷款意愿不强，贷款能力不足

首先，大多数农户都受自给自足小农经济思想影响，种植业主要是用于自家消耗，较少进行商品流动，生活和生产成本相对较低，没有想要贷款扩大生产来改善生活的想法。尤其对于银行开展的房屋土地抵押贷款，农民的响应度较低。调研数据显示，1 594个有效样本中仅有80个农户非常愿意参与这种抵押贷款形式，有58.34%的农户很不愿意或者比较不愿意抵押房屋土地来贷款。其次，调研发现，农村人口多是空巢老人和小孩，农田多是小规模种植或是流转承包给村内大户，对于贷款需求不强。最后，种植业面临自然和市场双重风险，如果遭受自然灾害，农民和农业企业将面临严重损失，无力归还贷款，既影响银行机构开展农业贷款的积极性，也会降低农民的贷款意愿。

（2）村级金融发展不充分，发展基础薄弱

调研发现，村镇银行基本都分布在乡镇，金融服务机构下沉到村里的程度并不高。在乡级被访对象中，仅有多数乡镇认为村镇银行对乡级的支持力度是足够的。但当调查对象为村时，仅有23.55%的农户反映本村设有金融服务与机构网点，60.81%的新型经营主体反映村里并没有专设的金融机构，办理金融类业务都需要到乡镇或县城。

（3）村镇金融机构金融创新不足，供需和期限存在错配

就调研情况来看，湖北省普遍存在农村金融创新不足的问题，供求错位亟待解决。农村改革不断深化的同时也带来了农村经济形势的深刻变化，比如农业生产组织形式的多样化、一二三产业的融合以及科技化规模化生产方式，这些新的变化产生了新的金融需求，特别是针对新型经营主体的信贷模式亟须改善。农业生产经营周期较长且易受自然灾害影响，资金投入大、回笼慢、利润薄，但农业贷款的期限主要集中在1~3年，还款能力受到一定限制，且贷款审批程序复杂、审批期限较长，不适合农户资金需求特点。虽然有整村授信模式，但尚在推广之中，覆盖面和适用限制较大，多数驻扎在农村的银行机构针对"三农"对象的信贷产品、资信评估、增信机制等仍过于单一，未能对"三农"贷款需求进行细分，忽略了农村市场的异质性。有的信贷产品往往只针对传统的种植和养殖期限，贷款审批程序复杂、审批期限较长，不适合农户资金需求短、频、快的特点。

2. 保险业服务乡村振兴能力有待加强

由于农村保险发展基础薄弱、发展速度较慢，湖北省农业保险业整体仍存在投保主体意愿不强、特色险种较少、部分新型险种推广面较窄等问题。

（1）投保主体意愿不强，投保能力不足

湖北省大多数自然村所处的地理环境复杂多样，特别是偏远山区的农民居住较为零散，完成投保和理赔，保险公司和农民都需要承担较为高昂的交易成本；投保对象生产规模小，以自给自足为主要目的，投保意愿不强。

（2）村镇保险机构特色保险种类少，无法满足多样化需求

随着农业现代化进程加快，新型农业经营主体已成为引领农业现代化的生力军，新型农业经营主体生产规模大、机械化程度高，具有高投入、高产出、高风险特征，农业保险产品单一化的结构特征不能适应规模化主体多元化、高标准保障需要。从保险标的来看，湖北省现有农业保险产品承保目标大多为农产品，无法满足新型农业经营主体对农业机械、机器设备、生产材料等的保险需求。此外，新型农业经营主体在生产经营中不仅会面临自然风险，还面临着市场风险、技术风险、社会风险、资金风险、契约风险和政策风险等多种风险，但现在对于这些风险几乎没有特色险种。

（3）部分保险仅在示范区开展，推广面窄，乡镇推广情况差异大

调研显示，湖北省的"防贫保""扶贫保"、水稻天气指数、育肥猪价格指数、小龙虾天气综合、螃蟹价格、设施农业、水产养殖、家禽养殖、食用菌、茶叶、水果保险等新型创新保险均局限在部分试点区域，并且虽然所有的县都开设了乡村振兴的特色险种，但超过一半的农户对特色险种比较不了解（图8-3）。同时，人们愿意购买防贫保和扶贫保的意愿也在减弱，在农户中52.37%的人都愿意购买此类保险，但真正已经购买的不到1%，也有23.98%的农户表示

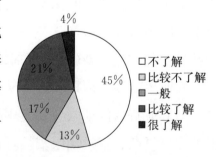

图8-3 农户对乡村振兴特色
保险了解程度

并不愿意购买此类保险。

3. 财政撬动乡村振兴效能有待提升

在财政支持乡村振兴方面，湖北省各县（市）因地制宜开创了很多特色政策和举措，实施效果都比较好，但省内各地之间仍存在较大差异。

(1) 农户和新型经营主体的财政补贴类型较少，政策宣传不到位

调研发现，开展农田耕种的受访农户几乎都了解种粮直补，但是只有一半的人知道玉米、大豆、稻谷等粮食补贴，而了解减免税政策和三产融合补贴的普通农户基本没有（表8-4）。对于新型经营主体来说，对于税收优惠政策相对了解，但也并没有超过半数。

表8-4　农业优惠财政政策了解程度

农业优惠财政政策	了解相关政策农户数	了解相关政策农户数占比/%
自产农产品免收增值税	362	26.56
免征或减半企业所得税	124	9.10
种粮直补	1 157	84.89
玉米、大豆、稻谷补贴	696	51.06
农机购置和报废补贴	721	52.90
产业融合发展补贴	56	4.11

(2) 乡镇财政支持力度存在较大差异

调研数据显示，县级对于财政政策的落实和执行情况都较为满意，但是乡级满意度较低，且不同乡镇对于落实情况的打分差异较大。据各县的反馈，在经济发展情况较为落后的地区，衔接资金的获批难度较大，地方扶持项目申请难度较大，地方自主品牌的树立和地方特色产业的建设都需要进一步的资金帮扶，否则开展较为困难。

(3) 县级项目审批复杂，立项材料繁多，申报积极性受挫

在调研过程中，很多县政府都反馈，项目立项难度大，需要提交的材料多，对于基层工作者考验较大，工作量较大，致使资金到位慢，审批困难，申报积极性严重受挫。县级项目立项之后，审批流程和事项也较为烦琐，导致资金到位时间长，对于亟须发展的产业和产品，也造成了一定阻碍。

（4）县级资金缺乏统一管理和分配利用

在资金利用方面，县级财政支农资金涉及项目种类繁多，且项目存在交叉重复现象，支农资金分散，碎片化特征明显；同时县级财政支农资金管理体制尚不完善，条块分割弊端明显，涉及政府的多个部门，不同部门在财政资金使用、项目管理等方面存在一定差异，难以有效整合支农资金。

（四）强化投入保障的对策建议

1. 积极发展农村金融服务

针对湖北省金融支持乡村振兴的发展现状，为激发金融部门和农民踊跃参与金融活动，一是要加大政策宣传力度，增加农村金融贷款需求，增加农村金融服务网点和代办点，银行联合财政打组合拳，开展金融补贴、贷款担保贴息等配套金融服务，以弥补市场配置机制的不足，提升金融服务的效率；二是要创新金融形式，改善错配矛盾，在服务主体上，实施差异化信贷政策，积极支持有条件的农民专业合作社发展信用合作，在抵押方式上，试办集体建设用地、宅基地抵押贷款和养殖水面使用权质押贷款等，在金融产品上，创新金融产品形式，试点推广"订单贷""流量贷""仓储贷""基金贷"等新型金额产品，满足农户多样化需求；三是优化县域农村金融法律环境，为农村金融服务发展提供法律保障，加大与法院、工商、税务等部门的合作力度，减少信息成本和金融成本。

2. 大力推动农业保险发展

一是县、乡机构和服务深入广大乡镇和村庄，加大关于农业保险和相关政策的宣传力度，提升农户的保险意识，引导农户参与农业保险来减少风险波动。二是开展保险品种和投保形式的创新和推广，在保险品种方面，支持地方开展特色产业保险产品试点，增加县（市、区）试点险种数量，在投保主体方面，更多关注新型经营主体的风险保障需求，为新型经营主体提供多层次和全方位的保险保障，在保险覆盖面上，进一步加大特色保险品种与产业投保、全村投保等新型投保形式的试点范围与力度，提升更多农业生产经营者购买保险的可得性与便利性。

3. 不断优化财政支持措施

财政支持是乡村振兴发展战略实施的强大驱动力，除了在财政资金来源和监管方面有所加强和改善之外，针对财政资金利用现状，一是加大财政补贴政策宣传力度，让更多农户和新型经营主体了解政策；二是加快衔接资金落实到位，各县对于中央财政衔接资金的项目申请积极鼓励，严格审核，持续管理，督促资金按时按规按量到账；三是县级政府按需精简项目审批流程，尽可能简化在项目申请、审批、立项和拨款中的具体流程，减少烦琐的办理手续；四是统筹规划支农资金使用，考虑建立财政支农资金整合平台，强化部门间协调配合，提高资金使用效率，加强财政支农资金绩效管理和预算管理，形成财政支农资金绩效管理的完整闭环。

第 九 章

深化农村改革促进城乡融合发展

农村改革是全面推进乡村振兴的关键一环，城乡融合发展是加快农业农村现代化的必由之路。湖北省历来是我国重要的农业生产基地和农村改革示范区，其农业农村发展问题直接关系到中部地区乡村振兴的发展进程，是促进中部崛起的重要战略支点。但是，近年湖北省在农村改革和城乡融合过程中出现了许多新问题新现象，亟待深入研究。基于此，本研究通过系统梳理湖北省深化农村改革和促进城乡融合发展的政策实践，对相关政策执行情况和实施效果进行评价，发现政策实施中的突出问题并提出优化建议，助力湖北省深化农村改革、加快城乡融合发展。

一、湖北深化农村改革促进城乡融合发展的政策实践

（一）中国农村改革与城乡融合发展的阶段划分

1. 农村改革的阶段划分

（1）农业经营制度改革的阶段划分

新中国成立至今，我国农业经营制度改革大致经历了改革起点阶段、探索突破阶段、全面推进阶段、城乡统筹阶段以及全面深化阶段（图 9-1），基本构建了符合我国国情农情的制度框架体系：一是改革起点阶段（1949—1978年），新中国成立到改革开放之前，农村主要经历了两次大的改革：第一是实

行短暂的农民土地所有制。第二是实行农业合作社，开展农业合作化运动，最终形成人民公社体制。二是探索突破阶段（1978—1992年），农村改革确立了以家庭承包经营为基础、统分结合的双层经营体制，成为我国农村的基本经济制度。三是全面推进阶段（1992—2002年），在建立社会主义市场经济体制改革的目标引领下，农业农村改革沿着稳定完善农村基本经营制度、健全农产品市场体系等目标展开，市场机制在农业和农村经济发展中的作用进一步凸显。四是城乡统筹阶段（2002—2012年），针对城乡差距的拉大，中央及时提出了"两个趋向"的重要论断，制定了农村"多予少取放活"的方针，极大改善了城乡关系。五是改革深化阶段（2012年至今），党的十八大以来，党中央作出全面深化改革的重大战略部署，农村改革从局部到整体、从试点先行到逐步推广，形成了全方位的制度体系。

指导思想： ● 鼓足干劲，力争上游，多快好省建设社会主义 发展重点： ● 短暂的农民土地所有制 ● 实现农业合作社 阶段总结： ● 彻底摧毁封建剥削制度，满足了农民群众获得土地的强烈愿望，解放了农村生产力 ● 抑制了农业生产效率的提高	指导思想： ● 加强和完善农业生产责任制 发展重点： ● 搞活农村商品流通、促进农村劳动力转移、实现村民自治为重点 ● "包产到户""包干到户"的家庭联产承包责任制 阶段总结： ● 确立我国农村的基本经济制度这是迄今为止中国农村极具历史性意义的制度改革	指导思想： ● 全面建成社会主义市场经济体制 发展重点： ● 稳定农村基本经营制度 ● 强化农产品流通体制改革，调整农村产业结构，推进乡镇企业体制创新，促进农村劳动力转移 阶段总结： ● 市场机制在农业和农村经济发展中的作用进一步凸显	指导思想： ● 集体资产保值增值 ● 农民增收致富 发展重点： ● 政策趋于精细化、精准化 ● 发展壮大村集体经济 阶段总结： ● 创新集体经济组织运行机制，提出探索农村集体产权制度改革配套政策建议，以保证农村集体产权制改革工作的精准性和实效性	指导思想： ● 全面深化改革 发展重点： ● 建立完善精准扶贫体制，机制 ● 实施土地"三权分置"制度改革 ● 推动农业供给侧结构性改革 ● 实施乡村振兴战略 阶段总结： ● 全面推进农业综合改革和其他领域各项改革，注重改革的全局性、系统性、协同性
1949年 ←→ 1978年	←→ 1992年	←→ 2002年	←→ 2012年	
改革起点阶段	城乡互动阶段	全面推进阶段	城乡统筹阶段	全面深化改革阶段

图 9-1　农业经营制度改革的阶段划分

（2）农村土地制度改革的阶段划分

农村土地制度的变迁是一个制度的替代、转换和交换过程，是一个通过规范土地权属，实现土地有效利用，进而促进农村经济社会全面发展的过程。新中国成立后,伴随着国家在政治经济等方面的发展和调整,农村土地制度进行了多次变革调整(图9-2):从农民土地所有制,到人民公社时期的初级社、高级社、人民公社,一直到改革开放后的农民集体所有、家庭承包经营,承包经营的期限也在不断变化,直到2016年土地"三权分置"制度确立,土地所有权归集体、承包权归原农户、经营权归实际经营者,放活土地经营权,土地的承包经营权物权化、法制化。

指导思想:
- 耕者有其田
- 打土豪,分田地
- 农民土地所有制

发展重点:
- 土地改革
- 颁布《中国人民共和国土地改革法》

阶段总结:
- 通过开展土地改革来改变中国农村土地分配严重失衡的状态,改革的成功标志着个体农民所有的土地制度确立

指导思想:
- 马克思主义农业合作化理论
- 社会主义思想

发展重点:
- 社会主义改造
- 合作化运动
- 人民公社运动

阶段总结:
- 实行以生产队为基本核算单位的"三级所有、队为基础"的农村土地制度

指导思想:
- 包产到户、包干到户
- 家庭联产承包责任制

发展重点:
- 改变土地经营模式
- 提高农民的生产积极性

阶段总结:
- "包产到户""包干到户"让农民成为农村经济的经营主体,集体所有、家庭承包经营的土地制度实现了土地所有权与土地使用权的分离

指导思想:
- 土地流转
- 三权分置

发展重点:
- 土地集体所有制的实现形式深入探索和模式创新
- 解决城镇化带来的新诉求

阶段总结:
- 以土地集体所有为底线,以家庭联产承包责任制为核心,实行集体所有、农户承包权和土地经营权的分置取向

1949年　　　　　　1954年　　　　　　1978年　　　　　　2014年

| 平均地权产权合一 | 三级所有队为基础 | 集体所有两权分离 | 集体所有三权分置 |

图9-2　农村土地制度改革的阶段划分

(3) 农村集体产权制度改革的阶段划分

农村集体经济是我国社会主义公有制经济的重要组成部分,农村集体产权制度是发展农村集体经济的基础。我国农村集体产权制度发展变化可以分为以下四个阶段(图9-3):一是形成与强化阶段(1949—1978年),通过合作化运动和相关的政策导向,农村集体生产资料的产权(主要包括所有权、经营权和使用权)实现了由农户所有向集体所有的过渡,集体产权初步构建。二是调整和规范阶段(1978—2010年),以家庭联产承包责任制为核心的产权制度改革形成了农村集体经济组织所有权能的模式,但集体资产权属不清、管理主体不明、收益分配不公等问题,导致集体产权效率低下。三是改革深化阶段

（2010—2016 年），农村集体产权制度改革工作重点转向确认登记集体所有的国有土地承包经营权、完善农民集体和个人进行非农业生产建设依法使用集体所有土地的权利，从而推动集体经营性建设用地入市并推进股份权能试点和发展多种形式的股份合作。四是全面推进改革阶段（2016 年至今），农村集体产权改革内容更加全面，机制不断创新，成果日益凸显。

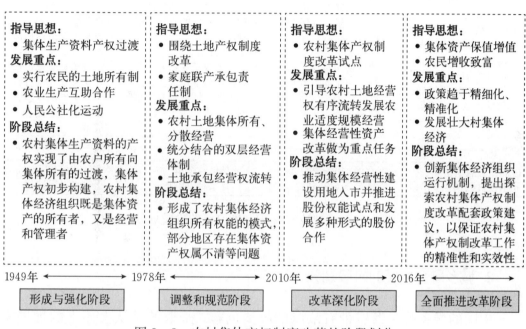

图 9-3　农村集体产权制度改革的阶段划分

（4）农业支持保护制度改革的阶段划分

农业支持保护制度是稳定农业生产、促进农村发展的重要政策工具。改革开放以来，我国农业支持保护制度经历了四个阶段（图 9-4）：一是提高粮食收购价格、补贴粮食购销企业阶段（1979—1990 年），政府将原统购价当作市场粮价下跌底线，初步形成了价格支持政策的基本内涵。二是粮食保护价收购、粮食风险调节基金补贴阶段（1990—2000 年），粮食购销市场化、粮食从"双轨制"向全面开放市场过渡。三是以最低收购价和对农民直接补贴为主的阶段（2000—2012 年），进一步改革和完善相关政策，理顺农产品价格形成机制。四是市场决定价格＋生产者补贴阶段（2012 年至今），坚持市场化改革取向与保护农民利益并重，在逐步理顺价格形成机制的同时，对补贴政策从制度设计和实施层面都进行了新的探索。

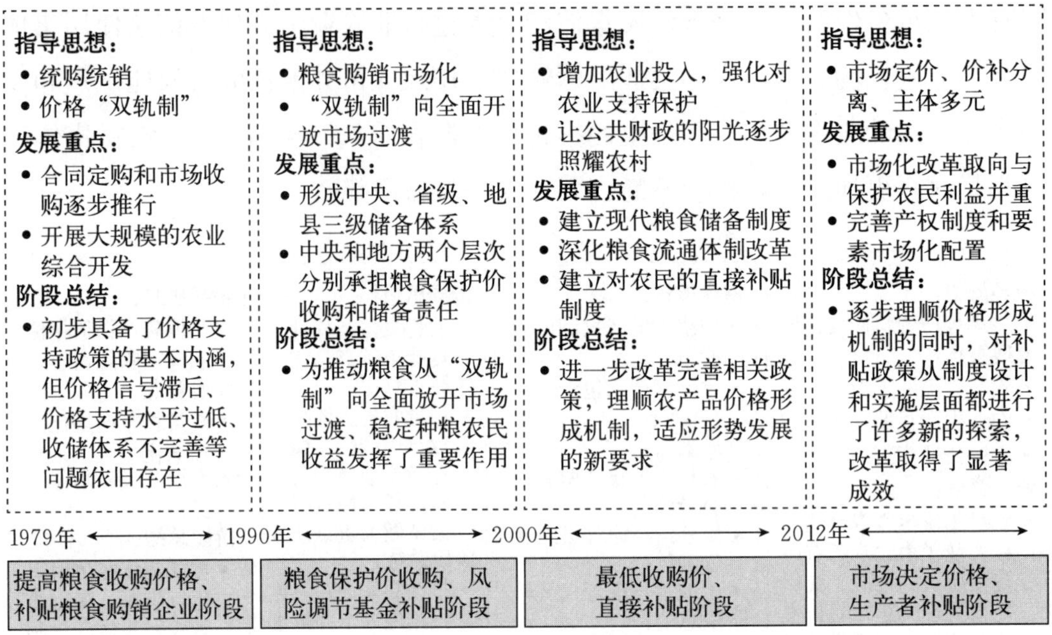

指导思想：	指导思想：	指导思想：	指导思想：
• 统购统销 • 价格"双轨制" **发展重点：** • 合同定购和市场收购逐步推行 • 开展大规模的农业综合开发 **阶段总结：** • 初步具备了价格支持政策的基本内涵，但价格信号滞后、价格支持水平过低、收储体系不完善等问题依旧存在	• 粮食购销市场化 • "双轨制"向全面开放市场过渡 **发展重点：** • 形成中央、省级、地县三级储备体系 • 中央和地方两个层次分别承担粮食保护价收购和储备责任 **阶段总结：** • 为推动粮食从"双轨制"向全面放开市场过渡、稳定种粮农民收益发挥了重要作用	• 增加农业投入，强化对农业支持保护 • 让公共财政的阳光逐步照耀农村 **发展重点：** • 建立现代粮食储备制度 • 深化粮食流通体制改革 • 建立对农民的直接补贴制度 **阶段总结：** • 进一步改革完善相关政策，理顺农产品价格形成机制，适应形势发展的新要求	• 市场定价、价补分离、主体多元 **发展重点：** • 市场化改革取向与保护农民利益并重 • 完善产权制度和要素市场化配置 **阶段总结：** • 逐步理顺价格形成机制的同时，对补贴政策从制度设计和实施层面都进行了许多新的探索，改革取得了显著成效
1979年 ←——→	1990年 ←——→	2000年 ←——→	2012年 ←——→
提高粮食收购价格、补贴粮食购销企业阶段	粮食保护价收购、风险调节基金补贴阶段	最低收购价、直接补贴阶段	市场决定价格、生产者补贴阶段

图 9-4　农村支持保护制度改革的阶段划分

2. 城乡融合发展的阶段划分

中国的城乡关系发展带有浓厚的政治色彩，采取的是从上而下的推进模式。新中国成立以来，中国的城乡关系发展可以分为四个阶段（图 9-5）：一是城市领导农村阶段（1949—1977 年），以"三农"发展滞后为代价，实现国家整体实力的大幅提升，建立起相对完整的、独立的工业体系和国民经济体系。二是城乡再度分离阶段（1978—2001 年），乡村工业化被打断，市场化改革推动着分化型城乡关系发展，城乡差距快速增大。三是城乡统筹发展阶段（2002—2011 年），"工业反哺农业、城市支持农村"的"三农"政策体系逐步建立，为消除城乡二元结构创造条件。四是城乡全面融合发展阶段（2012 年至今），一系列城乡一体化和融合发展的政策推行，使城乡人口等要素流动更加顺畅，推动新型工业化、信息化、城镇化、农业现代化同步发展，加快推动工农互促、城乡互补、全面融合、共同繁荣的新型工农城乡关系形成。

指导思想：
- 以城市为中心的统筹城乡思想
- 党的工作重心由乡村转移到城市

发展重点：
- 社会主义改造
- 重工业优先发展战略
- 农副产品统购统销

阶段总结：
- 全党进入了城市领导农村时期，以城市为中心的统筹城乡思想指导经济社会发展

指导思想：
- 深入搞好农村改革的同时，加快以城市为重点的整个经济体制改革的步伐

发展重点：
- 改革开放
- 经济体制改革
- 改革重点由农村转移至城市

阶段总结：
- 实行乡育城市的政策和城乡二元制度，但是农村支持城市发展的路径发生了变化

指导思想：
- 科学发展观
- 五个统筹

发展重点：
- 解决城乡分割、发展不同步问题
- "工业反哺农业、城市支持农村"的"三农"政策体系构建

阶段总结：
- 以城市为本位，发挥城市(增长极)的扩散效应以工促农、以城带乡

指导思想：
- 乡村振兴战略
- 社会现代化战略

发展重点：
- 建立健全城乡融合发展体制机制和政策体系
- 新工农城乡关系

阶段总结：
- 通过制度改革、政策调整和市场建设，激活"主体—要素—市场"，实现城乡双向互动

1949年 ←——→ 1978年 ←——→ 2002年 ←——→ 2012年 ←——→

| 城市领导农村阶段 | 城乡再度分离阶段 | 城乡统筹发展阶段 | 城乡全面融合阶段 |

图 9-5 城乡融合发展的阶段划分

（二）湖北深化农村改革促进城乡融合发展的政策实践

1. 深化农村改革的政策特征

（1）农业经营制度政策发展均衡

按照公开性、权威性、相关性、时效性原则，对 2012—2022 年湖北省农业经营政策文件进行筛选，最终确定 63 项政策文件并依照政策工具类型（表 9-1）划分进行编码，共计编码 113 条相关政策条目作为有效样本进行文本分析。

首先，根据政策工具在政策执行过程中所发挥的作用划分为需求型、供给型和环境型政策工具三大类（表 9-1）。根据新时代农业经营体系的评价目标，将相关政策划分为经营主体多样化、经营体系完善化两个方面：经营主体多样化是指随着市场化深入，培养多样的职业农民和大规模经营、较高的集约化程度和具备市场竞争力的农业经营组织，基础设施建设、财政支持、人才培养等可以为实现经营主体多样化打下基础；经营体系完善化是指由于我国农业现代化同工业化、城镇化、信息化的步伐差距逐渐拉大，因此提出了构建完善

的集约化、专业化、组织化、社会化相结合的新型农业经营体系，包括技术和组织创新、示范工程等。

表9-1　农业经营制度改革的政策工具类型、名称及具体含义说明

政策工具类型	政策工具名称	政策工具含义
供给型	基础设施建设 A1	加大基础设施建设，如交通物流网络、农业基础设施网络、数字信息网络等设施
	技术创新 A2	为推动适度规模经营、农民收益而引进创新型理念和技术
	财政支持 A3	加强对农村地区基础设施重点领域和薄弱环节的投资力度，如农村人居环境改善、农村绿色生产等
	人才培养 A4	优化人才发展环境，吸引更多的社会各界人才投入到农业现代化经营中
环境型	法律法规保障 B1	为保障新型农业经营主体的权力与义务，更好管理和鼓励农业经营主体的建设，而制定的法律法规
	组织创新 B2	创新体制机制、完善管理体系、建立长效机制
	金融税收 B3	政府通过提供贷款、债券等金融工具以及投融资等制度保障来推动城乡融合发展，通过减税等方式帮助解决企业资金难的问题
需求型	示范工程 C1	打造特色与典型带动的发展模式，实现以先进典型的生动实践引领乡村振兴战略的实施

其次，将113条政策条目按照政策工具的3个一级指标、8个二级指标进行频数统计（表9-2）。从政策工具的一级指标来看，供给型与环境型政策工具所占比重较大，分别为46.02%和44.25%；而需求型政策工具明显低于其他两种，仅为9.73%，供给型和环境型政策工具在农业经营制度体系中的应用过溢，需求型政策工具使用不足。通过对二级指标统计，基础设施占比16.81%，当地政府为新型农业经营体系建设提供了各种有利的平台和设施，并鼓励农户自主发展多样化的农业经营方式；从对人才培养工具占比10.62%，政府对农户进行农业经营的教育的重视程度越来越高；组织创新投入占比23.01%说明，政府通过创新体制机制，不断完善管理体系，从而建立更完善的农业经营体系。各项政策工具投入较为均匀，整个农业经营制度的政策发展均衡。

表 9 - 2　农业经营制度改革的政策工具维度频数统计

政策工具类型	政策工具名称	小　　计	百分比/%	百分比/%
供给型	基础设施建设	19	16.81	46.02
	技术创新	10	8.85	
	财政支持	11	9.73	
	人才培养	12	10.62	
环境型	法律法规	10	8.85	44.25
	组织创新	26	23.01	
	金融税收	14	12.39	
需求型	示范工程	11	9.73	9.73
总计		113	100.00	100.00

再次，从政策目标维度分析。从政策目标来看，旨在丰富农业经营主体多样化的相关政策数占全部政策总数的 58.41%，旨在完善农业经营体系的相关政策占全部政策总数的 41.59%，两者分布大体均衡（表 9 - 3）。

表 9 - 3　农业经营制度改革的政策目标维度频数统计

政策工具	政策目标	
	经营主体多样化	经营体系完善化
基础设施建设	19	N/A
技术创新	N/A	10
财政支持	11	N/A
人才培养	12	N/A
法律法规	10	N/A
组织创新	N/A	26
金融税收	N/A	14
示范工程	N/A	11
合计	53	39
百分比/%	58.41	41.59

最后，总结政策属类分布频度及其结构特征，80.77% 的供给型政策聚焦于农业经营主体多样化，主要政策工具为基础设施建设、财政支持和人才培养；其中占比 19.23% 的技术创新旨在构建完善的农业经营体系，表明供给型

政策工具更偏向于丰富多样的农业经营主体，较少关注农业经营体系的构建；环境型政策中占比 48.00% 的法律法规保障和金融税收工具旨在保证农业经营主体多样化；环境型政策中占比 52.00% 的组织创新旨在构建完善的农业经营体系。需求型政策数目相对较少，远低于供给型和环境型政策，且主要集中于通过示范工程促进经营体系完善化。

（2）农村土地征地补偿政策有待加强

本文按照公开性、权威性、相关性、时效性原则，最终筛选湖北省 2012—2022 年 33 项农业土地制度政策文件并依照政策工具类型划分进行编码，共计编码 64 条相关政策条目作为有效样本进行文本分析。

第一，根据政策工具在政策执行过程中所发挥的作用划分为需求型、供给型和环境型政策工具三大类（表 9-4）；根据农村土地制度的目标，将政策划分为保障土地资源高效利用、保障农民利益两大类：保障土地资源高效利用是指引导和规范农村土地承包、集体土地入市等实现土地资源合理配置，最大限度提高土地利用效益和产出率，包括用地支持、组织创新、信息平台建设、交易市场建设等相关政策；保障农民权益是指通过对集体土地进行确权登记、规范交易、构建合理的征地补偿等保障农民权益的政策。

表 9-4　农村土地制度改革的政策工具类型、名称及具体含义说明

政策工具类型	政策工具名称	政策工具含义
供给型	用地支持 A1	通过多样的用地供应方式，盘活闲置用地，提高用地效率
	确权登记 A2	通过开展农村集体土地、宅基地确权和登记发证，依法保护农村集体土地所有权及使用权人合法权益
环境型	规范管理 B1	对土地流转等方面合同等的规范管理
	组织创新 B2	创新体制机制、完善管理体系、建立长效机制
	信息平台建设 B3	通过信息公开等平台建设，提高土地资源利用率
	交易市场建设 B4	通过土地流转市场的不断完善，提高农村要素资源配置和利用效率，实现农村资源效益最大化
需求型	征地补偿 C1	为合理利用土地，保护被征地农民合法权益，维护社会稳定，不断提高补偿标准，并朝着规范化方向发展
	社会保障 C2	针对被征地农民的，包括保险、就业等方面的社会保障政策

第二，将64条政策条目按照政策工具的3个一级指标、8个二级指标进行频数统计（表9-5）。从政策工具的一级指标来看，环境型政策工具所占的比重较大，占总政策条目的50%；而供给型和需求型占了剩余50%，环境型政策工具在土地制度中的应用过溢，需求型和供给型政策工具应用较均衡。通过对二级指标统计，确权登记政策工具占比17.19%，由此可见，当地政府重视确权登记发放工作；组织创新投入占比15.63%，说明政府通过创新体制机制，不断完善管理体系，从而保障土地制度的有效运行；其中，占比最少的是征地补偿政策工具，说明当前征地补偿机制有待完善。

表9-5 农村土地制度改革的政策工具维度频数统计

政策工具类型	政策工具名称	小　计	百分比/%	百分比/%
供给型	用地支持	8	12.50	29.69
	确权登记	11	17.19	
环境型	规范管理	6	9.38	50.00
	组织创新	10	15.63	
	信息平台建设	7	10.94	
	交易市场建设	9	14.06	
需求型	征地补偿	4	6.25	20.31
	社会保障	9	14.06	
总计		64	100.00	100.00

第三，从政策目标来看，旨在促进土地资源高效利用的相关政策数占全部政策总数的53.3%，旨在保障农民切身利益的相关政策占全部政策总数的46.7%（表9-6），两者分布大体均衡，土地资源的高效利用和农民利益的保障都是土地制度制定的重要目的。

表9-6 农村土地制度改革的政策目标维度频数统计

政策工具	政策目标	
	土地资源高效利用	保障农民利益
用地支持	8	N/A
确权登记	N/A	11

（续）

政策工具	政策目标	
	土地资源高效利用	保障农民利益
规范管理	N/A	6
组织创新	10	N/A
信息平台建设	7	N/A
交易市场建设	9	N/A
征地补偿	N/A	4
社会保障	N/A	9
合计	34	30
百分比/%	53.30	46.70

第四，总结政策属类分布频度及其结构特征，42.11%的供给型政策聚焦于土地高效利用，政策工具为用地支持；其中占比57.90%的确权登记旨在保障农民的合法权益，表明供给型政策工具对于两个目标分布较均匀；环境型政策中占比18.75%的规范管理工具旨在保证农民合法权益；环境型政策中占比81.25%的组织创新、信息交易平台建设和交易市场建设旨在提高土地的利用效益；需求型政策的目的均是保障农民权益，包括征地补偿和社会保障。

（3）农村集体产权环境型政策工具应用过溢

按照公开性、权威性、相关性、时效性原则，筛选获得2012—2022年共52种湖北省农村集体产权制度政策文件，依照政策工具类型划分进行编码，共计编码72条相关政策条目作为有效样本进行文本分析。

第一，按照作用方式的不同划分为需求型、供给型和环境型政策工具三大类（表9-7），根据农村集体产权制度政策促进乡村振兴的评价目标，结合实际情况将其划分为土地资源优化配置、维护农民权益和经济社会健康发展三个方面：土地资源优化配置表现为土地资源内部结构的调整，即土地资源不同类别之间的转换，包括土地管理法、集体林权制度、建立长效机制等相关政策；财政投入、基础设施建设、农民权益等相关政策则侧重于维护农民权益；金融支持与增值收益分配相关政策主要是以实现社会经济健康发展为目标。

表 9-7　农村集体产权制度改革的政策工具类型、名称及具体含义说明

政策工具类型	政策工具名称	政策工具含义
供给型	财政投入 A1	政府直接对村集体的经济支持或制度保障体系，如积极推广农村土地股份合作、提高规模经营水平、加快发展农民专业合作社和农业社会化服务等
	基础设施建设 A2	在建立完善农村基础设施建后管护机制、扶贫基地、村庄道路、产业道路、农村供水安全、农村电网巩固提升工程、乡村物流体系建设等方面的制度保障和各项配套服务
环境型	目标规划 B1	对农村集体产权制度的未来发展做出总体规划
	组织创新 B2	创新集体林权制度、完善管理体系、建立长效机制
	金融支持 B3	政府通过提供贷款、债券等金融工具以及投融资等制度保障来推动农村集体产权的发展，通过减税等方式帮助解决农村企业资金难的问题
需求型	增值收益分配 C1	对农户承包地有偿退出，农村土地征收、集体经营性建设用地入市、宅基地制度等政策带来的收益进行合理分配
	农民权益 C2	在集体经济组织成员身份确认、确权和登记发证、股权设置、权益流转等关键环节，依法依规保障农民平等权益

第二，将 72 条政策条目按照政策工具的 3 个一级指标、7 个二级指标进行频数统计（表 9-8）。从政策工具的一级指标来看，环境型政策工具所占比重较大，占 41.67%，供给型政策和需求型政策工具低于环境型政策工具，环境型政策工具在农村集体产权制度政策体系中的应用过溢。通过对二级指标统计，财政投入占比 25%，由此可见，当地政府为农村集体产权制度提供了各种有利的平台和设施，并鼓励农民进行研发和创新；增值收益分配占比19.44%，政府对增值收益分配的重视程度越来越高。

表 9-8　农村集体产权制度改革的政策工具维度频数统计

政策工具类型	政策工具名称	小　计	百分比/%	百分比/%
供给型	财政投入	18	25.00	31.94
	基础设施建设	5	6.94	
环境型	目标规划	13	18.06	41.67
	组织创新	9	12.50	
	金融支持	8	11.11	

（续）

政策工具类型	政策工具名称	小　计	百分比/%	百分比/%
需求型	增值收益分配	14	19.44	26.39
	农民权益	5	6.94	
总计		72	100.00	100.00

第三，从政策目标来看，旨在维护农民权益的相关政策数占全部政策总数的38.88%，促进经济社会健康发展的相关政策数占全部政策总数的30.56%，同样有30.56%的政策目标是优化土地资源配置（表9-9）。由此可见，目前已出台的政策大多数是聚焦于维护农民的合法权利。

表9-9　农村集体产权制度改革的政策目标维度频数统计

政策工具	政策目标		
	土地资源优化配置	维护农民权益	经济社会健康发展
财政投入	N/A	18	N/A
基础设施建设	N/A	5	N/A
目标规划	13	N/A	N/A
组织创新	9	N/A	N/A
金融支持	N/A	N/A	8
增值收益分配	N/A	N/A	14
农民权益	N/A	5	N/A
合计	22	28	22
百分比/%	30.56	38.88	30.56

第四，总结政策属类分布频度及其结构特征，100%的供给型政策聚焦于农民权益的提升，主要政策工具为财政投入和基础设施建设；环境型政策中占比73.3%的目标规划和组织创新类政策工具旨在优化配置土地资源；环境型政策中占比26.7%的金融支持政策旨在促进社会经济健康发展；需求型政策数目相对较少，稍低于供给型和环境型政策，且主要集中于促进社会经济健康发展。

（4）农业支持保护政策聚焦保护国家粮食安全

按照公开性、权威性、相关性、时效性原则，对湖北省2012—2022年农业支持保护政策进行筛选，最终确定56项政策文件并依照政策工具类型

（表 9 - 10）划分进行编码，共计编码 83 条相关政策条目作为有效样本进行文本分析。

第一，按照作用方式的不同划分为需求型、供给型和环境型政策工具三大类（表 9 - 10），根据农业支持保护制度政策促进农业现代化的评价目标，结合实际情况将其划分为提高农业生产力、增加农业收入和保护粮食安全三个方面：加强农业综合生产能力建设，是促进粮食增产和农民增收的结合点，包括基础设施建设、组织创新等相关政策；农业保险、金融税收、农民福祉等相关政策侧重于增加农民收入；农业补贴、目标规划与农业支持相关政策主要以保障粮食安全为目标。

表 9 - 10 农业支持保护制度改革的政策工具类型、名称及具体含义说明

政策工具类型	政策工具名称	政策工具含义
供给型	农业补贴 A1	农业补贴是一种保护性政策手段，是政府最常用、最主要的政策工具之一，是政府对农业生产、流通和贸易进行的转移支付
	农业保险 A2	政策性农业保险将财政手段与市场机制相对接，可以创新政府救灾方式，提高财政资金使用效益；分散农业风险，促进农民收入可持续增长
	基础设施建设 A3	在建立完善农村基础设施建后管护机制、扶贫基地、村庄道路、产业道路、农村供水安全、农村电网巩固提升工程、乡村物流体系建设等方面的制度保障和各项配套服务
环境型	目标规划 B1	对农业支持保护制度的未来发展做出总体规划
	组织创新 B2	创新农业支持保护制度、完善管理体系、建立长效机制
	金融税收 B3	政府通过提供贷款、债券等金融工具以及投融资等制度保障来推动农业支持保护制度的发展，通过减税等方式帮助解决农村企业资金难的问题
需求型	农业支持 C1	农业投入稳定增长机制、农产品价格形成机制、农业补贴制度、农业保险制度等政策
	农民福祉 C2	在集体经济组织成员身份确认、股权设置、权益流转、收益分配和继承等关键环节，依法依规保障农民平等权益

第二，将 83 条政策条目按政策工具的 3 个一级指标、8 个二级指标进行频数统计（表 9 - 11）。从一级指标来看，环境型政策工具所占比重较大，高达 59.04%；而供给型政策和需求型政策工具明显低于环境型政策工具，环境型政策工具在农业支持保护制度政策体系中的应用过溢。通过对二级指标统

计，目标规划和组织创新分别占比 27.71％和 25.30％，当地政府为农业发展提供了各种有利的平台和政策，并鼓励农民进行研发和创新。

表 9-11 农业支持保护制度改革的政策工具维度频数统计

政策工具类型	政策工具名称	小　计	百分比/％	百分比/％
供给型	农业补贴	9	10.84	16.87
	农业保险	1	1.20	
	基础设施建设	4	4.82	
环境型	目标规划	23	27.71	59.04
	组织创新	21	25.30	
	金融税收	5	6.02	
需求型	农业支持	12	14.46	24.10
	农民福祉	8	9.64	
总计		83	100.00	100.00

　　第三，从政策目标来看，旨在保护粮食安全的相关政策数占全部政策总数的 53.01％，其次提高农业生产力的相关政策数占全部政策总数的 30.12％，最后有 16.87％的政策目标是增加农业收入（表 9-12）。由此可见，目前已出台的政策大多数是聚焦于保护国家粮食安全。

表 9-12 农业支持保护制度改革的政策目标维度频数统计

政策工具	政策目标		
	提高农业生产力	增加农业收入	保护粮食安全
农业补贴	N/A	N/A	9
农业保险	N/A	1	N/A
基础设施建设	4	N/A	N/A
目标规划	N/A	N/A	23
组织创新	21	N/A	N/A
金融税收	N/A	5	N/A
农业支持	N/A	N/A	12
农民福祉	N/A	8	N/A
合计	25	14	44
百分比/％	30.12	16.87	53.01

第四，总结政策属类分布频度及其结构特征可见，64.3%的供给型政策聚焦于保护国家粮食安全，主要政策工具为农业补贴；环境型政策中占比46.9%的目标规划类政策工具旨在保护国家粮食安全，占比42.9%的组织创新类政策工具旨在提高农业生产力；需求型政策中占比60%的农业支持政策旨在保护国家粮食安全；供给型政策数目相对较少，稍低于环境型和需求型政策，且主要集中于提高农业生产力和保护粮食安全。

2. 促进城乡融合发展政策特征

按照公开性、权威性、相关性、时效性原则，对湖北省2012—2022年城乡融合发展政策文件进行筛选，最终确定54项政策文件并依照政策工具类型（表9-13）划分进行编码，共计编码150条相关政策条目作为有效样本进行文本分析。

第一，政策工具按照作用方式的不同划分为供给型、环境型和需求型政策工具三大类（表9-13），根据有关政策促进城乡融合的评价目标，结合实际情况将其划分为要素配置合理化、城乡收入均衡化和公共服务均等化三个方面：要素配置合理化包括要素配置、组织创新、农业支持等相关政策；城乡收入均衡化包括资金投入、金融税收、政府采购等相关政策；城乡公共服务均等化包括公共服务、基础设施、目标规划等相关政策。

表9-13　促进城乡融合发展政策的政策工具类型、名称及具体含义说明

政策工具类型	政策工具名称	政策工具含义
供给型	公共服务 A1	在农村医疗、养老、教育、公共文化、就业、人居环境等方面的制度保障和各项配套服务
	基础设施建设 A2	加大基础设施建设，如布局道路、供水、供电、信息、广播电视、防洪和垃圾污水处理等设施
	要素配置 A3	针对城乡的人口、资本、土地等要素的合理配置所提供的支持
	资金投入 A4	政府直接对乡村发展的经济支持或完善资金保障体系和机制，如设立专项资金、加大财政支农供给、金融服务、社会资本引入等

（续）

政策工具类型	政策工具名称	政策工具含义
环境型	目标规划 B1	对城乡融合的未来发展做出总体规划
	组织创新 B2	创新体制机制、完善管理体系、建立长效机制
	金融税收 B3	政府通过提供贷款、债券等金融工具以及投融资等制度保障来推动城乡融合的发展，通过减税等方式帮助解决企业资金难的问题
需求型	农业支持 C1	农业补贴、农业用地、农业生产发展、农业可持续发展、现代农业支撑体系等政策
	政府采购 C2	政府委托其他组织利用采购工程、服务等经济手段推动城乡融合

第二，将 150 条政策条目按照政策工具的 3 个一级指标、9 个二级指标进行频数统计（表 9-14）。从政策工具的一级指标来看，供给型政策工具所占的比重较大，为 54.00%，环境型和需求型政策工具明显低于供给型政策工具，供给型政策工具在城乡融合政策体系中的应用过溢，环境型和需求型政策工具使用不足。通过对二级指标统计，公共服务和组织创新的占比最高，均为 17.33%，湖北省政府在城乡融合的政策组织创新和提供公共服务上投入较大；基础设施建设占比 16.67%，政府对基础设施的完善及城乡统筹的重视程度越来越高。

表 9-14 促进城乡融合发展政策的工具维度频数统计

政策工具类型	政策工具名称	小计	百分比/%	百分比/%
供给型	公共服务	26	17.33	54.00
	基础设施建设	25	16.67	
	要素配置	9	6.00	
	资金投入	21	14.00	
环境型	目标规划	7	4.67	30.00
	组织创新	26	17.33	
	金融税收	12	8.00	
需求型	农业支持体系	18	12.00	16.00
	政府采购	6	4.00	
总计		150	100.00	100.00

第三，从政策目标来看，旨在促进公共服务均等化和要素配置合理化的相关政策数共占全部政策总数的 74.00%，其中公共服务均等化所占比重为 38.67%，26.00% 的政策目标是推动城乡收入均衡化（表 9-15）。由此可见，目前已出台的政策大多数是聚焦于提升当地的公共服务和要素配置。

表 9-15　促进城乡融合发展政策的目标维度频数统计

政策工具	政策目标		
	要素配置合理化	城乡收入均衡化	公共服务均等化
公共服务	N/A	N/A	26
基础设施建设	N/A	N/A	25
要素配置	9	N/A	N/A
资金投入	N/A	21	N/A
目标规划	N/A	N/A	7
组织创新	26	N/A	N/A
金融税收	N/A	12	N/A
农业支持体系	18	N/A	N/A
政府采购	N/A	6	N/A
合计	53	39	58
百分比/%	35.33	26.00	38.67

第四，总结政策属类分布频度及其结构特征可见，62.96% 的供给型政策聚焦于当地公共服务均等化，主要政策工具为公共服务和基础设施；其中占比 25.93% 的供给型政策旨在促进城乡收入均衡化，占比 11.11% 的供给型政策旨在促进要素配置合理化，表明供给型政策工具兼顾了公共服务均等化、城乡收入均衡化和要素配置合理化的政策目标；环境型政策中占比 57.78% 的组织创新类政策工具旨在促进要素配置合理化；环境型政策中占比 26.67% 的金融税收旨在促进城乡收入均衡化；需求型政策数目相对较少，远低于供给型和环境型政策，且主要集中于促进要素配置的合理化。

二、湖北深化农村改革促进城乡融合发展政策执行情况和实施效果

(一) 湖北深化农村改革政策执行情况和实施效果

1. 政策下达度分析

本部分从政策宣传力度和农户认知程度两方面来分析解读当前湖北省农村改革制度的政策下达度，具体将以农业支持保护制度为例研究政策宣传力度，以农业经营制度为例研究农户认知程度。

(1) 政策宣传力度有待加强

以湖北省农业支持保护制度为例，从政策宣传力度视角研究农村改革制度的政策下达度，分别包括对政策宣传效果和宣传方式的分析。

从宣传效果来看，县、乡、村三级都对农业支持保护制度进行了一定程度的宣传，且在县级和乡级两级有关部门都达到了100%的宣传率，7.14%的村级部门存在未宣传的情况，从调研数据来看，湖北省不同层级部门对农业支持保护制度的宣传度较高。从村民对农业支持保护政策的了解度来看，宣传工作的具体效果似乎并不理想。对于耕地地力保护补贴和农机购置补贴较为熟悉的农户占比均在30%以上，而对适度规模经营补贴以及农业保险补贴比较熟悉的农户占比只有12%和17%（图9-6），说明政策宣传效果并不理想，宣传工作仍不到位。

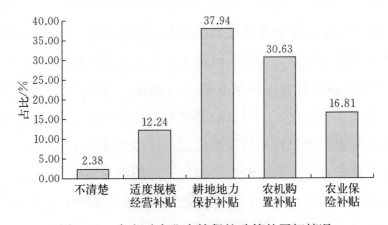

图9-6 农户对农业支持保护政策的了解情况

从宣传方式来看，无论是在县级还是村级，宣传材料的采用率是最高的，分别达到了100%和86%；县、乡两级选择课堂宣讲方式的占比均在40%以上，各层级对以线上宣传为主的新媒体宣传方式采用率并不高，村级有关部门对线上宣传的采用率仅有25%（图9-7）。以上数据反映出当前相关部门在进行政策宣传时仍依赖于传统的课堂宣讲和印发材料等方式，对以新媒体为载体的新型宣传方式采用率均较低。

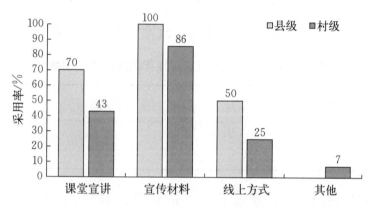

图9-7 县、村两级农业支持保护制度政策宣传方式

图9-8反映了农户获取相关政策信息的相关渠道和具体情况。大多数农户是通过村干部的宣传来接收和了解具体政策信息的，这部分农户占到了样本数量的71%。从农户获取政策信息的渠道数量来看，76%的农户仅有一条获取渠道，有三条以上了解渠道的农户数量仅占到了3%，农户的政策信息获取路径过于单一，大都依赖于村干部的宣传讲解，村干部对政策的个人了解和解读水平

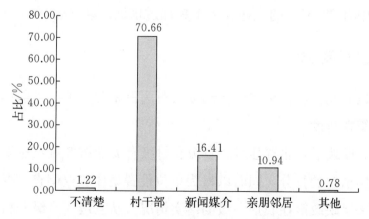

图9-8 农户对农业支持保护政策的了解渠道

会严重影响到农户对政策的认知，极易造成农户对相关政策产生认知偏差。

（2）农户认知程度有待提升

以湖北省农业经营制度为例，从农户认知程度视角研究农村改革制度的政策下达度。

表9-16反映了湖北省县级与乡级有关部门受访者对农业经营制度政策透明度的打分情况，县级部门有关人员普遍认为当前的农业经营制度政策透明度很高，乡级层面25%的受访者认为政策透明度一般，3.75%的人表示当前政策存在不透明现象，政府部门认为各自在政策宣传工作中表现良好。

表9-16　县、乡两级农业经营制度政策透明度

级别	不透明	比较不透明	一般	比较透明	很透明
县级	/	/	/	20%	80%
乡级	/	3.75%	25%	/	71.43%

从调研农户视角来看，超过了50%的农户表示不了解有关政策信息，对农业合作社运行管理制度不了解的农户占比接近70%，反映出当前农户对各项政策的认知水平低下的问题十分突出，造成这种现象的原因很有可能是村级部门对农户的宣传培训工作不到位所导致的。表9-17显示了村级部门2021年对农业新型经营主体进行专项培训的情况，村级部门对农户培训的频次大都较低，仅有10.71%的受访者表示他们的培训频次在4次及以上，而培训次数在2~3次的占比为39.29%，有一半的受访者都表示他们的培训次数在1次及以下，其中有28.57%的人还表示未参加过培训活动（表9-17）。

2. 政策执行度分析

本部分以湖北省农村集体产权制度改革为例来分析解读当前湖北省农村改革制度的政策执行度。

表9-18反映了湖北省县级、乡级和村级有关受访者对农村集体产权制度改革政策落实情况的打分，同时以村为单位设置集体股权调查情况（是否设置集体股权）来反映政策在农户一级的落实情况。从县级、乡级和村级落实程度打分的均值来看，随着部门等级的下降，政策执行度分值在逐渐下降，县、

表 9－17　2021 年对农业新型经营主体进行专项培训的情况

	频次	占比/%	频次	占比/%
2021 年对农业新型经营主体进行专项培训的情况	低频次	50	0	28.57
			1	21.43
	中等频次	39.29	2	25.00
			3	14.29
	高频次	10.71	4	3.57
			5	3.57
			6	3.57

乡、村三级的得分均值分别为 4.8、4.07 和 3.07，可以看出基层部门往往认为政策落实程度不高，这是由于他们作为基层部门直接参与政策执行实施，对政策的执行效果感受最为真实。其次，从村设置集体股权调查情况来看，基层政策执行落实不到位的问题反映得更为明显，表 9－18 中"村设置集体股权调查情况"反映了农户中回答"设置了村集体股权"的受访者占比，可以发现有些地区确实和当地有关部门负责人认为的那样，较好地执行了相关政策，如湖北省十堰市房县的窑淮镇和五台乡，其县、乡、村三级部门受访者均给出了 5 分（很好）的评分，而其农户回答也反映出落实情况比较良好，回答"设置了村集体股权"的农户占比分别为 60％和 71.43％，均在 60％以上。但与此同时，其所在县的城关镇却表现出极大差别，同样地，其县、乡、村三级部门受访者均给出了 5 分（很好）的评分，但在农户一级回答"设置了村集体股权"的农户占比为 0％，虽然数据调查中存在一定偏误，但这也在一定程度上反映出相关政策落实非常不到位。

表 9－18　农村集体产权制度改革政策执行情况

市（县）	落实程度打分	乡（镇）	落实程度打分	村（组）	落实程度打分	农户	村设置集体股权调查情况
黄石市阳新县	5	军垦农场	5	钟家湖社区	1	钟家湖社区	5.26
		富池镇	5	沙村村	2	沙村村	70.59
		兴国镇	4	宝塔村	2	宝塔村	6.25
恩施州建始县	4	业州镇	5	安乐井村	4	安乐井村	5.56
		长梁镇	4	旋龙村	3	旋龙村	11.76
		三里乡	4	马坡镇	4	马坡镇	2.94

（续）

市（县）	落实程度打分	乡（镇）	落实程度打分	村（组）	落实程度打分	农户	村设置集体股权调查情况
孝感市孝昌县	5	花西乡	5	红光村	1	红光村	17.14
		花园镇	1	一致村	4	一致村	11.43
		周巷镇	1	新张村	1	新张村	17.14
十堰市房县	5	城关镇	5	八里村	5	八里村	0.00
		窑淮镇	5	铺沟村	5	铺沟村	60.00
		五台乡	5	红场村	5	红场村	71.43
武汉市江夏区	4	纸坊街	5	林港村	2	林港村	11.76
		舒安街	5	分水村	3	分水村	10.71
荆门市沙洋县	5	曾集镇	3	孙店村	1	孙店村	47.22
		高阳镇	4	垢影村	2	垢影村	40.00
		沙洋镇	4	闸口村	3	闸口村	45.45
宜昌市秭归县	5	九畹溪镇	5	石柱村	4	石柱村	31.43
		水田坝镇	4	王家桥村	4	王家桥村	48.57
		郭家坝镇	4	烟灯堡村	4	烟灯堡村	80.56
天门市	5	杨林办事处	5	刘新村	3	刘新村	27.78
		麻洋镇	5	朝阳村	4	朝阳村	86.49
		佛子山镇	5	青龙村	4	青龙村	65.71
咸宁市咸安区	5	汀泗桥镇	5	黄荆塘村	4	黄荆塘村	45.71
		桂花镇	5	明星村	1	明星村	25.00
随州市随县	5	新街镇	3	刘家岗村	3	刘家岗村	60.87
		厉山镇	2	灯塔社区	4	灯塔社区	40.74
		殷店镇	1	火炬村	3	火炬村	13.04
均值	4.80		4.07		3.07		
打分情况	市（县）	打分情况	乡（镇）	打分情况	村（组）	回答情况	农户
很好	80.00%	很好	53.57%	很好	10.71%	设置了	35.21%
比较好	20.00%	比较好	25.00%	比较好	35.71%	没设置	64.79%
一般		一般	7.14%	一般	21.43%		
比较不好		比较不好	3.57%	比较不好	14.29%		
不好		不好	10.71%	不好	17.86%		

3. 政策匹配度分析

本部分从政策满意度和政策问题匹配两方面来分析解读当前湖北省农村改革制度的政策匹配度。

(1) 政策满意度存在偏差

以湖北省农村土地制度改革、农村集体产权制度改革和农业支持保护制度改革为例，从县、乡两级对相关政策的满意程度和农户的满意程度入手，研究政策满意度匹配情况。在县、乡层面，有关部门受访者对相关政策均表现出较高的满意程度，且这种现象在县级部门更为突出，具体表现为在县级部门受访者中对三种政策表示很满意的占比均在 60% 以上，而另外 40% 的受访者也对政策实施效果显示出较为满意的打分。在农户层面，不同政策的政策满意度情况存在差别，总体上看，农户对当前政策的满意度打分不高，所有政策的"很满意"打分项占比均在 20% 以下，农户对政策打分集中在"一般"项，反映出村民对相关政策的认知水平较低，多数农户选择中立的打分方式。

可以看出，在湖北省农村土地制度改革、农村集体产权制度改革和农业支持保护制度改革过程中，对于政策满意度是存在严重偏差的，且级别越低的部门或基层民众对政策的满意度越低。

(2) 政策问题匹配存在偏差

以湖北省农村集体产权制度改革为例，从县、乡、村三级有关部门人员对相关政策存在的问题分析入手，研究政策问题匹配情况。图 9-9 反映了湖北省县、乡、村三级有关部门受访者关于农村集体产权制度改革存在的问题分析。首先，县级、乡级和村级有关部门的受访者大都认为当前农村集体产权制度改革存在的突出问题是"集体经济缺乏活力"和"缺乏人才资金支撑"，其中"集体经济缺乏活力"表现得尤为突出。其次，有关政策制定和执行的问题随着部门等级的下降开始在基层出现，"政策执行不到位"和"政策制度不健全"等问题在乡级和村级的占比明显高于县级，这是由于随着政策的下达执行，一些在政策制定过程中不易被发现的问题逐渐凸显，如"政策制度不健全"的问题在县级、乡级和村级受访者中的占比分别为 10.53%、24%

和 18.33%。

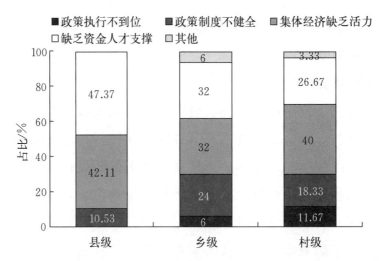

图 9-9　县、乡、村三级关于农村集体产权制度改革存在的问题

湖北在农村集体产权制度改革过程中，对政策问题认知有一定共性，但不能忽视其偏差的存在，尤其是在政策的制定与执行过程中，这种偏差表现得最为明显。

（二）湖北促进城乡融合发展政策执行情况和实施效果

本部分结合对阳新县、孝昌县、房县、罗田县、沙洋县、随县共 6 个地区的调研数据，对湖北省城乡融合发展状况概述、湖北省城乡融合政策实施现状、湖北省城乡融合政策实施困境进行分析。

1. 湖北省城乡融合发展状况概述

调研数据显示，2021 年调研区的城镇化水平大致在 40%～50%（表 9-19），而 2021 年全国和湖北省的常住人口城镇化率分别为 64.72% 和 62.89%，可以看出，调研地区的城镇化发展水平还有很大的提升空间；当前湖北省内部经济发展差距较大，如沙洋县和孝昌县的生产总值相差 2.5 倍；样本地区城乡收入比都在 1.5 以上，且大部分都在 2 以上，表明当前湖北省城乡发展存在显著差距。

表 9 - 19 调研区城乡基本情况数据

城　　市	城镇化率/%	生产总值/亿元	城乡收入比
黄石市阳新县	44.73	335.75	2.18
孝感市孝昌县	47.29	137.9	2.44
十堰市房县	49.00	141.28	2.50
黄冈市罗田县	17.47	168.73	2.24
荆门市沙洋县	47.82	347.35	1.67
随州市随县	39.25	279.76	1.57

2. 湖北省城乡融合政策实施现状

本部分从城乡融合制度实施过程中的经济发展相关政策、社会发展相关政策和生态发展相关政策入手，利用 6 个样本地区共计 607 个农户调研数据，分析湖北省当前区域城乡融合制度的实施状况。

（1）城乡经济融合亟待完善

表 9 - 20 从"是否试行以经常居住地登记户口制度""是否建立了加快劳动力和人才社会性流动渠道""是否构建起了项目、平台、人才、资金等全要素一体化配置的创新服务体系"三个方面反映当前城乡经济融合状况。数据显示，当前正在有序推进城乡人才和劳动力流动，但对于构建项目、平台、人才、资金等全要素一体化配置的创新服务体系的工作则较为落后。

表 9 - 20 城乡经济融合相关指标

城市	是否试行以经常居住地登记户口制度/%	是否建立了加快劳动力和人才社会性流动渠道/%	是否构建起了项目、平台、人才、资金等全要素一体化配置的创新服务体系/%
是	29.82	32.13	17.79
否	14.50	11.70	6.75
不清楚	55.68	56.18	75.45

选取户籍制度带来的影响程度、所在市（县）科技创新能力和工商资本下

乡是否改善家庭经济状况三个调研指标对城乡经济融合政策实施效果进行衡量，表9-21显示三个指标评价中"很好"和"较好"的结果占比均较低，两项之和均低于40%，很大程度上说明当前政策效果并未有效显现。对于户籍制度和工商资本下乡政策的评价中，"较差"和"很差"项的占比之和均在50%，表明当前的户籍制度和工商资本下乡政策与村民需求存在一定出入。

表9-21　城乡经济融合评价指标

类型	户籍制度带来的 影响程度/%	所在市（县）科技 创新能力/%	工商资本下乡是否改善 家庭经济状况/%
很好	5.93	9.23	15.65
较好	7.25	27.35	12.52
一般	14.50	52.06	19.77
较差	38.55	9.72	22.41
很差	33.77	1.65	29.65

（2）特殊群体支持是城乡社会融合发展的短板

城乡社会融合，体现在如文化、医疗、社会保障和社会治安等各个层面的发展融合。本部分共选取存在没有体育活动设施现象、存在村民看病不方便现象、存在残疾人未得到照顾现象、存在许多留守老人和儿童、存在经常打架斗殴现象、存在村内经常丢东西现象6个具体指标来反映城乡社会融合政策实施状况。如图9-10所示，93.57%的村民表示村里有完善的体育活动设施供村民使用，表明当前调研区内文化体育事业发展状况良好；约90%的村民表示当前不存在看病困难的问题，说明了城乡社会融合过程中对于农村卫生事业的重视度非常高；在社会治安方面，超过95%的村民表示现如今村内打架斗殴事件和偷窃事件几乎不存在了，代表农村治理水平逐步提升；在社会保障方面，虽然93.41%的村民表示残疾居民可以得到很好的照顾，但超过70%的村民也表示村里存在大量的留守老人和儿童，是城镇化发展过程中亟待解决的问题。

（3）违规乱建等制约城乡生态融合发展

城乡生态融合在本研究中主要体现在农村人居环境整治方面，选取是否存

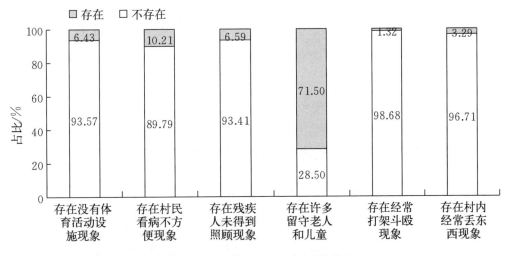

图 9-10　城乡社会融合评价状况

在街道脏乱现象和是否存在村民乱搭乱建现象两个指标来具体衡量。数据显示，当前农村居住环境得到很大改善，97%的农村居民认为自己生活的环境处于优良水准；但11%的村民认为村庄存在乱搭乱建现象，说明当前仍需进一步严格管制农村地区的违规乱建行为。

3. 湖北省城乡融合政策实施困境

选取"是否愿意为推动城乡融合发展做贡献"和"本地区城乡融合发展是否带来了实惠"两项指标来反映居民对目前城乡融合发展政策的满意度。数据显示，居民对城乡融合发展政策的支持度较高，但有20%的居民表示不愿意参与到城乡融合进程中。近50%的居民认为当前的城乡融合发展政策并未带来实惠，说明当前的城乡融合发展难以有效惠及更广大的农村居民。

根据受访者反映的信息看，在城乡发展政策实施过程中，面临最突出的问题是资金支持力度不足。除了资金短缺问题外，在经济发展方面，反映最多的问题是缺乏带头人的问题；在社会发展方面，政策不健全、落实不到位、地区发展定位存在偏差等问题同样较为突出；在生态发展方面，关注度最高的问题当属政策落实不到位，这也与上文分析中提到对乱搭乱建现象管理存在漏洞的问题相一致。

三、湖北深化农村改革促进城乡融合发展面临的问题与对策建议

（一）湖北农村改革与城乡融合发展面临的主要问题

1. 湖北省深化农村改革政策实践面临的主要问题

（1）政策下达不到位，农户认知水平低

宣传效果不理想，农户对有关政策的把握并不全面，农户对相关政策的熟悉程度普遍偏低；宣传方式传统化，农户信息获取渠道不畅通，农户的政策信息获取渠道过于单一；宣传培训不到位，农户认知水平较低下，相关部门的宣传培训工作滞后，农户对有关政策的认知水平普遍偏低。

（2）政策执行效果差，地区差异较显著

基层政策执行和落实不到位，随着部门等级的下降，基层部门政策执行和落实不到位的问题愈发突出；政策执行效果地区差异明显，一方面由于政策实施本身需要各地结合实际，因地制宜贯彻落实，另一方面由于一些基层部门政策执行主体素质不高，责任感不强，缺乏有效的监督机制。

（3）满意度存在矛盾，问题匹配不到位

不同级别政府部门对政策的满意度存在偏差，且级别越低的部门，满意度越低。农户对不同政策种类满意度存在偏差，农户对当前政策的满意度打分不高，且政策种类不同，满意度也存在偏差。县、乡、村三级部门政策问题匹配不到位，且随着部门等级的下降，有关政策制度不健全和执行不到位的问题开始出现。

2. 湖北省促进城乡融合发展政策实践面临的主要问题

（1）城乡融合发展水平整体不高

城镇化发展水平不高，内部经济差距较大。2021年研究区的城镇化水平大致在40%～50%，离全国和湖北省的水平还有一定差距；各地区内部城乡居民收入差距也较大，大部分都在2倍以上。

（2）城乡融合政策实施效果不齐

城乡经济融合政策推行力度不够，实施效果不明显。农户对有关城乡经济融合的政策不了解，对政策的实施效果评价不高，一是由于促进城乡经济融合措施本身不符合农民的现实利益需求，需要完善；二是由于政策宣传和执行环节中出现问题，影响实施效果。城乡社会融合过程中留守问题突出，城乡生态融合过程中违规乱建现象仍存在。

（3）城乡融合政策实施困境不同

农户对城乡融合发展政策评价不一，部分农户政策支持力度不高，参与热情较低；政策惠及的范围及程度不够，农户满意度低。城乡融合政策存在共性与差别问题，普遍存在的共性问题是缺乏资金支持，除资金问题外，城乡经济、社会、生态融合发展各自还面临着不同的问题。

（二）湖北深化农村改革促进城乡融合发展的对策建议

1. 湖北省深化农村改革政策的优化建议

（1）强化政策宣传培训，提升农户认知程度

推进基层宣讲工作，畅通政策咨询路径，对于农业支持保护制度的宣传，应采用全方位、立体化的宣传方法、多点出击宣传手段。创新政策宣传方式，扩宽信息获取渠道，综合运用各种政策宣传工具，整合各类资源共同推进农村改革相关政策的宣传。广泛开展培训工作，普及农业支持保护制度的相关政策、法律法规等，引导农户规范、有序地参与到农业经营制度改革中。

（2）加大政策执行力度，健全政策监督机制

明确政府职能分工，制定政策执行标准，加强不同层级、部门或机构之间的合作，在农村改革相关政策落实过程中要明确县级、乡级、村级的职能范围和分工，强化基层部门人员的责任意识。强化政策监督力度，缩小地区执行差异，完善工作责任制和内部控制流程，提高政策监督的精准性，通过优化条块关系增强农村改革相关政策在政府各部门与各层级之间的流动，增强政策执行的协同性。

（3）完善沟通反馈机制，缩小政策认知偏差

畅通部门沟通机制，减少沟通层级，统一政策认知理解度。明确不同工作重点，保证政策执行连贯性，适时适度地进行必要的微调，使农村改革政策兼具稳定性、灵活性、适用性。健全问题反馈机制，聚焦多层级重点问题，在政策执行阶段，及时了解征集公众对政策措施执行的意见建议，健全问题反馈机制，实现反馈渠道多元有效和安全畅通。

2. 湖北省促进城乡融合发展政策的优化建议

（1）提高城乡融合发展整体水平

推动要素资源有序流动，缩小内部经济差距。一是通过税收优惠、财政补贴等方式，吸引和鼓励乡村发展亟须的优质人才、社会资本下乡参与乡村发展。二是提高金融服务乡村振兴的能力，通过金融产品创新、政府引导等方式促进金融资金下乡，支持城市工商资本下乡，支持符合条件的涉农企业挂牌上市和发行债券融资。三是完善建成城乡统一建设用地市场、构建农村产权保护交易制度框架。四是推进乡村治理现代化，促使基本公共服务均等化水平稳步提高。

优化产业产值配置结构，重视农业生产作用。一是加大中央财政对农业生产的支持力度，通过财政转移支付、政府补贴等手段稳定农业生产，确保国家的粮食安全。二是强化金融对农业发展的支持作用，保障金融机构农村存款主要用于农业农村，将更多的金融资源投向农村农业实体经济，完善乡村金融机构服务农村农业体系。

（2）统一城乡融合政策实施步调

加大经济融合政策推行力度，引导稀缺发展资源下乡。一是完善各类人才入乡的财政、金融等激励政策，完善农村教育、医疗卫生和社会保障等基本公共服务，解决入乡人才的后顾之忧。二是建立健全农村劳动力激励机制，允许外来农民到农村地区落户，成为村集体经济组织的成员，共同参与乡村振兴事业。三是引导助农资本入乡发展，积极推进城乡融合典型项目，增加农村就业机会，为城市各类人才下乡创业和长期居住提供保障。

弥补社会融合政策实施空白，缩小城乡居民生活水平差异。一是推动教育、医疗卫生、社会保险、养老等资源优先向农村配置和延伸，通过保障进城务工人员随迁子女接受义务教育的权利，全面落实城乡劳动者平等就业、同工同酬制度，健全农民工劳动权益保护机制等措施，实现城乡基本公共服务标准统一和制度并轨。二是加大农村地区基础设施建设力度，推动关键市政公用设施和交通基础设施加快实现农村全覆盖。

夯实生态融合政策实施成果，严惩农村地区违规乱建行为。一是充分发挥政府职能作用，推动城乡生态环境共同治理，促进城乡环保与城乡建设协同发展。二是培养农民生态环保意识，加强在多主体监督村级资源使用方面的作用，保护村民在乡村建设过程中利益不受侵害。三是推进美丽乡村试验试点建设，逐渐培养出一批具有地方特色的美丽乡村，探索形成多种乡村产业融合发展模式。

(3) 破除城乡融合政策实施困境

改善农户对城乡融合政策认知与评价。一是加大政策宣传力度，增强政策的普及程度和农户对政策的了解程度，营造良好的政策参与环境。二是扩大政策惠及范围，提高农户对政策的满意程度，健全问题反馈机制，针对农户提出的问题，充分调查，对症下药，使政策真正服务农户的切实利益。

兼顾解决政策的共性与差别问题。一是着力解决共性问题，加大财政资金的投入，完善财政和税收优惠政策，拓宽农村融资渠道，吸引和鼓励乡村发展亟须的优质人才、社会资本下乡，参与乡村发展。二是兼顾差别问题，针对不同地区在社会、生态、经济等方面体现出的不同问题，要因地、因人制宜，根据地方特色采用不同的政策推进形式，对于不同的目标群体要制定不同的政策，为生产经营活动提供更加精准的导向。

第 十 章

优化发展环境培育壮大经营主体

2022 年 7 月，华中农业大学乡村振兴研究院对湖北省推进乡村振兴战略实施情况开展了实地调研，对湖北省农村经营主体的生产生活情况和村庄发展情况进行摸底。本部分基于调研数据对湖北省乡村产业、人才、文化、生态、组织振兴情况进行分析评价，为湖北省进一步优化政策措施、推动政策落实提供借鉴。

一、调查农户和经营主体的基本特征

小农户和新型经营主体对于稳固我国农业基本盘、加快农业农村现代化和全面推进乡村振兴至关重要。湖北省是农业大省，也是中国重要的粮食主产区。本部分首先通过描述性统计方法分析湖北省农户和新型经营主体的人口、家庭、就业和农业生产等特征。

（一）湖北小农户的基本特征

基于调研数据对湖北省小农户以下特征进行分析：一是从年龄、性别、教育层面分析小农户的人口特征；二是从劳动力、家庭规模、留守老人、外出务工经历和职业方面分析小农户的家庭和从业特征；三是从土地资源利用和社会化服务参与分析小农户的生产特征；最后基于收支及结构分析小农户的收支特征。

1. 小农户人口特征

（1）小农户年龄特征

湖北小农户老龄化特征明显。如表 10-1 所示，湖北省小农户平均年龄为57 岁，其中 50～65 岁的农户占比为 58.32%，65 岁以上的农户占比为 21.39%，明显高于 2022 年全国水平（14.9%）[①]。其次，分区域来看鄂东地区老龄化更为明显，鄂中地区青壮年农户更为匮乏。具体来看，鄂东地区 65 岁以上农户占比最高，为 20.22%，鄂西次之为 20.12%。青壮年农户占比中，鄂中地区仅为 16.31%，说明该区青壮年劳动力流出较多，从事农业生产的青壮年劳动力不足。

表 10-1 湖北省小农户年龄分布情况

单位：%

地区	平均年龄（岁）	35 岁以下	35～50 岁	50～65 岁	65 岁以上
湖北省	56	5.04	15.25	58.32	21.39
鄂东	56	7.10	13.48	49.00	20.22
鄂中	57	2.42	13.89	58.09	18.34
鄂西	57	5.19	14.11	48.76	20.12

（2）小农户性别特征

如表 10-2 所示，从性别分布来看，湖北省小农户总体以男性为主，占比高达 71.26%，性别比为 2.48（女性为 1）。其中，鄂东和鄂中地区的小农户男女性别比都在 3 左右，说明这两大区域的小农户男性居多。鄂西小农户男性占比和性别比都明显低于全省平均水平，而女性占比高达 40.24%，这可能与鄂西男性劳动力大量流出导致女性劳动力主要在家务农有关。

表 10-2 湖北省小农户性别分布情况

性别	湖北	鄂东	鄂中	鄂西
男/%	71.26	74.85	75.55	59.76
女/%	28.74	25.15	24.45	40.24
性别比	2.48	2.98	3.09	1.49

---

① 中华人民共和国 2022 年国民经济和社会发展统计公报，http://www.stats.gov.cn/sj/zxfb/202302/t20230228_1919011.html.

(3) 小农户教育特征

湖北省小农户受教育程度普遍偏低,在教育结构和区域层面需要加强。如表 10 - 3 所示,湖北省小农户平均受教育年限为 7.86 年,小农户平均受教育年限最高的为鄂东(8.23 年),最低的为鄂西(7.46 年),都明显低于全国平均受教育年限(9.91 年)和湖北省平均受教育年限(10.02 年)①,说明湖北省农民普遍受教育程度偏低。

表 10 - 3　湖北省小农户受教育水平

单位:%

地区	平均受教育年限/年	文盲	小学	初中	高中	大学	大学以上
湖北省	7.86	4.13	12.88	41.68	27.64	12.27	1.40
鄂东	8.23	4.26	10.55	34.28	31.24	17.24	2.43
鄂中	7.85	2.75	11.81	48.21	27.06	9.89	0.27
鄂西	7.46	6.35	17.41	39.06	24.47	10.59	2.12

2. 小农户家庭和从业特征

(1) 小农户家庭劳动力特征

湖北省小农户家庭劳动力趋紧,农业劳动力不足。平均而言,湖北省小农户家庭劳动力为 2.75 人,农业劳动力为 1.69 人,农业劳动力占家庭劳动力比重为 65%。分区域来看,鄂中地区家庭和农业劳动力相对充裕,平均家庭劳动力和农业劳动力均为最高;而鄂东地区家庭劳动力和农业劳动力相对趋紧,尤其是农业劳动力占比为 58%,明显低于鄂中和鄂西地区(表 10 - 4)。

表 10 - 4　湖北省小农户家庭劳动力情况

地区	家庭总人口/人	家庭劳动力/人	农业劳动力/人	农业劳动力占比/%
湖北省	4.43	2.75	1.69	65.00
鄂东	4.36	2.56	1.41	58.00
鄂中	4.56	2.95	2.07	66.00
鄂西	4.3	2.62	1.78	70.00

---

① 第七次全国人口普查公报 http://www.stats.gov.cn/sj/tjgb/rkpcgb/qgrkpcgb/202302/t20230206_1902006.html。

湖北省小农户家庭规模适中，以4～6人户为主。如表10-5所示，湖北省小农户平均家庭规模为4.43人，高于第七次全国人口普查数据中报告的2.63人[①]。具体而言，在所有样本中仍然有2.62%的小农户为1人户，2人户占比为11.79%，3人户占比为17.74%，三口之家较为普遍。湖北省小农户家庭规模主要为4～6人，占比为57.59%，说明大部分小农户家庭为两代同住。各地区小农户家庭规模分布大致相同，均以4人为分界点呈倒U形分布。

表10-5　湖北省小农户家庭规模分布

单位：%

家庭规模	湖北省	鄂东	鄂中	鄂西
1人	2.61	3.85	1.65	2.83
2人	11.79	12.98	10.97	11.79
3人	17.74	17.44	16.60	20.05
4人	22.30	23.12	20.44	24.53
5人	19.62	16.84	21.81	19.10
6人	15.67	15.01	18.79	11.08
7人	4.80	5.27	3.70	6.13
8人	2.13	1.42	2.47	2.36
9人	1.76	2.03	1.92	1.18
10人以上	1.58	2.03	1.65	0.94

（2）小农户从业特征

湖北省小农户从业经历和从业类型丰富，以纯农户为主。如表10-6所示，湖北省62.52%的小农户有过外出务工经历，大部分小农户并非一直务农，而是离农后再返农。

表10-6　湖北省小农户外出务工经历情况

地区	有外出务工经历/人	无外出务工经历/人	占比/%
湖北省	1 029	617	62.52
鄂东	292	201	59.23
鄂中	485	243	66.62
鄂西	252	173	59.29

① 中国人口普查年鉴-2020　http://www.stats.gov.cn/sj/pcsj/rkpc/7rp/indexch.html。

调研样本中纯农户占比达 78.99%，说明当前湖北农村仍然有大部分农民以农业为经营主业。除此之外，调研样本中有 14.62% 为非农劳动者，主要从事家庭非农劳动和受雇劳动（表 10-7）。鄂东地区的纯农户占比最低，而非农劳动者占比最高，说明该区域小农户非农劳动较为普遍，也可能是由于社会化服务发展后实现了对家庭劳动力的部分替代。

表 10-7 湖北省小农户从业分布情况

单位：%

地区	纯农户	非农劳动者	非农个体经营者	农业兼业劳动者	其他
湖北省	78.99	14.62	1.64	1.22	3.53
鄂东	74.04	16.84	2.23	1.22	5.68
鄂中	81.35	14.92	1.38	0.97	1.38
鄂西	80.71	11.53	1.41	1.65	4.71

3. 小农户农业生产特征

（1）农户土地资源利用特征

湖北省农户以小规模经营为主，适度规模经营主要集中在鄂中地区。如表 10-8 所示，湖北省农户平均土地经营规模为 12.07 亩，鄂中地区最高为 17.32 亩，鄂西地区最低为 4.77 亩，经营规模的区域差异可能来自自然地理禀赋不同。具体来看，湖北省小农户土地经营规模主要集中于 10 亩以内，总体占比为 55.95%，鄂西地区更是高达 76.06%。而在 10~50 亩的区间，湖北省有 28.6% 的农户实现了土地适度规模经营，鄂中地区超过 43.21% 的农户经营规模在 10~50 亩之间。

表 10-8 湖北省小农户土地经营规模特征

单位：%

地区	平均值/亩	0 亩	0~10 亩	10~50 亩	50~100 亩	100 亩以上
全省	12.07	12.02	55.95	28.60	2.06	1.37
鄂东	11.07	16.56	54.81	24.74	1.64	2.25
鄂中	17.32	7.01	44.67	43.21	3.50	1.61
鄂西	4.77	13.85	76.06	9.86	0.23	0.00

在现行土地制度下，依靠土地流转实现土地规模经营是农业生产的重要方式。首先，湖北省小农户平均家庭承包地面积为 6.08 亩，有一半的土地都是流转所得。尤其是鄂中地区，小农户家庭承包地面积仅为 3.06 亩。进一步地，总体土地流转率为 11.6%，鄂中地区最高为 13.8%，鄂西地区仅为 0.68%（表 10-9），可见在鄂西地区依靠土地流转实现规模经营仍然不太普遍。

表 10-9　湖北省小农户土地流转情况

单位：亩

地区	承包地面积	转入耕地面积	转出耕地面积	土地流转率/%
湖北省	6.08	0.69	0.44	11.60
鄂东	6.62	0.62	0.54	13
鄂中	3.06	1.12	0.55	13.80
鄂西	7.57	0.09	0.15	0.68

（2）农业社会化服务参与

农业社会化服务是小农户走上现代农业发展轨道的重要方式，湖北省是重要的水稻主产区，农业社会化服务已较为普遍。总体上，湖北省小农户农业社会化服务采纳率为 38.3%，其中鄂中地区最高为 46.7%，鄂西地区最低为 26.3%。具体地，农业社会化服务平均价格为 221.05 元/亩，服务使用规模为 15.64 亩，服务使用环节个数为 1.95 个。值得注意的是，湖北省小农户使用农业社会化服务普遍未签订服务合约，合约签订率不足 30%，可能与服务市场发育不足有关（表 10-10）。

表 10-10　湖北省小农户参与社会化服务的特征

指标	湖北省	鄂东	鄂中	鄂西
采纳率/%	38.2	35.9	46.7	26.3
合约签订率/%	26.6	29.8	28.3	16.7
服务价格/（元/亩）	221.05	224.68	193.4	303.21
服务使用规模/亩	15.64	20.09	16.4	4.85
服务环节个数/个	1.95	2.04	2.08	1.41

从农业社会化服务获取渠道来看，湖北省小农户主要依靠专业大户、合作

社和村集体获取服务，而依托龙头企业、家庭农场、政府及科研单位获取社会化服务的农户较少。从使用环节来看，湖北省小农户主要集中于收割、耕地/整地环节、播种/插秧。说明当前湖北省小农户农业社会化服务仍然依靠规模主体获得，正规社会化服务市场发育不足，更多社会化服务有待向农民拓展。

4. 小农户收支特征

生活富裕是乡村振兴的关键目标，家庭收支一方面反映了农民收入增长情况，另一方面也反映了农民生活水平。从家庭收入情况来看，小农户平均家庭收入为 14.15 万元，其中工资性收入 4.93 万元、农业经营收入 3.42 万元、非农经营收入 3.25 万元、经营净收入 1.66 万元、财产净收入 0.51 万元、转移净收入 0.15 万元、其他收入 0.23 万元。收入结构中占比最高的为工资性收入，其次为农业经营收入和非农经营收入，而财产性收入和转移净收入明显不足。分区域来看，鄂东小农户收入水平最高为 16.04 万元，鄂西最低为 9.4 万元；在收入结构上，工资性收入都为各地区小农户的主要收入来源，鄂西工资性收入占比更是达到 42.77%（表 10-11）。由此，除了稳固农民工资性和经营性收入增长外，不断增加农民财产性和转移性收入是实现收入增长的重要方向，同时着力促进鄂西农民收入增长也是值得考虑的重点。

表 10-11 湖北省小农户家庭收入情况

单位：万元

收入	湖北省	占比/%	鄂东	占比/%	鄂中	占比/%	鄂西	占比/%
家庭年总收入	14.15	100	16.04	100	15.65	100	9.4	100
工资性收入	4.93	34.84	5.46	34.04	5.1	32.59	4.02	42.77
农业经营收入	3.42	24.17	3.57	22.26	4.35	27.80	1.65	17.55
非农经营收入	3.25	22.97	4.54	28.30	3.21	20.51	1.82	19.36
经营净收入	1.66	11.73	1.84	11.47	2	12.78	0.88	9.36
财产净收入	0.51	3.60	0.26	1.62	0.71	4.54	0.45	4.79
转移净收入	0.15	1.06	0.25	1.56	0.08	0.51	0.17	1.81
其他收入	0.23	1.63	0.12	0.75	0.2	1.28	0.41	4.36

从家庭支出情况来看，湖北省小农户平均家庭年总支出为 6.85 万元，

农业支出1.89万元为主要支出，占比达27.59％。分区域来看，鄂东地区小农户支出最高为7.83万元，鄂西地区支出最低为4.85万元（表10-12），具有明显的区域差异。农业支出在所有区域都占比最高。除农业支出外，鄂东地区占比较高的为医疗保健支出，鄂中和鄂西地区为教育支出。由此，在增加农民收入的同时，应该考虑各地区支出水平及结构，着力提升农民生活质量。

表 10 - 12　湖北省小农户家庭支出情况

单位：万元

支出	湖北省	占比/％	鄂东	占比/％	鄂中	占比/％	鄂西	占比/％
家庭年总支出	6.85	100	7.83	100	7.31	100	4.85	100
农业支出	1.89	27.59	1.93	24.65	2.55	34.88	0.72	14.85
食品烟酒支出	0.85	12.41	0.9	11.49	0.91	12.45	0.68	14.02
衣着支出	0.23	3.36	0.26	3.32	0.23	3.15	0.21	4.33
居住支出	0.29	4.23	0.54	6.90	0.21	2.87	0.14	2.89
生活用品支出	0.6	8.76	0.72	9.20	0.58	7.93	0.49	10.10
教育支出	0.91	13.28	0.88	11.24	0.99	13.54	0.78	16.08
人情往来支出	0.58	8.47	0.67	8.56	0.5	6.84	0.59	12.16
交通通信支出	0.3	4.38	0.41	5.24	0.28	3.83	0.2	4.12
医疗保健支出	0.72	10.51	0.94	12.01	0.58	7.93	0.7	14.43
其他用品支出	0.48	7.01	0.58	7.41	0.48	6.57	0.34	7.01

（二）湖北新型经营主体的基本特征

本部分主要结合湖北省新型经营主体调研数据，从人口特征、生产特征、收支特征方面分析湖北省新型经营主体的发展现状。

1. 新型经营主体人口特征

新型经营主体不同于小农户，具有年轻化、教育水平高的特点。湖北省新型经营主体平均年龄为51.62岁，低于小农户平均年龄的56岁，其中35～50岁占比为35.14％、51～65岁占比为54.05％、65岁以上占比为6.76％，新型经营主体老龄化并不明显。从教育特征来看，湖北省新型经营主体平均受教育年限为 10.55 年，显著高于小农户的平均教育水平（7.86 年），同时新型经营主体学历大多集中于高中、大学，占比超过 83.79％，更有 4.05％的新型经营主体学历水平在大学之上，说明新型经营主体教育水平和文化素质都较高。

2. 新型经营主体生产特征

湖北省新型经营主体生产经营具有明显的规模化、专业化特征。如表 10－13 所示，湖北省新型经营主体主要类型有专业大户、家庭农场、农民合作社、农业企业及多类别兼营主体。所有新型经营主体中，有 37.84％的专业大户、29.73％的农民合作社、18.92％的家庭农场和 8.11％的农业企业，多类别经营的主体较少。新型经营主体所从事产业主要包括种植业和养殖业，其中有 48.75％的新型经营主体从事水稻种植，有 16.25％的主体从事油菜种植，还有 25％的主体养殖小龙虾，但从事小麦种植和生猪养殖的新型经营主体在样本中占比不高。新型经营主体生产经营具有规模化的特点，例如水稻、小麦、油菜种植规模分别平均可达 452.46 亩、303 亩和 94.5 亩，生猪养殖规模可达 2 150 头，而小龙虾平均产量超过 14 万斤。

表 10－13　湖北省新型经营主体生产特征

主体类别	专业大户	家庭农场	农民合作社	农业企业	兼有
	37.84％	18.92％	29.73％	8.11％	5.41％
种植品种	水稻	小麦	油菜	生猪	小龙虾
	48.75％	6.25％	16.25％	3.75％	25.00％
经营规模	452.46 亩	303 亩	94.5 亩	2 150 头	147 915 斤

3. 新型经营主体收支特征

新型经营主体收支水平都较高，收支集中于农业领域。由表 10－14 可知，湖北省新型经营主体收入水平较高，平均年总收入达 63.66 万元，其中农业收入为 54.29 万元，占比超过 80％，可见农业经营是新型经营主体的重要收入来源。除此之外，新型经营主体平均转移净收入为 1.24 万元，明显高于小农户，说明新型经营主体相对小农户而言所获得的生产性补贴更多。从支出情况来看，湖北省新型经营主体平均年总支出为 62.98 万元，略低于收入水平，其中农业支出仍然占比最高，明显高于小农户的农业支出水平。

表 10 - 14　湖北省新型经营主体收支特征

单位：万元

新型经营主体收入情况			新型经营主体支出情况					
收入类别	数额	占比/%	支出类别	数额	占比/%	支出类别	数额	占比/%
年总收入	63.66	100.00	年总支出	62.98	100.00	人情往来	2.04	3.24
农业经营收入	54.29	85.28	农业年支出	49.08	77.93	交通通信	1.6	2.54
非农经营收入	4.38	6.88	食品烟酒支出	2.56	4.06	文化娱乐	0.6	0.95
经营净收入	3.45	5.42	衣着支出	1.06	1.68	医疗保健	0.65	1.03
财产净收入	0.23	0.36	居住支出	0.83	1.32	其他用品及服务	0.81	1.29
转移净收入	1.24	1.95	生活用品及服务支出	1.57	2.49			
其他收入	0.07	0.11	教育支出	2.18	3.46			

（三）主要问题与对策建议

基于以上分析，在小农户层面主要发现：湖北省小农户呈现老龄化、教育水平低、男性为主的特点，人力资本水平还有待提高；农业劳动力趋紧、家庭规模中等、农民从业类型和经历丰富，但还需进一步激发带动农民就业创业；小农户土地经营规模较小、农业社会化服务市场发育、服务提供和环节扩展有待进一步提高；湖北省小农户收入支出结构不合理，应该进一步拓宽农民增收和消费渠道，改善收支结构。对此，应该着力提升人口素质，加大对农民的教育培训以消除文盲、提升农民教育水平，进而以人力资本提升来弥补劳动力老龄化带来的农业生产效率损失；鼓励外出务工劳动力返乡就业创业，培育有外出务工经历的农民成为新型经营主体，在保障农业劳动力的前提下，丰富农民就业类型；进一步健全完善土地制度，破除农民土地流转实现规模经营的制度壁垒，鼓励农业适度规模经营；同时要加强农业社会化服务组织的市场发育，培育多种类型的社会化服务组织，扩展服务环节，进而降低服务使用的规模门槛和服务单价，促进小农户与现代农业相衔接；进一步拓展农民增收渠道，在稳定工资性收入和经营性收入的同时着力增加农民财产性收入和转移性收入；同时要加强农村消费市场建设，为农民提供丰富、价廉和优质的商品，改善农民支出结构和支出水平，提升农民生活的幸福感。

在新型农业经营主体层面主要发现：湖北省新型经营主体呈现年轻化、高学历的特点，但是高学历主体覆盖面不广，难以发挥人力资本外溢效应；生产特征上，湖北省新型经营主体呈现规模化、专业化特征，但主体类别主要集中于专业大户、合作社等少数几种类型，主体所从事产业主要集中于传统种养业；收支特征上，湖北省新型经营主体收支水平较高，主要集中于农业领域，说明农业生产成本并没有因为规模扩大而降低。为此，应该发挥新型经营主体的年龄和学历优势，加强对新型经营主体的素质培训，发挥其对小农户的辐射带动作用；进一步培育各种类型的新型经营主体，重点扶持农业企业，发挥其联农带农作用；积极鼓励新型经营主体从事多种农业产业，既要立足传统种养行业，也要向其他高值产业拓展，夯实乡村振兴的产业基础；加大对新型经营主体的政策扶持，着力降低新型经营主体的农业生产成本，并在重点领域适当补贴以保障其经营收益。

二、湖北乡村产业振兴的基本情况

产业振兴是乡村振兴的基础。本部分主要聚焦湖北乡村产业振兴现状，具体分析湖北省农业生产经营、质量安全与农业品牌、种业振兴与绿色发展、农业科技与农业设施、特色产业与三产融合的发展情况。

（一）种养分离与经营方式

1. 农户普遍种养分离，且种植专业化程度高

在所有调研农户中，纯种植农户占比85.34%，纯养殖农户占比5.61%，种养一体的农户占比10.05%（表10-15），从事种植业的农户主要以水稻、玉米、

油菜籽和小麦为主，从事养殖业的农户主要以蛋禽、肉禽和淡水产品为主；从种植结构专业化来看，多数农户只种植一种或两种作物，种植专业化程度高。

表 10 - 15 种养结构和种植结构专业化情况

专 业 化	类 型	比例/%
种养结构专业化	纯种植	85.34
	纯养殖	5.61
	种养一体	10.05
种植结构专业化	一种	65.12
	两种	34.52
	三种及以上	0.36

2. 农户农业经营经济效益低

从调研情况来看，湖北省农作物净利润普遍较低，在考虑自家劳动力与土地的机会成本后（按当地农业雇工价格和土地租金计算），除中稻和花生以外，种植其他作物都出现亏损，早稻、中稻、晚稻、小麦、玉米、油菜籽和花生的亩均净利润分别为 −307.13 元/亩、114.09 元/亩、−334.47 元/亩、−477.08元/亩、−453.11 元/亩、−537.12 元/亩、4.28 元/亩（表 10 - 16）。

表 10 - 16 不同作物的投入产出情况

项 目	早稻	中稻	晚稻	小麦	玉米	油菜籽	花生
平均播种面积/亩	9.02	12.03	18.76	15.47	4.42	2.55	1.81
平均地块数量/块	3.91	5.44	5.06	3.52	2.70	2.52	1.62
平均单产/(斤/亩)	1 171.70	1 194.15	1 090.98	807.93	766.12	289	411.48
平均销售价格/(元/斤)	1.21	1.33	1.19	1.11	1.27	2.77	3.22
亩均劳动投入/(人/亩)	1.38	1.28	1.44	1.36	1.56	2.09	2.03
亩均机械费用/(元/亩)	213.33	213.51	238.13	143.01	197.06	168.11	133.26
亩均生产成本/(元/亩)	817.89	582.13	716.73	439.88	412.58	324.15	316.19
平均净利润/(元/亩)	599.87	1 006.09	581.53	456.92	560.39	476.38	1 008.78
净利润（机会成本)/(元/亩)	−307.13	114.09	−334.47	−477.08	−453.11	−537.12	4.28

(二) 质量安全与农业品牌

1. 农户对农产品质量安全相关知识了解不多

从调研情况看,仅有 20.68% 和 2.67% 的农户对农产品质量安全比较了解或很了解,有 52.18% 的村庄设立了农产品质量安全监管机构公共服务队伍,仅有 41.09% 的农户表示认证地理标志农产品、绿色食品和有机食品有优惠或补贴。农户对农产品质量安全监管情况打分的平均分为 72.43,仅有 21.32% 农户参加过农产品质量安全培训,培训时长普遍在 0.5~1 天,不愿参加培训的主要原因有培训内容不适用、培训机构不靠谱、周围邻居朋友都未参加以及没有时间等。

2. 农业品牌建设带动效果有限

调研数据显示,参与农业品牌生产的被调研小农户占比仅为 15.98%,而新型农业经营主体参与农业品牌生产的比例远高于小农户,参与农业品牌生产的新型农业经营主体占比为 52.23%,反映了湖北省自身农业品牌建设能力不足,带动小农户参与农业品牌建设的作用发挥还不够,品牌竞争力和影响力有待进一步提升。

3. 农业品牌参与有助于增产增收

多数被调研农户对农业品牌建设提高产量、拓宽销路、增加收入的作用感到满意,对产量提高、销路拓宽、收入增加感到比较满意和非常满意的比例分别占 78.95%、84.01%、85.72%(表 10-17),反映了农业品牌建设对农产品的生产、销售作用巨大,有必要继续做大做强农业品牌。

表 10-17 农业品牌建设满意度

单位:%

类　型	产量提高	销路拓宽	收入增加
完全不满意	5.06	3.05	1.35
比较不满意	0.20	2.10	1.50
一般	15.79	10.84	11.43
比较满意	50.00	40.65	48.57
非常满意	28.95	43.36	37.15

4. 农业品牌建设过度依赖政府主导

调研数据显示，农业品牌建设缺少龙头企业带动，83.09％的调研农户表示缺少龙头企业带动；参与农业品牌建设的企业和合作组织较少，企业和农民合作组织主导的农业品牌较少，参与政府主导型品牌的调研农户比例为64.19％，而企业和农民专业合作组织主导的农业品牌分别仅占35.42％和0.39％（表10-18）。未来有必要采取措施鼓励龙头企业和农民合作组织参与农业品牌建设，助力乡村农业品牌振兴。

表 10-18　湖北省农业品牌建设问题及模式

问题及模式	类　　型	比例/％
农业品牌建设存在的问题	缺少龙头企业带动	83.09
	相关政策普及程度	8.35
	政策不健全	8.56
农业品牌发展模式	政府主导	64.19
	企业主导	35.42
	农民专业合作组织主导	0.39

（三）种业振兴与绿色发展

1. 农户对种业安全相关知识了解不多

大多数农户对种源安全以及种子产业相关知识的了解程度较低，不了解和比较不了解的农户分别占比47.39％和19.14％，但多数被调研农户认可种业发展相关政策的实施效果，其中，认为种业发展相关政策实施比较有效和很有效的被调研农户占比分别为25.79％和26.82％。本地传统品种单价和外地改良品种在单价、购买主体、质量对比及解决途径方面没有明显差异，平均价格为120元/千克，基本没有农户遇到品种质量问题。

2. 农户绿色发展理念淡薄

多数农户对绿色发展理念了解不多，其中了解和比较了解的被调研农户仅共占比 35.84%，农户所了解的绿色发展理念主要有发展生态循环农业、推进化肥农药减量增效、畜禽粪污资源化利用和绿色有机农产品等；多数农户对相关政策能有效推进农业绿色发展表示认同，其中，认为比较有效和很有效的农户占比 53.62% 和 9.91%。主要原因在于农户认为相关政策实施存在一些问题，主要有绿色发展理念淡薄、规章制度不完善、政策实施不到位、投入成本巨大，其中绿色发展理念淡薄和投入成本巨大是农户认为存在的主要问题。

（四）农业科技与农业设施

1. 农业科技创新相关政策落实不到位

多数被调研农户对农业科技创新情况了解不多，有 48.06% 和 17.13% 的农户对农业科技创新不了解或者比较不了解，农业科技创新的政策主要有建设农业高新技术产业示范区、实施科技特派员制度、建设农业科技创新平台、进行农机装备创新等，有相当部分被调研农户认为相关政策落实不到位，分别有 9.15% 和 35.32% 被调研农户认为农业科技创新相关政策没有落实或者少数落实；农业科技创新政策明显提高当地农作物产量或质量，认为比较有效和很有效的被调研农户比例分别为 55.37% 和 7.80%。当地农业科技创新发展的主要问题为政策普及程度低，且缺少相关技术培训。

2. 农业设施建设相关政策落实不到位

多数被调研农户对农业设施建设情况了解不多，有 32.85% 和 18.21% 的农户对农业设施建设不了解或者比较不了解，农业设施建设的政策主要有农田宜机化改造、建设冷链物流基地、大数据建设平台、建设高标准农田等，有相当部分被调研农户认为相关政策落实不到位，约有 20.19% 和 16.90% 被调研农户认为农业设施建设相关政策没有落实或者少数落实；农业设施建设政策明显提高当地农业的产出效益，认为比较有效和很有效的被调研农户比例分别为 52.00% 和 9.26%。农业设施建设的主要问题为政策普及程度低，缺少相关设施使用培训。

（五）特色产业与三产融合

1. 乡村特色产业扶持政策对当地配套设施和对职业农民的支持力度不足

被调研农户中，分别有 32.85％和 13.96％的农户表示不了解或者比较不了解当地乡村特色产业发展现状；九成以上的农户认为湖北省特色产业发展存在一些问题，其中，约有 14.4％的被调研农户以为当地特色产业发展没有政策支持，16.6％的被调研农户觉得特色产业发展支持政策没有被落实，约有 18.31％的被调研农户表示当地特色产业发展不能持续创造效益，24.36％的农户表示当地特色产业配套基础设施较差，26.34％的被调研农户认为当地特色产业发展缺少对职业农民的扶持（图 10 - 1）。

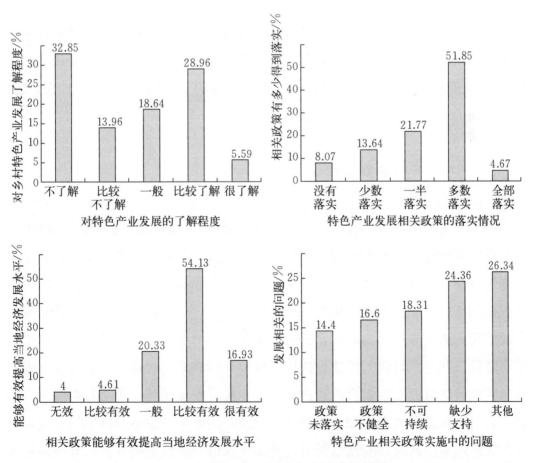

图 10 - 1　湖北省乡村特色产业发展情况

2. 三产融合模式多样，"互联网＋农业"业态发展迅猛

湖北省三产融合模式有"种养殖＋加工＋销售产业链延伸型""互联网＋农业农村电商等科技渗透拓展型"和"特色小镇、休闲农业、乡村民宿等农业多功能拓展型"，三种模式参与农户占比分别为 45.26％、21.10％ 和 33.64％；主要涉及休闲农业、生物智能产业、互联网＋农业、生态农业等农业新业态，其中参与"互联网＋农业"的农户占比较高，休闲农业和生态农业的参与农户也占据一定比例，参与几种新业态的农户所占比例分别为 26.14％、1.63％、51.31％、20.92％，农业新业态发展呈现多方向欣欣向荣的状态。

3. 三产融合缺少龙头带动和人才支撑

农业发展长期以来沿袭的是传统的农业发展方式和结构，落后的观念在一定程度上阻碍了农业产业化的实现。从调研数据来看，超过五成的受访人认为"缺少龙头企业带动"是目前农村三产融合存在的主要问题，同时接近两成的受访人认为人才资金缺乏是三产融合存在的主要问题。

（六）主要问题与对策建议

综合以上分析，湖北省产业振兴在种养分离、种植专业化、农业品牌的增收效应、乡村特色产业发展方面取得了一定成效，但存在着各类作物经营净利润普遍亏损，农业品牌对小农户的辐射不足，农业品牌建设过于依赖政府，农业科技创新、农业设施建设相关政策落实不到位，三产融合缺少龙头企业带动与缺乏相关人才等问题。对此，需要增加对农户的作物生产补贴，并采取措施适当降低农业生产资料的价格，扶持大规模经营农户的农业生产，发挥规模经营的规模效应进而提高农户的收益；进一步提升农业品牌竞争力和影响力，同时大力引入农业龙头企业和有能力的新型经营主体参与农业品牌建设；基层政府在执行政策的同时，应该给予农民更多技术培训和政策指导，引导鼓励更多农户投身农业科技应用和农业设施建设及改进；需要建立专门的组织机构来协

调政府、企业等各方面资源，搭建合作和交流平台，鼓励和支持农业龙头企业带动三产融合发展，同时设立专项人才计划，鼓励高校毕业生、技术专家等人才投身农村三产融合发展。

三、湖北乡村人才振兴的基本情况

乡村振兴，关键在人。本部分结合湖北省乡村振兴大调研数据，从"三农"工作队伍建设、乡土人才素质培育和乡村公共服务人才引进三个方面分析湖北省乡村人才振兴实施情况。

(一)"三农"工作队伍建设

1. "三农"工作队伍建设现状

调研数据显示，大部分农民对于乡镇干部工作能力予以肯定，评价在一般以上的农户占比为 97.15%。分区域来看，鄂东、鄂中和鄂西好评率分别为 97.32%、96.93%、97.37%（表 10-19）。总体上差评率不高，但也反映了部分农民对于乡镇干部能力的质疑。

表 10-19 湖北省乡镇干部工作能力评价

单位：%

分类	湖北省	鄂东	鄂中	鄂西
差	0.99	1.03	1.40	0.24
较差	1.85	1.65	1.68	2.39
一般	22.06	21.49	21.79	23.21
较好	56.61	51.86	58.66	58.61
很好	18.48	23.97	16.48	15.55

表 10-20 显示农户对于"三农"部门工作有效性评价较高，好评率超过 95.38%，鄂东、鄂中、鄂西地区工作有效性评价好评率均超过 90%。值得注意的是，相比工作能力评价，调研农户对"三农"部门工作有效性的差

评率相对较高，平均而言达到 4.63%，鄂东和鄂中地区超过 5%，说明"三农"部门工作还需进一步落到实处，发挥有效性，增强人民群众的获得感和认同感。

表 10-20　湖北省"三农"部门工作有效性评价

单位：%

分类	湖北省	鄂东	鄂中	鄂西
无效	1.93	2.59	2.43	0.25
效果较差	2.70	2.80	2.86	2.28
一般	33.57	26.72	37.63	34.43
效果很好	49.87	50.22	47.35	53.92
很有效	11.94	17.67	9.73	9.11

挂职干部驻村是脱贫攻坚以来实行的一项基层人才支持机制，是"三农"工作队伍的重要组成部分。表 10-21 显示调研农户中有 98.57% 的农户表示本村有挂职干部，有 65.34% 的挂职干部住在村里。挂职干部驻村占比最高的是鄂西地区，为 72.77%，可能与该区域曾为精准扶贫重点地区有关，因此存在大量挂职干部驻村开展脱贫攻坚与乡村振兴衔接工作。

表 10-21　湖北省乡村挂职干部情况

项目	湖北省	鄂东	鄂中	鄂西
挂职干部占比/%	98.57	98.87	98.59	98.18
挂职干部驻村占比/%	65.34	63.21	62.32	72.77

2. "三农"干部队伍素养

在乡村人才振兴中，不仅要壮大乡村干部人才队伍，提升干部队伍治理能力和素养也至关重要。调研样本中从致富能手、外出务工经商返乡人员、本乡本土大学毕业生、退役军人中选拔村党组织书记的比例达 55.58%，从上级机关、企事业单位、优秀党员干部汇总选派村党组织书记的比例为 53.73%，超过 90% 的农户表明其所在村干部有定期参加培训（表 10-22）。

表 10 - 22　湖北省"三农"干部素养评价

单位：%

题　　项	湖北省	鄂东	鄂中	鄂西
本村是否是从致富能手、务工经商返乡人员、本乡本土大学毕业生、退役军人中选拔村党组织书记	55.58	57.97	48.94	71.21
是否从上级机关优秀党员干部中选派村书记	53.73	42.60	59.14	57.48
村干部是否定期参加干部培训	92.47	94.57	90.28	98.14

（二）乡土人才素质培育

1. 高素质农民培育

从高素质农民培育参与情况来看，高素质农民培育参与率为 59.56％，并存在一定的区域差异。从高素质农民培育实施效果来看，大部分农户认为高素质农民培训起到了一定作用，培训效果好评率达 93.92％，但是在鄂中和鄂西地区的好评率相对较低。从培训人数来看，10 人以内占比最高为 55.85％，次之为 10～50 人（表 10 - 23），说明湖北省高素质农民培育主要以中小规模为主。

表 10 - 23　湖北省高素质农民培育情况

单位：%

分类	选项	湖北省	鄂东	鄂中	鄂西
参与情况	参与率	59.56	65.66	58.38	54.62
培训效果	差	2.72	0.00	5.08	2.65
	比较差	3.36	1.83	3.52	5.30
	一般	28.80	26.15	35.16	21.85
	比较好	51.84	56.42	47.27	52.98
	很好	13.28	15.60	8.98	17.22
培训人数	10 人以下	55.85	52.00	69.03	42.98
	10～50 人	28.88	36.00	16.13	36.84
	50 人以上	15.27	12.00	14.84	20.18

2. 农村专业人才培育

农村专业人才队伍包括新型产业经营主体、专业技术人才、农民技术员等，是乡村振兴产业发展的重要支撑。有 87.02% 的村组干部、农民专业合作社负责人、大学生村官和村级农民技术员开展过定时定量培训，有 77.16% 的地区开展过专业技术人才培训项目（表 10 - 24），说明湖北省在农村专业人才队伍建设方面成效较好。

表 10 - 24　湖北省农村专业人才队伍建设情况

单位：%

题　　项	湖北省	鄂东	鄂中	鄂西
村组干部、农民专业合作社负责人、大学生村官和村级农民技术员开展过定时定量培训	87.02	90.43	85.37	84.92
本地开展过专业技术人才培训项目	77.6	83.33	71.19	79.08

（三）公共服务人才引进

培育和引进乡村公共服务人才也是乡村人才振兴的重要抓手。总体上看，湖北省乡村公共服务人才引进不足，文旅、医教和专技人才引进率均低于 50%。湖北省本地文艺社团、创作团队、文化志愿者、非遗传承人和乡村旅游示范者中有专业人才的比例为 38.14%，本地引进教师、医生等专业人才的比例为 39.63%，本地引进建筑师、规划师、财会人员等专业人才的比例为 17.72%（表 10 - 25）。分区域而言，鄂东三类人才引进比例都较高，但鄂中的文旅人才和医教人才以及鄂西的专技人才引进力度还有待进一步加强。

表 10 - 25　湖北省乡村公共服务人才引进情况

单位：%

分类	题　　项	湖北省	鄂东	鄂中	鄂西
文旅人才	本地文艺社团、创作团队、文化志愿者、非遗传承人和乡村旅游示范者是否有相关专业人才	38.14	55.59	28.93	30.59

（续）

分类	题 项	湖北省	鄂东	鄂中	鄂西
医教人才	本地是否引进了教师、医生等专业人才	39.63	50.29	30.58	42.55
专技人才	本地是否引进了建筑师、规划师、财会人员、审计师等专业人才	17.72	24.26	16.36	12.81

（四）主要问题与对策建议

综上所述，近年来湖北省乡村工作队伍建设取得一定成效，但干部队伍素养还有待进一步提升；乡土人才培育总体较好，但高素质农民培育还有待加强，同时存在乡村公共服务人才引进不足的问题。对此，应该进一步加强乡村人才队伍建设，重点提高"三农"干部尤其是基层干部能力素养，广泛从致富能手、外出务工经商人员、大学毕业生和退役军人中培育本土党组织书记，因地制宜从上级机关、企事业单位优秀党员干部中选派基层干部，同时应该注重区域协同，全面提升各地区的"三农"干部能力，夯实乡村振兴治理人才基础。要着力培育高素质农民，进一步加大宣传力度，调动广大农民尤其是新型经营主体的积极性，在保障培训质量的同时适度扩大培训规模，提高湖北省高素质农民培育的广度和深度，更好发挥高素质农民在乡村振兴中的示范引领和带动作用。要加强乡村公共服务人才的引进工作，分区域有侧重地加大对乡村文旅、医教、专技人才的引进力度，弥补乡村公共服务人才短板，缩小区域间乡村公共服务的差距。

四、湖北乡村文化振兴的基本情况

乡村文化振兴是乡村全面振兴的重要组成部分。推动乡村文化振兴，要深入挖掘农耕文化蕴含的优秀思想观念、人文精神、道德规范，结合时代要求，在保护传承的基础上创造性转化、创新性发展，焕发乡风文明新气象，更好地满足农民精神文化生活需求。本章从农村思想道德建设、农村传统文化保护、农村公共文化建设和农村移风易俗行动四方面对湖北省 2022 年乡村文化振兴情况进行分析。

（一）农村思想道德建设成效显著

农村思想道德建设旨在以农民群众喜闻乐见的方式，推动形成文明乡风、良好家风、淳朴民风。具体地，从文明乡风、良好家风、淳朴民风三方面剖析湖北省农村思想道德建设现状。

1. 文明乡风建设成效显著

湖北省推进文明乡风建设总体成效显著，涌现出一批包含荆州市公安县的"三美乡镇"、黄冈市罗田县"五美乡镇"等在内的"文明乡镇"。从调研样本来看，有 72.42% 的农户表示所在村落是文明村镇。文明村镇的建设融入政府、社会力量、村庄自治等多元主体参与，建设做法多样，可归结为以下两个方面：其一，开展文明家庭评选、文明村庄创建等评选活动，营造文明和谐的乡村环境；其二，通过开展文明交通宣传、文明祭祀等引导活动，引导村民树立文明乡风观念。有 71.08% 的受访者反映所在村开展农村道德模范、最美邻里、身边好人等选举活动，鄂东地区的开展情况明显好于鄂中、鄂西地区（表 10-26）。

表 10-26　农村思想道德建设情况

单位：%

维度	题　项	总覆盖率	鄂东	鄂中	鄂西
文明乡风	是否开展农村道德模范、最美邻里等选举活动	71.08	81.14	66.21	67.76
良好家风	是否倡导培育淳朴民风和良好家风	94.05	96.15	90.52	97.65
淳朴民风	是否已经形成淳朴民风	88.09	91.89	83.52	91.53

2. 乡村良好家风较好传承

湖北省具有较好的家风家训传承，各级政府和相关部门开展各种形式的家风建设活动（如家训编纂、家风家训传承等）传承家族文化，提高了公众对家风建设的认识和重视。例如，吴广水市店镇专门成立"吴店文明委员会"，开展包含文明家庭评选等在内的一系列文明创建活动，倡导居民树立良好家风。总的来看，湖北省良好家风建设步伐稳健，有94.05％的受访者表示所在村落正采取措施倡导培育良好家风（表10－26）。然而，仅有37.73％的受访者表示村里有"文明家庭"评选活动，且该比例在鄂中地区最低，仅为30.22％。

3. 淳朴民风建设发展不均

在社会经济发展和城市化进程加快的背景下，湖北的民风不断发展变化。湖北省通过各种渠道向公众传递淳朴民风的理念和价值观，积极推动文化传承和创新，加强对淳朴民风的保护和发展，并取得了一定的发展成效。总体上，湖北省淳朴民风建设正在逐步推进，有较高比例的受访者（88.09％）表示所在村已经形成淳朴民风（表10－26）。但是仍需看到，湖北省在淳朴民风建设方面存在地区发展不均衡的状况，鄂中地区受访者对所在乡村淳朴民风建设的感知程度明显低于鄂东、鄂西地区。

（二）农村传统文化保护发展向好

农村优秀传统文化是指在农村地区流传的、具有浓郁地方特色和历史文化价值的文化形态和文化遗产，包含传统农耕文化、传统民俗文化、传统手工艺文化、传统音乐舞蹈文化、传统文学艺术文化等。

1. 农耕文化传播发展较缓

湖北省作为农业大省，积蓄了较为深厚的农耕底蕴，形成了独特的生活方式和文化传统。近年来，一些民间组织也积极开展传统农耕文化的保护和传承工作，如组织传统农耕技艺比赛、举办农民画展览等。但湖北省农耕文化保护发展较缓，开展保护传承农耕文化活动的村庄数量少，仅占41.13％（表10－27）。

表 10 - 27　农村传统文化保护情况

单位：%

维　　　度	题　　　项	总覆盖率	鄂东	鄂中	鄂西
农耕文化传播	是否有保护传承农耕文化的活动	41.13	53.35	33.10	40.71
传统文化保护	是否有文艺、戏曲进乡村活动	71.39	77.69	73.49	60.47
	是否开展过群众性文体活动	79.89	84.58	78.30	77.18

2. 乡村传统文化保护情况较好

近年来，湖北省重视传统文化资源（例如，文物古迹、传统村落、民族村寨、传统建筑、农业遗迹、灌溉工程遗产）保护，支持农村地区优秀戏曲曲艺、少数民族文化、民间文化等传承发展，形成了一批特色鲜明的文化村落。湖北省乡村传统文化保护情况较好，一方面，乡村艺术文化建设情况良好，大部分村庄都开展过文艺、戏曲进乡村活动，村民满意度也较高。开展文艺、戏曲进乡村活动村庄占比 71.39%%，有 85.97% 的受访者对该活动表示满意。另一方面，群众性文体活动开展广泛，村民普遍感到满意。开展过群众性文体活动的村庄占比为 79.89%（表 10 - 27），其中约有 84.78% 的农户对开展群众性文体活动感到满意。

（三）农村公共文化建设持续发力

农村公共文化建设旨在通过在农村地区建设公共文化设施、推广文化活动，提高农民的文化素质和生活质量。在基层文化设施建设方面，湖北省乡村文化设施建设完善，85.42% 的村庄设有文化馆、村史馆、广场、农家书屋等文化中心；湖北省乡村体育设施建设完善，85.84% 的村庄建有体育设施场所，而这一比例在鄂东地区更高，为 91.48%。但就文化资产的满意度而言，仅有 56.47% 的村民对村庄文化方面的资产表示满意，基层文化设施建设满意度有待进一步提高。在农村文化人才培育方面，农村地区文化教育资源相对匮乏，农村学生的文化素质普遍较低，本土文化人才培育难度较大；农村地区对优质文化人才吸引乏力，吸收外来文化人才进度较缓。就调研地区来看，仅有22.66％的村民表示所在村有文化和旅游、广播电视、网络视听等专业人才（表10-28）。

表 10-28　农村公共文化建设情况

单位：％

维　度	题　项	总覆盖率	鄂东	鄂中	鄂西
基层文化设施建设	是否有文化馆、村史馆、广场、农家书屋等文化中心	85.42	88.44	84.20	84.00
	是否有健身设施	85.84	91.48	86.81	77.65
本土文化人才培育	本地文艺社团、创作团队、文化志愿者、非遗传承人和乡村旅游示范者是否有文化和旅游、广播电视、网络视听等专业人才	22.66	36.31	15.93	18.35

（四）农村移风易俗效果逐步显现

湖北省广泛开展文明村镇、星级文明户、文明家庭等群众性精神文明创建活动，遏制大操大办、厚葬薄养、人情攀比等陈规陋习。从文明创建活动方面看，湖北省广泛开展美丽乡村建设，推广文明习惯，建设文化场所，开展文明家庭创建活动，引导农民树立文明习惯。受访农户所处的村镇普遍进行文明村镇建设，大部分乡镇开展了淳朴民风和良好家风建设相关工作。正在进行文明村镇建设的村庄占比约为90％，其中有72.42％的村庄已经建成文明村镇。但值得关注的是，村级层面创建活动较多，家庭层面的"文明家庭"等类似评选活动开展较少，目前总体覆盖率仅为37.73％。从陈规陋习治理方面看，陈规陋习治理活动普遍开展，农户普遍对治理效果感到满意。79.04％的村镇已经开展陈规陋习治理工作，采取村规民约约束、村委会教育引导等方式，让村民自觉遵守法律法规和社会公德，摒弃陈规陋习。从治理结果来看，76.49％的农户认为陈规陋习治理取得了比较理想的效果。就人情往来支出来看，受访村民的年度人情往来支出均值为0.57万元，约占其家庭平均年总收入的6.12％（表10-29）。

· 265 ·

表 10 - 29　农村移风易俗行动情况

单位：%

维　度	题　项	总覆盖率	鄂东	鄂中	鄂西
文明创建活动	是否是文明村镇	72.42	73.02	70.33	75.29
	是否有"文明家庭"等类似评选活动	37.73	46.45	30.22	40.47
陈规陋习治理	是否进行陈规陋习治理	79.04	83.16	77.61	76.71

（五）主要问题与对策建议

综上所述，湖北乡村文化振兴在农村思想道德建设、农村传统文化保护、农村公共文化建设和农村移风易俗行动四方面取得了一定成效，但仍需看到，农村思想道德建设是一项长期的工程，需要持续发力不断深化；农村地区虽有丰富的文化资源，但其传承面临难题；目前的农村公共文化建设聚焦于配套硬件设施的建设，在吸收、培养文化人才，提升农村公共文化软实力方面亟待加强；农村陈规陋习治理不仅需要在村级层面建设好文明乡村，还要调动多元主体参与，发挥好村民在其中的能动性。

对此，需要在文明乡风、良好家风和淳朴民风创建基础上，加强对村民的宣传教育与监督，并培育乡村文化氛围以长久维持较高水平的文明意识与文明素质；立足农村优势文化资源发展文化产业，并加强文化的市场化运作以提升农村文化产业竞争力，将文化资源转化为经济资源；利用好农村文化设施，提高文化活动的数量和质量，培养一批本土文化人才，并加强地域文化交流，补齐乡村文化传承短板；要吸引多元主体参与，尤其将村民吸纳进乡村文化振兴的队伍中来。

五、湖北乡村生态振兴的基本情况

良好的生态环境是乡村振兴的基础和保障，加强农村生态文明建设，对农村绿色发展具有较大的推动作用。湖北省推进农业农村现代化"十四五"规划指出要持续推进农业绿色发展,具体通过推行农业绿色生产方式、加强农业废弃物资源化利用以及加强农业生态系统保护等。本章从农业生态系统保育、农村人居环境治理以及农民绿色生产情况三个维度出发,分析 2022 年湖北省乡村生态振兴现状,探索面临的问题,并提出相应对策。

(一)农业生态系统保育状况不断改善

在生态保护政策支持以及修复工程实施下,乡村生态环境改善成效总体较为显著,农业生态系统保育成效明显。总体而言,80.27%的村民认为近几年当地生态环境得到改善。一方面,村民对村域生态保护修复政策内容、修复工程实施情况有了一定程度的了解和认知,村民"对生态保护修复政策内容的了解程度"以及"对当地生态保护修复工程实施情况的了解程度"均较大部分处于"一般了解"和"较了解"状态,前者占比分别为 26.96%和 29.75%,后者占比分别为 25.93%和 27.44%;有 76.26%的村民认为实施生态保护修复工程是必要的,其中认为是"非常必要"的村民占据总量的 32.67%(表 10 - 30)。另一方面,村民对生态保护修复工程实施的满意程度普遍较高。共计 60.66%的村民对当地生态保护修复工程实施效果感到满意,其中 15.97%的村民表示非常满意(表 10 - 31)。

表 10 - 30 村民对村域生态保护修复政策内容及工程实施情况的认知

单位:%

得分(1~5:很不了解 至很了解)	对生态保护修复政策 内容的了解程度	对当地生态保护修复工程实 施情况的了解程度	生态保护修复工程 实施的必要程度
1	19.01	19.55	4.74
2	19.00	21.01	6.13
3	26.96	25.93	12.87
4	29.75	27.44	43.59
5	5.28	6.07	32.67

表 10-31　村民对各项生态保护修复工程实施情况的满意度评价

单位：%

得分	生态保护修复	矿山生态修复	饮用水源保护	林草资源提升	水土流失防治	荒漠化治理	耕地质量监督	湿地保护修复	生物多样性保护
1	3.95	38.37	21.49	30.54	30.84	35.52	22.40	25.07	26.53
2	6.74	3.52	4.01	3.28	3.95	4.74	5.28	4.55	5.16
3	27.08	30.12	22.89	27.32	25.93	28.29	27.57	27.57	28.05
4	44.69	21.19	38.25	29.57	29.02	23.07	32.18	32.12	29.45
5	15.97	6.80	13.36	9.29	10.26	8.38	12.57	10.69	10.81

（二）农村人居环境治理水平不断提升

在生活垃圾治理、生活污水治理、厕所改造和改善村容村貌活动的实施下，农村人居环境治理成效整体较好。总体而言，82.70％的村民表明本村已实施农村人居环境整治，对项目内容有一定了解，且农村人居环境治理的执行力度较大、执行效果评价较好。共计77.61％村民认为本村人居环境治理的执行力度较大，共计82.53％的村民认为本村人居环境治理的效果较好，共计49.06％的村民对本村人居环境治理内容较为了解（表 10-32）。

表 10-32　村民对农村人居环境治理的执行力及效果的总体评价

单位：%

得分	执行力度 （1~5：几乎没有至非常大）	效果评价 （1~5：很差至非常好）	了解程度 （1~5：很不了解至很了解）
1	15.86	14.70	15.18
2	2.67	1.82	12.57
3	15.98	13.30	23.19
4	48.72	43.07	37.10
5	16.77	27.10	11.96

1. 生活垃圾集中投放治理效果显著

从生活垃圾治理情况来看，86.34％的村民对治理效果满意，同时垃圾集中投放治理效果显著。生活垃圾的主要处理方式为集中处理、分类处理和随意丢弃，尽管超过半数（66.65％）的村民反映进行生活垃圾分类处理是"必要"或"非常必要"，但仍大约有74.48％的村民选择采取垃圾集中处理的方式，而仅有23.94％的村民选择分类处理。进一步地，村中垃圾集中处理设施相对较为完备，统计数据显示有93.50％的村庄设立了垃圾集中投放点，且投放点大部分（68.41％）设置于离家百米以内，村民普遍认为集中投放点的垃圾清运工作较为及时。

2. 污水排放渠道设施较为完备

从生活污水治理情况来看，村民对治理效果满意的占比为67.39％，且生活污水排放渠道设施完善。村民对生活污水的处理方式选择中，大部分村民选择"自己家修排污设施"和"村里统一修排污设施"来处理生活污水，仅有少部分村民选择"随便倒"。与此同时，48.27％的村民都表示具备集中的污水处理设施，其建设效果普遍得到村民认可，有72.39％的村民对污水处理设施感到满意。

3. 冲水式厕所覆盖率较高

从厕所改造方面来看，冲水式厕所覆盖率较高，村民对厕所改造满意的占比为77.66％。90.29％的调研村民参与了厕所改造，主要改造形式为村庄统一为村民建设新厕所，参与改造原因位于前列的依次为"使用方便、干净整洁""美观、安全""有利于保护环境"和"有利于家人身体健康"。使用家庭冲水式卫生厕所的村民比例居多，达到了87.01％。

4. 村容村貌改造基本完成

从村庄的村容村貌是否得到改善来看，村容村貌改造基本覆盖了所有村庄，占比达到93.50％。50.76％的村民表示村里有"美丽庭院"等类似评选活动；37.34％的村民表示村里对村民房屋建设有统一要求，17.55％的村民表示村里有规划统一搬迁。与此同时，村民对村容村貌改造满意度普遍较高，83.43％的村民对村容村貌改造效果感到"满意"或"非常满意"。在村容村貌改造形式的认知方面，50.94％的村民认为有必要统一规划、建造样式整齐的房屋；75.90％的村民认为有必要花资金建造景观、绿化等。

（三）农业绿色低碳生产水平有待提高

在产前、产中、产后绿色低碳技术的推广应用下，农民绿色生产取得一定成效，但农业减量化依然还有很大提升空间。总体而言，农业绿色低碳技术的平均采纳率只有56.28％，其中产前要素投入环节采纳率仅为46.29％，产中田间管理环节采纳率仅为49.21％，产后废弃物处理环节采纳率为73.33％。

1. 产前要素投入环节绿色低碳技术采纳水平较低

以农药、化肥减量施用以及调整化肥施用结构（施用有机肥、测土配方肥和农家肥）为代表的产前要素投入环节绿色低碳技术采纳农户比例较低。从农户农药使用情况来看，24.79％的农户实施了农药减量。从农户化肥施用情况来看，实施化肥减量的农户仅占21.69％。调整施肥结构中，更多农户选择施用农家肥。

2. 产中田间管理环节绿色低碳技术采纳比例较低

产中田间管理环节绿色低碳技术可以划分为面向土地资源管理以及面向水资源管理的绿色低碳技术。从田间环节水资源管理的绿色低碳技术采纳情况来看，11.91％的农户采纳渠道防渗技术，13.06％的农户采取节水灌溉技术。从田间环节土地资源管理的绿色低碳技术采纳情况来看，农户采纳免耕少耕、深耕深松、田间套种的比例依次为7.29％、17.50％、12.39％，农户绿色低碳技术采纳情况还有较大的提升空间。

3. 产后废弃物处理环节绿色低碳技术采纳存在差异

产后废弃物处理环节绿色低碳技术包括地膜回收、秸秆还田等。农户对地膜进行回收处理的比例较低，仅19.08％的农户对地膜进行了回收利用，大部分农户表示农膜的质地以及进行回收的成本是进行回收利用的主要难点。农户采取秸秆还田的比重较大，达到 69.93%，且基本实现秸秆的粉碎翻压还田。

（四）主要问题与对策建议

综合而言，湖北省乡村生态环境改善成效较为显著、农村人居环境治理成效整体较好、农业生产绿色低碳技术采纳率在各生产环节的比重较大，但仍面临着村民对生态保护修复政策、农村人居环境治理政策的了解深度不足，乡村生活垃圾分类治理的推广效果不足，农户对部分农业绿色低碳技术的采纳不足等问题。对此，一是要加大公共政策在基层的普及深度，提高各项政策在执行过程中的公开、透明度，并借助数字化技术辅助政策信息的传播，提高政策信息在村民间的传递效率。二是要加强村民环保素养培育和示范引导，综合村民客观需求，通过"面对面""点对点"开展环保教育宣传、推行环保公益活动等，为村民提供必要的实践帮助，使村民将环保意识顺利转化并付诸具体行动之中。三是要加强不同农业绿色低碳生产技术的推广方案设计，综合考评技术采纳成本和风险，为农户匹配与之禀赋相适应的绿色低碳生产技术，以化解农户采纳技术的禀赋约束，并构建多元化的技术推广方案，助力不同类型农业绿色低碳技术的宣传推广，提高农户对技术的认知及采纳意愿。

六、湖北乡村组织振兴的基本情况

组织振兴是乡村振兴的根本保证，推动乡村组织振兴有助于确保乡村社会充满活力、安定有序。本章围绕农村基层党组织、专业合作经济组织、社会组织和村民自治组织等乡村组织振兴的四类主体，分析 2022 年湖北省乡村组织振兴情况。

（一）基层党组织参与治理效果凸显

基层党组织建设是建立健全现代乡村治理体系的基础。2022 年湖北省平均各村村委会配备的成员数达到 5 人，且 81.91％的村级党组织负责人担任村民委员会主任和集体经济组织、农民合作组织负责人。湖北省乡村基层党组织建设较为规范，基层党组织的服务效果较好。村民普遍认可村级党组织带头人队伍建设以及乡村党员队伍管理建设，大部分村民能够参与村中公共事务的决策并发表意见。

1. 基层党组织建设规范，村民认可度普遍较高

多数（70.19％）村民表明，本村已构建起基层党组织与各类经济与社会服务组织共建互补的村级组织体系，且组织管理模式较为完备，共计 95.39％的村民认为本村党员队伍管理建设符合规范、设置合理。与此同时，村民对村级党组织带头人队伍建设的满意程度较高，79.9％的村民持有"还算满意"或"满意"态度。

2. 基层党组织服务效果良好，村民公共事务参与度较高

一方面，基层党组织服务成效总体反馈较好，92.96％的村民表示乡村基层干部能够积极解决群众生产生活等问题。另一方面，村民参与乡村建设的机会较多，绝大部分（87.19％）村民表示可以对于村委会成员选拔、管理与监督工作发表意见，换言之，村民能够在公共事务治理中享受民主参与权力。同时也有村民强烈表达了需要加强村务公开、村委选取过程的透明度等建议，以便更加客观、充分地发表个人意见。另外，也有少部分村民认为参与村中公共事务治理存在一定门槛，或因自身长期外出务工而对村中公共事务基本不关心。

（二）合作经济组织作用有待加强

专业合作经济组织是村民参与乡村治理的重要载体，也是发展乡村产业、建设和美乡村、带动村民增收致富的重要力量。2022 年湖北省村民合作社参与率整体较低，仅有 17.1％的村民加入了当地的专业合作社，并主要享受了生产资料提供和生产技术指导与培训服务。

1. 专业合作经济组织建设推广不足，村民对组织的认知有限

表 10-33 显示，共计 15.90% 的村民对专业合作社作用功能"比较了解"或"很了解"。村民对专业合作社分配制度、专业合作社社员义务、专业合作社运行管理制度大部分处于"不了解"的状态，这种低认知表现在参与专业合作社经济组织的村民评价中亦是如此（表 10-34）。

表 10-33　村民对专业合作经济组织的认知情况

单位：%

得分（1~5：不了解至很了解）	农业合作社作用功能了解程度	合作社分配制度了解程度	合作社社员权利义务了解度	农业合作社运行管理制度了解度
1	61.26	67.46	68.31	71.40
2	12.26	12.45	12.63	11.23
3	10.56	9.84	8.74	7.71
4	13.72	8.99	8.80	8.26
5	2.19	1.28	1.52	1.40

表 10-34　参与专业合作经济组织的村民对组织的认知情况

单位：%

得分（1~5：不了解至很了解）	农业合作社作用功能了解程度	合作社分配制度了解程度	农业合作社社员权利义务了解度	农业合作社运行管理制度了解度
1	20.95	28.57	27.62	32.38
2	9.52	13.33	15.24	16.19
3	22.38	25.71	18.57	17.14
4	39.52	26.67	32.38	28.10
5	7.62	5.71	6.19	6.19

2. 专业合作经济组织的服务内容覆盖较广

参与专业合作社的村民享受两项及以上服务的居多，且服务内容更多为生产资料提供和生产技术指导与培训。尽管参与专业合作组织的村民人数较少，但村民普遍期望专业合作社可以为其提供诸如：农资供应、良种选用为代表的产前服务，种植技术、病虫害防治为代表的产中服务，租赁农具、农具维修为

代表的机械服务，以及天气信息、价格信息为代表的信息服务，其中，产前和产中服务受到更多村民的青睐。

（三）社会组织参与治理水平较低

社会组织是参与乡村治理的重要力量。社会组织一般包含在县级以上民政部门登记的社会团体、基金会、社会服务机构等，以及小部分未登记的社会组织。总体而言，湖北省乡村社会组织建设力量发展不均衡，社会组织承接能力存在提升空间。

1. 社会组织建设力量发展不均衡

超过半数（54.38%）的村民表示本村具备工会、共青团、残协等群团组织，并且51.55%的组织能够在乡村治理中发挥民主管理和民主监督作用。然而乡村社会组织建设力量发展并不均衡，尤其是在教育、劳动等领域的组织资源配置较少。例如：拥有社工人员的村庄仅占45.78%，其中专业化、职业化、规范化的社工人员仅达到总量的1/3；配备有支教人员的村庄比重只有14.88%，拥有新乡贤的村庄占比只有15.66%。

2. 社会组织承接服务比重较低

尽管只有37.58%的村民表示当地存在经济、社会组织承接政府购买服务的情况，但多数村民对经济、社会组织承接政府购买服务的满意程度较高，77.06%的村民反馈评价为"还算满意"或"非常满意"，即表现出对社会组织承接项目质量的认可。对此，乡村社会组织的承接能力还有进一步提升的空间，以提高运作效率，并充分发挥社会组织在公共服务供给中的独特功能和积极作用。

（四）村民自治组织建设不断加强

村民自治组织在乡村治理中发挥着基础性作用。村民自治组织一般包括村民委员会、村民会议、村民代表会议和村民小组。整体来看，当前湖北省乡村村民自治组织建设较为完备，自治组织的管理效能较好。

1. 村民自治组织建设较为完备，村民参与乡村治理的积极程度较高

调研数据显示，90％以上的村民可以参与村中的民主选举，并发表意见参与乡村治理。绝大部分村民表示本村鼓励村民对村级重大事项进行民主协商，且更多是村民代表会议的形式参与其中，大部分（78.99％）村民对该种形式表示满意和支持。与此同时，村民主要依靠村民微信群、村公告栏发布告示的方式了解党务、村务、财务信息并予以监督，84.15％的村民认为信息公开及时且内容全面，78.33％的村民对此持有"还算满意"或"满意"态度。

2. 村民自治组织管理效能较好，自治章程与村规民约的约束力较强

村庄自治章程、村规民约基本覆盖，86.58％的村民反馈本村存在此类实施村民自治的基本依据。村民普遍认为本村自治章程、村规民约的制定合法、合情、合理，同时对其发挥的作用予以肯定，认为可以自觉遵守并以此来约束自身行为。也有村民表示，自治章程、村规民约的设立能够改善乡村风气，提高村民素质，有利于维护乡村的和谐安定。村民自治组织管理效能得到较为一致的认同，74.07％的村民对其效果表示满意。

（五）主要问题与对策建议

综上分析，湖北省乡村组织仍存在着专业合作经济组织建设推广成效较弱，村民参与专业合作经济组织的比例较低，社会组织建设力量发展不均且承接项目能力亟待加强等问题。基于此，可以从组织内部管理和外部运行机制两方面强化乡村组织振兴措施：一是推动专业合作经济组织内部管理网格化，搭建高效的组织服务平台。加强各专业合作经济组织在村域范围的宣讲与普及，同时全方位了解村民的根本诉求，全方位收集掌握村情民意，以网格化延伸管理服务村民的"神经末梢"。具体通过集中招募、群众推荐等形式，积极动员威望高、办事能力强的村民共同参与搭建服务平台，协助深化网格化服务。二

是建立健全政府向社会组织购买公共服务机制，培育扶持社会组织发展。通过完善财税支持政策，健全政府向社会组织购买公共服务机制，并积极鼓励当地金融机构为符合条件的社会组织提供必要的信贷服务，以支持社会组织的人才培养和社会服务。

七、农业经营主体的政策诉求和对策建议

农业是基础性产业，又面临着自然和市场的双重风险，必须依靠政策调节才能保证稳定发展。根据政府对农业实施干预的领域以及考虑农业政策与农民的相关性，主要考察农民对制度框架性政策、重要农业生产要素政策、价格与市场支持政策三种类型政策（表 10-35）执行情况的评价。

表 10-35 农业政策分类

序号	政策类型	具体政策名称	政策主要内容
1	制度框架性政策	农业土地政策	农村土地产权制度安排
		农业组织化政策	农业基本经济制度安排
2	重要农业生产要素政策	农业劳动力政策	农村劳动力流动、报酬等问题
		农业金融政策	农业和农村经济发展的金融需求与供给
3	价格与市场支持政策	农业价格政策	对农产品和农业投入品的价格调整
		农业税收与补贴政策	对农产品、农业投入品价格环节以及农业生产者收入环节的调整
		农产品流通政策	农产品生产领域直至到达消费者的运销过程

（一）农户对农村制度框架和政策体系的认知

1. 农户对农业土地政策执行情况的认知具有差异

（1）农业土地承包政策

农户对农业土地承包政策普遍认知较好，有 42.35％的农户表示了解土地承包政策的相关知识，且大多由乡、村、组干部传达，86.15％的农民表示知

道土地承包相关政策的具体内容，例如，农业土地承包政策有助于稳定土地承包关系等；从样本总体来看，大部分农户（87.55％）认为土地承包政策实施有效，但其中也存在违规征收土地、强制流转土地、土地流转价格不合理等不公平问题。

（2）农业土地流转政策

农户对农业土地流转政策执行情况的评价因地区和个人情况而异。一些农户认为土地流转政策可以帮助他们将闲置土地流转出去，增加收入，提高土地利用效率；也有一些农户认为土地流转政策存在一些问题，如土地流转价格过低、流转后土地难以集中连片、流转合同不规范、流转后无法保障农民的生计等。

（3）耕地保护政策

为保护耕地资源，促进农业可持续发展，我国采取一系列耕地保护政策。有85.02％的农户对耕地地力补贴较为满意。其中对补贴对象、补贴方式、补贴依据的满意度最高，依次为90.36％、88.67％、87.44％。但在目标实现上，仅有72.77％的农户表示满意。并且就补贴标准而言，其满意度不足70％，仅有66.33％的农户表示该政策有一定的激励效果（表10-36）。

表 10-36 农户对耕地地力保护补贴政策实施效果的评价

单位：％

问　　项	1	2	3	4	5
补贴方式认可度	3.45	0.49	7.39	45.32	43.35
补贴对象认可度	0.51	1.02	8.12	44.67	45.69
补贴依据认可度	1.51	0.50	10.55	45.23	42.21
补贴标准认可度	2.53	7.58	20.20	31.82	37.88
激励效果认可度	0.99	7.92	24.75	34.65	31.68
目标实现度认可度	0.50	6.93	19.80	38.12	34.65

注：1＝完全不认可，2＝比较不认可，3＝一般，4＝比较认可，5＝非常认可。

2. 农户对农业组织化政策总体评价较好

农村合作社政策。总体来说，农业组织化政策的执行情况较好，农民对该政策有一定的认可度。但农业合作社政策农户参与度不高，仅有 12.70％的农户参加了专业合作社，并且农户对农业合作社的了解程度偏低，普遍不了解农业合作社的作用功能、分配制度、社员权利义务以及运行管理制度。

（二）农户对重要农业生产要素政策的认知

1. 提升农户劳动力素质政策成效不显著

湖北省一直致力于加强农业劳动力政策的执行，促进农村劳动力的转移就业和农业产业的发展。一方面，部分村庄建立了加快劳动力和人才社会性流动渠道，鼓励和支持农村劳动力到城市就业，但该比例仅为 29.34％，且农户认知水平普遍较低；另一方面，重视农业劳动力培训，通过加强农业技术培训以提升劳动力素质，但从调研样本来看，31.05％的农户表示缺乏科学技术培训，其实际成效较不显著。

2. 农业金融能够基本满足农户需求

在农业金融政策方面，湖北省在村庄设置金融服务与机构网点数量较少，仅有 23.03％的村庄设置有金融服务与机构网点。现有的农村金融发展能够基本满足农户的金融需求，67.32％的农户表示能够在村镇银行满足涉农贷款意愿和需求。但农村金融政策执行存在一定改进空间，如 52.25％的农户表示农业金融政策的补贴力度不够，24.06％的农户认为农业金融政策没有真正落实到最基层的农民群体中。

（三）农户对价格与市场支持政策的认知

1. 农户普遍对农业价格政策评价不高

总的来看，受访农户对农业价格政策执行情况满意度不高，有较高比例的农户认为政策执行不到位，价格补贴不足。具体地，仅有 30.90％的农户对当前农产品市场调控表示满意，33.62％的农户不满意现有的农产品价格形成机制，45.72％的农户对农产品价格表示不满意（表 10-37）。

表 10 - 37　农户对农业价格政策实施效果的评价

单位：％

问　　项	1	2	3	4	5
现有农产品价格满意度	18.46	27.26	25.60	14.71	13.97
农产品价格形成机制满意度	10.77	22.85	36.61	17.43	12.33
市场调控制度满意度	9.55	18.66	40.89	17.17	13.73

注：1＝完全不满意，2＝比较不满意，3＝一般，4＝比较满意，5＝非常满意。

2. 农户普遍不了解农业税收与补贴政策

为支持农业发展，我国政府实施了一系列农业补贴政策，但农户对农业生产支持政策的了解程度普遍不高。58.94％的农民表示完全不了解粮食托市收购政策，56.59％的农民表示完全不了解油菜种植补贴政策，31.64％的农民表示完全不了解水稻育秧补贴政策，30.42％的农民表示完全不了解农机购置补贴政策，63.47％的农民表示完全不了解种植保险补贴政策。对政策的不了解进一步降低了农户对政策的满意度（表 10 - 38）。

表 10 - 38　农户对农业价格政策实施效果的评价

单位：％

补贴政策	问　　项	1	2	3	4	5
粮食托市收购政策	了解程度	58.94	7.95	9.49	11.70	11.92
	补贴方式认可度	6.29	2.86	15.43	47.43	28.00
	补贴标准认可度	2.35	14.12	21.76	39.41	22.35
	激励效果认可度	8.00	11.43	28.57	37.14	14.86
	实施规范程度认可度	0.00	7.39	24.43	44.89	23.30
	目标实现认可度	0.57	9.66	23.86	43.75	22.16
	总体评价	0.00	2.86	27.43	49.14	20.57
油菜种植补贴政策	了解程度	56.59	5.17	13.44	17.83	6.98
	补贴方式认可度	3.23	2.58	12.26	56.13	25.81
	补贴标准认可度	1.32	6.62	20.53	45.70	25.83
	激励效果认可度	4.52	6.45	23.87	44.52	20.65
	实施规范程度认可度	0.00	5.81	25.16	46.45	22.58
	目标实现认可度	0.00	4.55	30.52	44.16	20.78
	总体评价	0.00	1.91	19.11	46.50	32.48

（续）

补贴政策	问　　项	1	2	3	4	5
水稻育秧补贴政策	了解程度	31.64	6.43	16.58	29.27	16.07
	补贴方式认可度	5.20	0.99	9.90	50.99	32.92
	补贴标准认可度	2.00	10.50	21.00	44.50	22.00
	激励效果认可度	4.95	9.90	22.03	41.83	21.29
	实施规范程度认可度	0.50	2.23	16.87	50.12	30.27
	目标实现认可度	1.03	6.96	17.78	45.88	28.35
	总体评价	0.49	0.49	14.50	57.00	27.52
农机购置补贴政策	了解程度	30.42	13.50	22.05	20.34	13.69
	补贴方式认可度	4.81	1.92	15.71	50.64	26.92
	补贴标准认可度	1.29	4.19	20.65	52.26	21.61
	激励效果认可度	0.64	3.53	19.55	55.77	20.51
	实施规范程度认可度	0.00	1.92	20.51	55.77	21.79
	目标实现认可度	0.00	1.94	21.94	57.10	19.03
	总体评价	0.31	0.63	14.15	60.69	24.21
种植保险补贴政策	了解程度	63.47	6.64	8.86	9.96	11.07
	补贴方式认可度	6.10	4.88	7.32	51.22	30.49
	补贴标准认可度	2.60	6.49	5.19	46.75	38.96
	激励效果认可度	0.00	5.19	10.39	59.74	24.68
	实施规范程度认可度	0.00	7.79	11.69	45.45	35.06
	目标实现认可度	0.00	6.49	12.99	54.55	25.97
	总体评价	0.00	5.06	8.86	50.63	35.44

注：在了解程度中：1＝完全不了解，2＝比较不了解，3＝一般，4＝比较了解，5＝非常了解；其他题项中：1＝完全不满意，2＝比较不满意，3＝一般，4＝比较满意，5＝非常满意。

3. 农产品流通政策执行效果的评价并不理想

农户对农产品市场流通情况满意程度为 46.60％，并且有 21.07％的农户表示当前农产品市场缺乏活力，农产品流通渠道不畅通，农产品价格波动较大，农户的收益难以保障（表 10-39）。在农产品流通方式未来发展方面，40.82％的农户表示当前有必要建设以信息化为支撑的农产品现代流通体系。

表 10-39　农户对农业税收与补贴政策实施效果的评价

单位：%

问　项	1	2	3	4	5
农产品市场调控方式满意度	7.16	16.99	40.20	19.35	16.30
政府干预程度满意度	6.58	14.15	40.53	20.79	17.94
农产品市场流通情况满意度	6.48	15.45	31.46	27.41	19.19
农产品市场活力满意度	6.23	14.84	35.29	23.50	20.14

注：1=完全不满意，2=比较不满意，3=一般，4=比较满意，5=非常满意。

（四）主要问题与对策建议

针对湖北在制度框架性政策、重要农业生产要素政策、价格与市场支持政策等政策推行中存在的农户普遍对政策及政策实施效果不了解，农户关注政策的公平性合理性需求未满足等问题，需要加强宣传教育，通过村委会、村广播宣传相关政策的内容，利用好网络平台让农户了解政策的具体实施情况；在政策制定过程中有必要充分听取各方面意见和建议，并给出相应的标准制定参照，提升农户对其公平性和合理性的感知。

第十一章

湖北乡村振兴发展的趋势、问题及对策建议

党的二十大擘画了以中国式现代化全面推进中华民族伟大复兴的宏伟蓝图。全面建设社会主义现代化国家，最艰巨最繁重的任务仍然在农村。为深入服务国家"三农"工作，助力湖北省乡村振兴战略实施，华中农业大学乡村振兴研究院组织广大师生深入湖北省 16 个地（市、州）开展机构访谈和主体调查，以小见大，评估湖北省乡村振兴战略实施成效，探讨战略实施的重点难点问题。本部分基于调研取得的县乡层面信息，对湖北省乡村振兴工作的开展情况进行分析。

一、湖北乡村振兴的发展趋势

（一）地区生产总值实现增长，产业结构逐步优化

1. 地区生产总值先降后升

图 11-1 显示湖北省 16 个样本县（市、区）2019—2021 年地区生产总值的动态变化情况，从脱贫攻坚到乡村振兴中间经历了新冠疫情，因此，2019—2021 年每个样本县（市、区）的地区生产总值几乎都呈现出先降后升的趋势。整体而言，2019—2021 年 16 个样本县（市、区）地区平均生产总值为 403.58 亿元，其中，襄阳市襄州区、武汉市江夏区、仙桃市、天门市、潜江市的地区生产总值显著高于平均值。

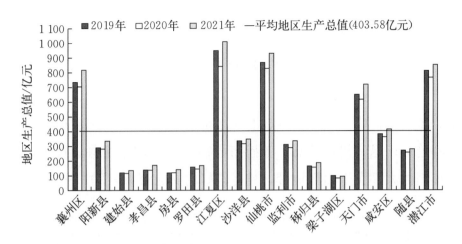

图 11-1　样本县（市、区）2019—2021 年地区生产总值趋势图

2. 产业结构不断优化

图 11-2 显示湖北省 16 个样本县（市、区）2019—2021 年地区产业结构的动态变化情况，湖北省产业结构整体符合产业结构时空演变的一般规律，即从第一产业和第二产业为主转向以第三产业为主。2019 年产业结构呈现"二三一"格局，尽管 2020 年受到新冠疫情冲击，湖北省第二、三产业生产总值有所下降，随着经济活动逐渐恢复，湖北省产业结构向"三二一"转变。服务业已经成为湖北省创造产值最多的部门，湖北省产业结构不断调整优化。

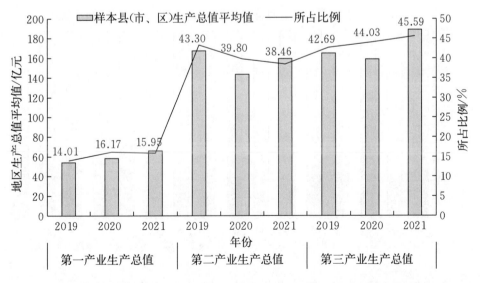

图 11-2　样本县（市、区）2019—2021 年地区产业结构趋势图

3. 产业结构存在地区差异

图 11-3 至图 11-5 分别表示湖北省 16 个样本县（市、区）2019—2021 年第一、二、三产业的占比变动情况，其中，襄阳市襄州区、荆门市沙洋县、仙桃市、监利市、咸宁市咸安区、潜江市符合由"二三一"转向"三二一"格局的变动趋势；恩施州建始县、孝感市孝昌县、十堰市房县、黄冈市罗田县、宜昌市秭归县大多属于山区地带，具有较好的文旅资源，2019—2021 年这 5 个

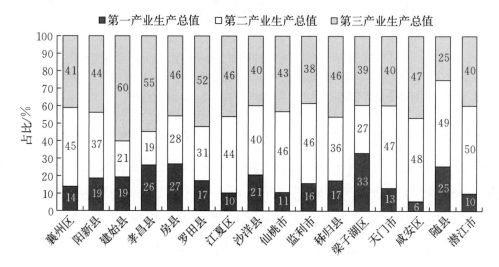

图 11-3　2019 年样本县（市、区）产业结构图

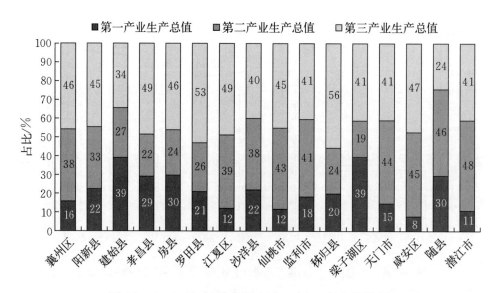

图 11-4　2020 年样本县（市、区）产业结构图

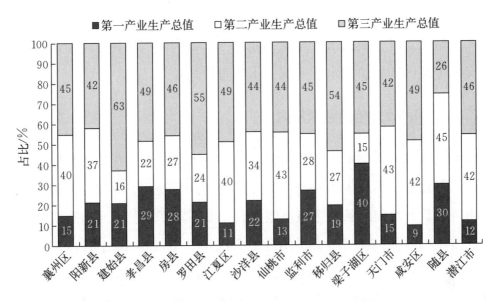

图 11-5　2021 年样本县（市、区）产业结构图

县（市）第三产业占比均超过 45%；图 11-5 显示，2021 年仅有天门市和随州市随县的第二产业生产总值占比高于第三产业占比。

（二）城镇化进程全面推进，农民收入稳步增长

1. 城镇化率实现增长

图 11-6 显示了 2019—2021 年 16 个样本县（市、区）城镇化率情况。整体而言，2021 年 16 个样本县（市、区）平均城镇化率为 36.09%，比 2019 年

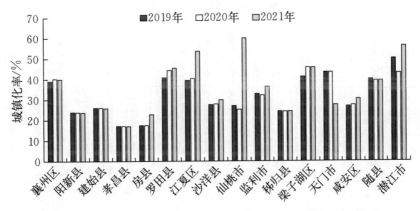

图 11-6　2019—2021 年样本县（市、区）城镇化率情况

的城镇化率 32.30% 增加了 3.8 个百分点。其中，十堰市房县、黄冈市罗田县、武汉市江夏区、荆门市沙洋县、仙桃市、监利市、鄂州市梁子湖区、咸宁市咸安区等地区的城镇化水平实现了不同程度增长。

2. 城乡居民收入差距逐渐拉大

图 11-7 显示了 2019—2021 年样本县（市、区）城镇居民人均可支配收入情况，湖北省城镇居民人均可支配收入平均增长率为 6.72%。其中，襄阳市襄州区、黄石市阳新县、恩施州建始县、孝感市孝昌县、十堰市房县、仙桃市、宜昌市秭归县、鄂州市梁子湖区、天门市、潜江市 10 个县（市、区）城镇居民人均可支配收入增长率高于平均值。图 11-8 显示了 2019—2021 年样本县（市、区）农村居民人均可支配收入情况，湖北省农村居民人均可支配收入平均增长率为 10.40%。其中，襄阳市襄州区、黄石市阳新县、恩施州建始县、孝感市孝昌县、十堰市房县、黄冈市罗田县、荆门市沙洋县、仙桃市、监利市、宜昌市秭归县、鄂州市梁子湖区、咸宁市咸安区、潜江市 13 个样本县（市、区）农村居民人均可支配收入增长率高于平均值。图 11-9 显示了 2019—2021 年样本县（市、区）城乡居民收入差距情况，湖北省城乡居民收入差距平均增长率为 5.02%。其中，襄阳市襄州区、黄石市阳新县、恩施州建始县、孝感市孝昌县、武汉市江夏区、仙桃市、鄂州市梁子湖区、天门市、潜江市 9 个县（市、区）城乡居民收入差距增长率高于平均值。

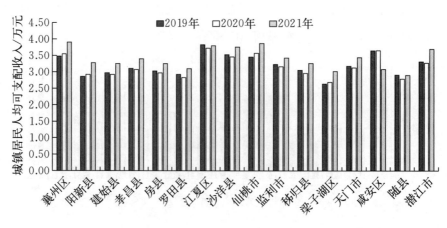

图 11-7 2019—2021 年样本县（市、区）城镇居民人均可支配收入情况

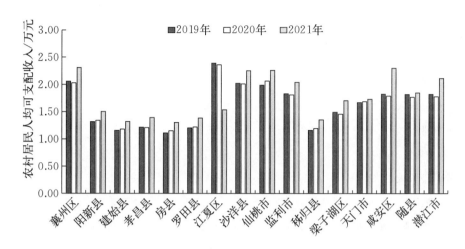

图 11-8　2019—2021 年样本县（市、区）农村居民人均可支配收入情况

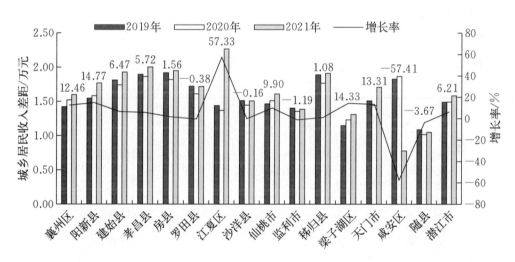

图 11-9　2019—2021 年样本县（市、区）城乡居民收入差距情况

表 11-1 显示了 2019—2021 年样本乡（镇、街道）各类收入变化情况，其中，湖北省样本乡（镇、街道）的种植业收入显著减少，由 2019 年的 46 037.01 万元降低到 20 426.13 万元，跌幅达到 55.63%，运输业收入的增长率为 -2.98%。除种植业和运输业之外，其余各类收入均实现了不同程度的增长。

人均纯收入是衡量农户收入水平的关键指标之一，反映农村居民的可支配收入。2019—2021 年，45 个样本乡（镇、街道）人均纯收入平均增长率达到 14.44%，乡（镇、街道）平均经营总收入的平均增长率达到 38.93%。经营总收入增长速率显著快于人均纯收入（图 11-10）。

表 11-1 样本乡（镇、街道）各类收入情况

乡（镇、街道）收入情况/万元	2019 年	2020 年	2021 年	增长率/%
人均纯收入	1.69	1.74	1.93	14.44
经营总收入	73 158.62	81 007.99	101 641.89	38.93
种植业收入	46 037.01	23 556.21	20 426.13	−55.63
林业收入	1.69	1.74	1.93	14.44
畜牧业收入	7 947.10	7 491.29	8 182.56	2.96
渔业收入	19 107.80	23 464.81	19 560.66	2.37
农产品加工业收入	5 325.16	6 922.79	7 169.89	34.64
工业收入	70 567.09	72 208.19	121 291.84	71.88
建筑业收入	5 719.51	5 753.45	5 876.41	2.74
运输业收入	5 727.81	5 629.68	5 556.98	−2.98
商业、饮食业、服务业收入	18 718.19	18 128.08	22 182.15	18.51
农村电子商务收入	3 092.93	3 177.21	3 265.17	5.57
其他收入	7 251.37	7 782.92	8 887.77	22.57

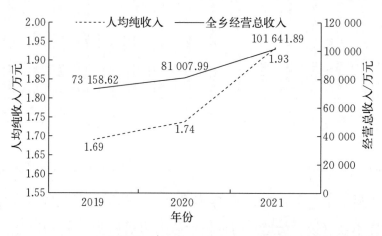

图 11-10 2019—2021 年样本乡（镇、街道）人均纯收入和经营总收入情况

表 11-2 显示了 2019—2021 年 46 个样本村（组）各类收入情况，与乡（镇、街道）维度统计结果不同的是，除运输业收入之外，46 个样本村（组）的其余各类收入都实现了不同程度的增长。从村（组）维度来分析收入时，可以发现人均纯收入增长率更高，与村（组）经营总收入更为接近，农户种植业收入在平均意义上增长了 33.61%，农产品加工业收入和农村电子商务收入正

在迅速增长，2019—2021 年增长率分别为 125.57％、166.38％。

表 11-2 样本村（组）各类收入情况

村（组）收入情况/万元	2019 年	2020 年	2021 年	增长率/％
人均纯收入	1.71	1.92	2.07	21.03
经营总收入	1 844.38	2 141.41	2 370.07	28.50
种植业收入	1 302.11	1 577.72	1 739.76	33.61
林业收入	62.47	72.23	83.60	33.82
畜牧业收入	111.07	143.62	157.08	41.43
渔业收入	1 151.05	1 247.32	1 295.08	12.51
农产品加工业收入	7.24	9.16	16.34	125.57
工业收入	56.52	55.98	63.85	12.96
建筑业收入	57.02	61.31	61.33	7.56
运输业收入	19.96	20.48	19.94	−0.07
商业、饮食业、服务业收入	56.63	64.24	76.61	35.28
农村电子商务收入	5.01	7.39	13.35	166.38
其他收入	162.46	153.30	174.44	7.38

（三）农业高质量发展趋势凸显，乡村产业融合水平明显提升

1. 重要农产品优质品率提高

农产品品质提升是适应我国农业进入高质量发展阶段的内在要求。2019—2021 年，75％的样本县（市、区）的重要农产品优质品率稳定在 85％以上，秭归县的重要农产品优质品率连续三年保持在 100％；同时，潜江市、随县、咸安区和罗田县四个市（县）的优质品率虽然整体水平相对较低，但三年间不断提升，平均增长率为 8.35％（图 11-11）。

2. 产业融合主体不断增加

作为产业融合发展的重要力量，样本县（市、区）的产业融合经营主体数量从 2019 年的 32 832 家快速增至 2021 年的 50 157 家。产业融合主体立足资

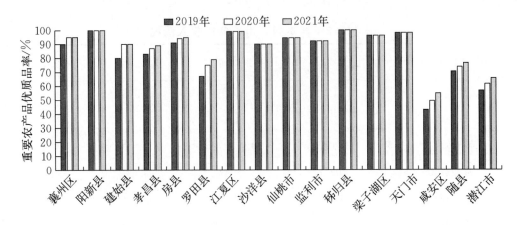

图 11-11   2019—2021 年样本县（市、区）重要农产品优质品率

源禀赋，发展类型多样的产业融合方式。具体来看，以多元化加工技艺为核心的农产品加工业是产业融合的必然选择，产业主体数量由 2019 年的 4 812 家增至 2021 年的 4 854 家，基本保持稳定并不断增加；以体验化消费为主要特征的休闲观光旅游业也逐渐发展成熟，产业主体数量由 2019 年的 2 948 家增至 2021 年的 2 986 家；基于当地特色农产品发展的特色种养业迅猛发展，产业主体数量由 2019 年的 12 080 家增至 2021 年的 14 405 家；通过产业链延伸衍生的农资与农产品销售业稳步发展，2019—2021 年产业主体数量增加 259 家（图 11-12）。

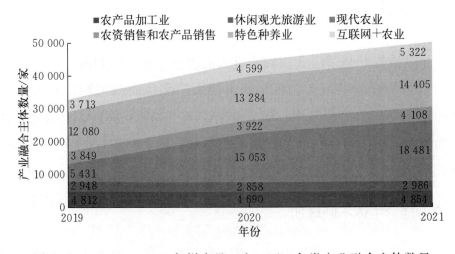

图 11-12   2019—2021 年样本县（市、区）各类产业融合主体数量

3. 科技融合注入新活力

通过导入科技创新成果而提高农产品生产水平的现代农业快速发展，产业主体数量由 2019 年的 5 431 家增至 2021 年的 18 481 家，增长 2 倍有余；依托现代信息技术提升全产业链的"互联网＋农业"进入新发展阶段，2019—2021 年产业主体数量平均增长 20％（图 11 - 12）。

（四）"三农"人才培育力度加强，新型农业经营主体队伍壮大

1. 多种措施加强"三农"人才队伍素养培育

乡村振兴，人才先行，培养造就一支懂农业、爱农村、爱农民的"三农"工作队伍，才能推动各类人才集聚乡村振兴一线。2021 年，45.67％的样本乡（镇、街道）有县级年轻干部挂职，平均挂职任期为 1.5 年，将挂职任职机会作为培养农业干部的重要途径。97.78％的样本乡（镇、街道）对农业干部进行培训，每个乡镇平均开展 6 次培训活动，培训方式多种多样，将集中授课与实践讲授相结合，线上与线下相结合（图 11 - 13、图 11 - 14），培养一批既掌握理论知识又了解农业生产实践的农业干部。62.5％的样本县（市、区）实施了 5 种以上措施对新型农业经营主体进行培育，如信贷支持、业务培训、建立辅导员队伍等（图 11 - 15）。

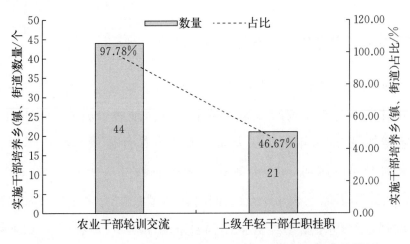

图 11 - 13　2021 年样本乡（镇、街道）农业干部培养措施

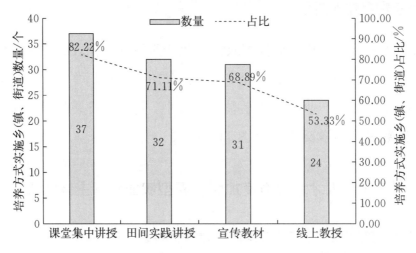

图 11-14 2021年样本乡（镇、街道）农业干部培训方式

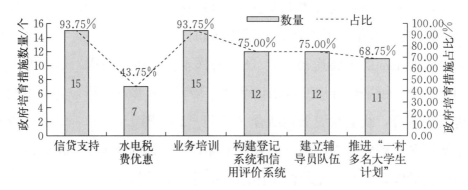

图 11-15 2021年样本县（市、区）新型农业经营主体培育措施

2. 新型农业经营主体多元发展，辐射带动作用不断增强

提升农业质量效益和竞争力，离不开对农业合作社、农业企业等各类新型农业经营主体的培育。在政府政策支持下，调研地区家庭农场数量由2019年的7 918家增加到2021年的1.4万家；农业合作社数量连续三年增长，2021年农业合作社数量已达到2.19万家；农业企业数量从2019年的1.07万家增至2021年的1.27万家（表11-3）。同时，新型农业经营主体对农户辐射带动作用不断增强，2019年新型经营主体辐射带动783.48万农户，2021年辐射带动农户数量增长到983.25万户。

表 11 - 3　2019—2021 年样本县（市、区）各类新型经营主体数量

单位：家

	家庭农场			农业合作社			农业企业		
	2019 年	2020 年	2021 年	2019 年	2020 年	2021 年	2019 年	2020 年	2021 年
襄州区	506	566	609	1 006	1 117	1 337	75	82	93
阳新县	946	1 169	1 372	1 385	1 502	1 624	105	125	150
建始县	2	2	2	1 575	1 575	1 576	4	4	4
孝昌县	426	1 278	1 311	1 012	1 116	1 281	342	360	391
房县	62	70	75	884	1 230	1 554	25	26	26
罗田县	75	87	115	1 257	1 375	1 427	64	62	62
江夏区	1 610	1 680	1 750	1 265	1 314	1 354	2 981	3 072	3 185
沙洋县	949	910	981	1 879	1 714	1 760	32	37	43
仙桃市	572	720	777	1 283	1 368	1 489	101	101	101
监利市	580	3 855	4 257	1 317	1 457	1 607	1 523	1 567	1 624
秭归县	495	600	776	699	730	766	230	210	278
梁子湖区	538	2 228	334	1 008	1 094	1 187	876	889	951
天门市	516	1 414	555	854	912	976	553	549	614
咸安区	106	121	177	710	726	759	1 500	2 000	2 100
随县	321	412	572	1 524	1 738	1 865	1 027	1 275	1 357
潜江市	214	267	375	1 117	1 232	1 312	1 263	1 637	1 729
总计	7 918	15 378	14 037	18 775	20 199	21 874	10 701	11 996	12 707

（五）农业绿色生产方式深入推行，农村人居环境整治成效明显

1. 农业面源污染治理政策实施满意度高

16 个样本县（市、区）均实施了农业生产减量化、畜禽粪污资源化利用政策，15 个样本县（市、区）实施了秸秆回收利用、高标准农田建设政策。样本县（市、区）对各项政策的支持力度和政策实施满意度平均打分在 4 分以上（满分为 5 分）。其中，高标准农田建设政策支持力度、政策满意度的平均打分最高，分别为 4.64、4.75。农业生产减量化政策支持力度平均打分最低，为 4.38，秸秆回收利用政策满意度平均打分最低，为 4.37（表 11 - 4）。

表 11-4 2021 年各样本农业面源污染治理政策实施情况

政策	实施该政策的县/个	政策支持力度	政策满意度
农业生产减量化	16	4.38	4.59
秸秆回收	15	4.5	4.37
畜禽粪污资源化利用	16	4.5	4.5
高标准农田建设	15	4.64	4.75

2. 多措并举推行农业绿色生产方式

在政策推行中，农业生产减量化政策、秸秆回收利用政策以宣传教育、奖惩并举为主（图 11-16、图 11-17）；畜禽粪污资源化利用政策措施除了宣传

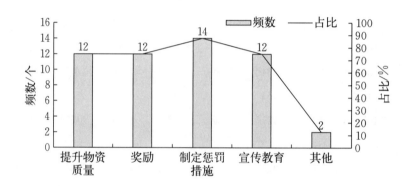

图 11-16 2021 年各样本县（市、区）农业生产减量化措施情况

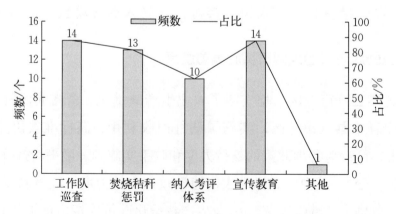

图 11-17 2021 年各样本县（市、区）秸秆回收措施情况

教育、奖惩并举,还通过建设典型示范基地、规范一场一档记录推进畜禽粪污资源化利用,选择这两项措施的样本县(市、区)均为 14 个(图 11-18)。高标准农田建设政策实施过程中,土地平整、田间道路建设、水利工程设施是各样本县(市)广泛采取的措施,而采取坡地改造、土地置换措施的样本县(市、区)较少(图 11-19)。

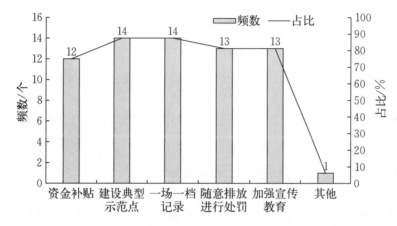

图 11-18 2021 年各样本县(市、区)畜禽粪污资源化利用措施情况

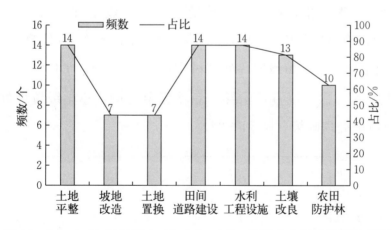

图 11-19 2021 年各样本 县(市、区)高标准农田建设措施情况

3. 农村人居环境整治政策实施效果显著

16 个样本县(市、区)对农村生活垃圾治理、农村改厕、污水治理、改善村容村貌政策的支持力度和政策实施满意度进行打分,各政策的政策支持力度和政策实施满意度平均分均在 4 分以上,其中,农村改厕政策支持平均分最高,

为4.44，生活垃圾处理政策实施满意度最高，平均分为4.44（图11-20）。

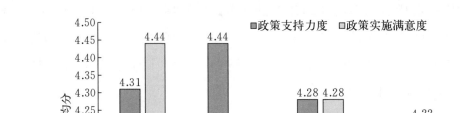

图11-20　2021年各样本县（市、区）人居环境整治政策支持力度、满意度情况

4. 农村生活垃圾收集转运体系不断完善

调研地区农村生活垃圾收集转运体系覆盖90%以上的行政村。16个样本县（市、区）垃圾处理专项资金投入达5.59亿元，各样本县（市、区）均建立了"户分类，村收集，镇转运，县处理"的垃圾处理模式。16个样本县（市、区）中，有14个样本县（市、区）实施垃圾统一处理村庄占比为100%，十堰市房县实施垃圾统一处理村庄占比最低，仅为43%（图11-21）。15个样本县（市、区）以宣传引导、专项资金支持、建县级垃圾处理中心三种措施推行垃圾处理政策（图11-22）。

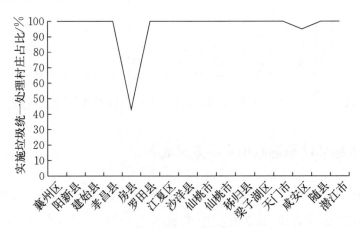

图11-21　2021年各样本县（市、区）实施垃圾统一处理村庄占比情况

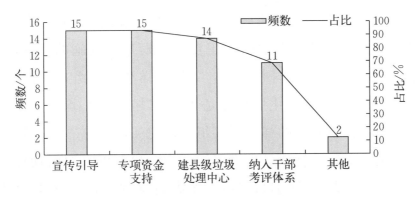

图 11-22 2021 年各样本县（市、区）垃圾处理采取措施情况

5. 村容村貌政策实施效果显著

16 个样本县（市、区）投入污水处理专项资金共 16.85 亿元，46 个样本村的村庄绿化覆盖率平均值为 77.76%。政策推行过程中，15 个样本县（市、区）通过宣传引导、专项资金支持改善村容村貌，13 个样本县（市、区）进行美丽村庄评比改善村容村貌，8 个样本县（市、区）通过其他方式改善村容村貌，其他方式包括出台奖补文件、外出考察学习等（图 11-23）。

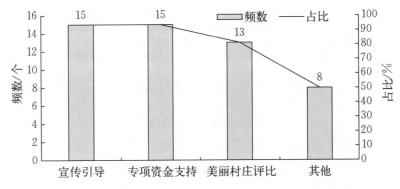

图 11-23 2021 年各样本县（市、区）村容村貌措施情况

(六) 乡村文化服务覆盖面稳步提升，农村生产生活方式转型逐步加快

1. 乡村文化服务多元发展，文娱活动日新月异

2021 年，各样本县（市、区）均实施乡村文娱发展支持政策，建设乡村书屋、建设乡村文化广场、开展戏曲进乡村活动和举办农村文娱比赛等措施齐

头并进，襄州区还开展农村电影放映活动，为农户提供多元化的公共文化服务（图 11 - 24）。文娱活动的开展依赖于乡村文娱基础设施的完善，2021 年，89.3％的样本村（组）建设图书馆，78.26％的样本村（组）建设露天广场，建设健身场馆和村综合文化服务中心的样本村（组）均占比 60％左右，建设棋牌室和综合服务站的样本村（组）占比 40％左右（图 11 - 25），表明当前农村文娱基础设施建设类型多样，为农户开展文娱活动提供场地支撑。2021 年，91.3％的样本村（组）举办过文娱活动，年平均开展 4 次左右，表明文化基础设施充分发挥了"搭桥"作用，激发了新时代乡村振兴的文化活力。

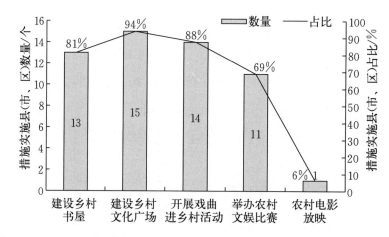

图 11 - 24　2021 年样本县（市、区）乡村文娱发展支持政策措施情况

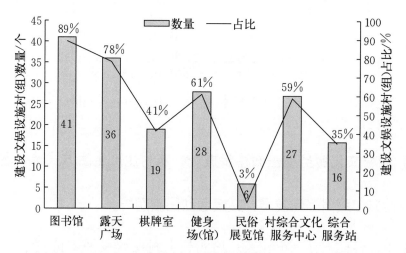

图 11 - 25　2021 年样本村（组）乡村文娱设施建设情况

2. 乡村基础设施建设较为完备，农村生产生活条件得到改善

在交通基础设施建设方面，56.25％的样本县（市、区）建有高铁站，68.75％建有火车站，所有样本县（市、区）均配备长途客运站，87.5％的样本县（市、区）村村通公路覆盖村庄的比例达到100％，农村路网的建设已经能在很大程度上保障农户在县域甚至城乡之间流动。在生活基础设施建设方面，每个市（县）的村庄自来水入户平均比例达到97.36％，平均村庄用电保证率达到99.38％，开通天然气的村庄平均比例为63.43％（图11-26），农户喝上卫生的饮用水，用上经济又有保障的电，用上安全清洁的燃料，为农户带来了看得见、摸得着的实惠。在通信基础设施建设方面，每个市（县）的村庄通宽带平均比例达到95％，4G基站建设平均数量达到800个，5G基站建设平均数量达到168个（图11-27），农村互联网普及率高，数字乡村建设取得初步进展，为农村居民生活注入新活力。

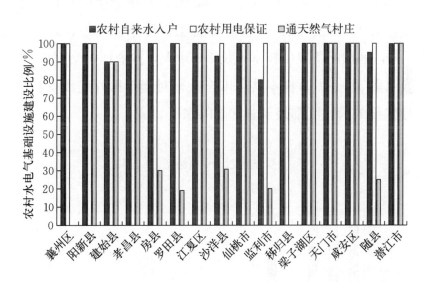

图11-26 2021年样本县（市、区）水电气生活基础设施建设情况

3. 县乡村医疗卫生机构与医疗资源基本实现全覆盖

完善乡村医疗体系是全面推进健康中国建设和全面推进乡村振兴的应有之义。2021年，81.25％的样本县（市、区）建立兼顾综合医院、中医医院和专科医院的公立医疗机构体系，基本满足农户多元化、专业化的医疗卫生服务需

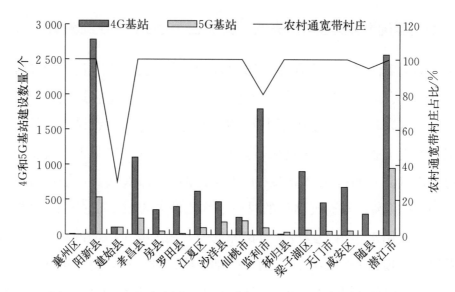

图 11 - 27　2021 年样本县（市、区）通信基础设施建设情况

求（图 11 - 28）。样本县（市、区）平均建有基层卫生医疗机构 437 家，其中平均建有乡镇卫生院 15 家，村卫生室 342 家，乡镇卫生院与村卫生室均基本实现全覆盖（表 11 - 5）。在医疗资源配备上，样本县（市、区）平均设有床位数 4 390 张，平均配备卫生技术人员 3 674 人，执业医师数量 2 185 人，乡村医生 424 人（图 11 - 29）。样本县（市、区）对当地医疗建设支持力度、农户对当地医疗建设的满意度都处于非常高的水平。

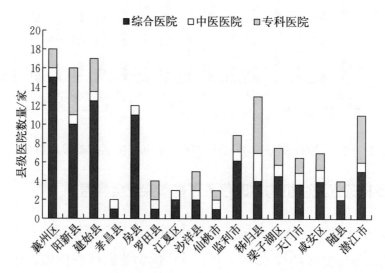

图 11 - 28　2021 年样本县（市、区）各类县级医院数量

表 11 - 5　2021 年样本县（市、区）医疗卫生机构建设情况

基层卫生医疗机构数量	乡镇卫生院		村卫生室	
	数量/家	覆盖率/%	数量/家	覆盖率/%
襄州区	587	17	100	388	100
阳新县	482	16	100	327	100
建始县	535	17	100	353	100
孝昌县	13	12	100	297	100
房县	301	12	100	281	100
罗田县	17	12	100	396	100
江夏区	500	2	100	63	100
沙洋县	310	13	100	256	100
仙桃市	973	15	100	663	100
监利市	413	13	100	336	100
秭归县	522	30	100	360	100
梁子湖区	398	14	100	334	100
天门市	383	14	100	332	100
咸安区	424	14	100	336	100
随县	433	22	100	372	100
潜江市	695	20	100	380	100

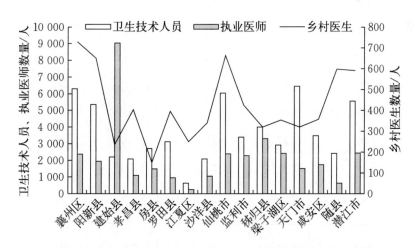

图 11 - 29　2021 年样本县（市、区）各类医疗卫生人员数量

4. 农村基本公共服务水平逐步提升

在教育方面，2021 年，各样本县（市、区）内平均兴建小学 101 所、中学 34 所和高中 6 所，为 3.75 万名在校小学生、2.31 万名中学生和 8 531 名高

中生提供教育教学服务（表 11-6）。小学主要分布在乡镇和行政村内，中学主要分布在乡镇，高中主要分布在县城，各样本村（组）村委会距最近小学平均有 3.32 千米，距最近初中平均有 3.93 千米，教育资源基本均衡，覆盖面较为广泛。在养老服务方面，样本县（市、区）平均开设 33 家养老院，为 1 651 位老人提供养老服务（图 11-30），样本县（市、区）有平均 83% 的农村居民购买农村居民基本养老保险，大部分老年农村居民的基本生活有所保障，养老格局基本确立。在社会保障方面，新型农业合作医疗参保平均比例达到 94%，平均报销比例为 68%（图 11-31），医疗保障网越织越密，农村居民的医疗负担不断减轻。样本县（市、区）纳入低保范围的农村居民平均数量为 13 849 人，纳入五保范围的农村居民有 5 600 人，保障了经济困难户的基本生活需求。

表 11-6　2021 年样本县（市、区）教育教学服务供给情况

	小学		初中		高中	
	学校数量/所	学生数量/人	学校数量/所	学生数量/人	学校数量/所	学生数量/人
襄州区	62	52 455	23	23 037	4	11 812
阳新县	134	91 010	41	45 313	6	16 418
建始县	146	25 275	17	28 000	2	7 737
孝昌县	43	31 890	26	15 248	5	8 570
房县	272	50 158	23	15 500	3	11 134
罗田县	61	34 765	18	15 947	6	11 828
江夏区	10	30 000	5	15 000	3	13 000
沙洋县	26	15 576	45	7 548	3	5 858
仙桃市	18	22 788	25	11 274	3	9 429
监利市	280	38 000	98	36 000	15	1 800
秭归县	27	12 726	15	6 540	10	5 615
梁子湖区	154	25 363	57	21 270	13	3 707
天门市	134	77 572	46	60 450	5	4 661
咸安区	85	31 029	33	22 690	8	4 184
随县	79	38 660	30	19 794	3	5 373
潜江市	90	23 397	35	25 586	13	15 368

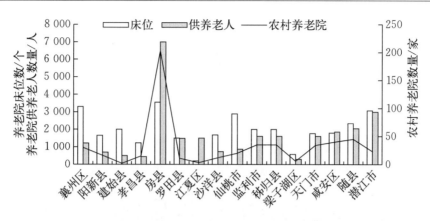

图 11-30 2021 年各样本县（市、区）农村养老服务供给情况

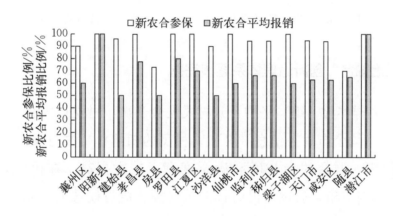

图 11-31 2021 年样本县（市、区）新型农业合作医疗参保及报销情况

（七）基层党组织建设逐步加强，"三治融合"治理体系日益完善

1. 农村基层党组织战斗堡垒作用凸显

农村基层党组织是党在农村全部工作的基础，村"两委"是乡村振兴实施的"领头雁"，需要全面加强党组织队伍建设。在村"两委"人员选拔上，2021 年，村书记、村主任以及村"两委"成员大多为高中毕业（图 11-32）；在骨干队伍建设上，2021 年，村"两委"参与县党委培训平均为 603 人次，乡党委为村"两委"培训平均 168 次；在人员选派上，89.13% 的村党支部有驻村书记，60.87% 的样本村（组）村委会有上级派驻干部，平均每村有 2 位驻村干部。农村基层党组织通过党委培训、干部选派等方式增强了自身战斗力，更好地发挥凝心聚力和战斗堡垒作用。

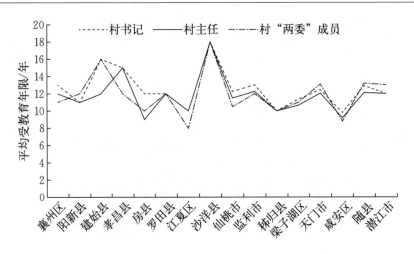

图 11-32　2021 年样本村（组）村"两委"受教育程度情况

2. "三治融合"创新治理体系逐步完善

2021 年，样本村（组）平均召开村民大会 7 次，村党员大会 13 次，村支委会 21 次，平均公布财务信息 329 次，村民的知情权、参与权、表决权、监督权得到保障，群众的参与度和满意度有了较大提高。在民主选举方面，91.3% 的样本村（组）通过村民海选产生村委会成员候选人，82.61% 的样本村（组）通过村民直选从候选人中选举出村委会成员，保障村民公平、公正、公开参与乡村治理。2021 年，样本乡（镇、街道）内平均具备县级"民主法治示范村"称号村庄有 6 个；80.42% 的样本村（组）开展过"法治进乡村"活动，平均每个样本村（组）开展 4 次；89.13% 的村庄发放法制宣传教育资料，全村共同参与法治乡村建设，营造良好法治乡村氛围。2021 年，60.87% 的样本村（组）为县级以上文明村，97.83% 的样本村（组）制定弘扬优秀传统文化的村规民约，样本村（组）平均 89 户获星级文明户称号，提倡文明风尚，注重实践养成，进一步增强德治的感染力、凝聚力。

（八）农村综合改革有序推进，县域城乡融合引领农村发展

1. 农村土地制度改革有序推进

2021 年，样本县（市、区）的平均土地确权颁证率已高达 99.35%，宅基

地确权颁证率已达 88.85%（表 11 - 7），为全面深化农村改革打下坚实基础。同时，所有样本县（市、区）均实施三块地改革，在承包地改革方面，探索土地经营权流转、农业经营方式的多样多变，推进土地资源优化配置；在宅基地改革方面，结合发展乡村旅游、农村创新创业，盘活利用闲置宅基地和农房，探索宅基地"三权分置"的具体实现形式；在集体建设用地改革方面，通过入股、租用等方式直接用于乡村产业，或在符合国土空间规划前提下，通过土地整理等方式，节余建设用地指标用于乡村振兴。

表 11 - 7　2021 年样本县（市、区）土地确权颁证情况

单位：%

	土地确权颁证率	宅基地确权颁证率
襄州区	100	—
阳新县	100	75
建始县	92	90
孝昌县	100	96
房县	100	90
罗田县	100	100
江夏区	100	10
沙洋县	100	99
仙桃市	99	98
监利市	99	100
秭归县	100	100
梁子湖区	100	98
天门市	100	98
咸安区	100	100
随县	100	90
潜江市	100	—

2. 农业支持政策有效实施

农业补贴是支持现代农业发展的重要手段，对于促进粮食生产和农民增收、推动农业农村发展发挥着积极作用。落实农业支持保护补贴资金发放，需要严把农业补贴政策的宣传、审核和公示流程。2021 年，所有样本县（市、区）针对农业补贴政策进行宣传培训，依托线上线下课堂讲授、宣传资料、公示栏等方式，平均开展 3 次宣传活动。同时，所有样本县（市、区）均对农业补贴进行合规审核，将补贴发放流程、补贴金额、补贴依据等信息进行公示，保障公平、公正、公开地发放农业支持保护补贴资金。

3. 县域引领经济发展的作用不断增强

2021年，56.25%市（县）的支柱产业为农业生产，50%的样本县（市、区）以先进制造业为支柱产业，以商贸流通和文化旅游为支柱产业的市（县）分别占6.25%和12.5%（图11-33），表明当前县域的支柱产业涵盖了第一、第二、第三产业，实现城乡产业互补互动，具有一定的产业吸纳和转化能力，并具有较高辐射带动能力。2021年，支柱产业平均创造了2.7万余个就业岗位，并定期对产业人才提供以岗位职业技能、经营管理能力与新型销售渠道为主要内容的培训。同时，县城表现出发展成为中小城市的趋向，在引领县域消费扩容升级、扩大农村消费中发挥重要作用。2021年，93.75%的样本县（市、区）形成新型消费集聚区，平均创造产值6.78亿元。

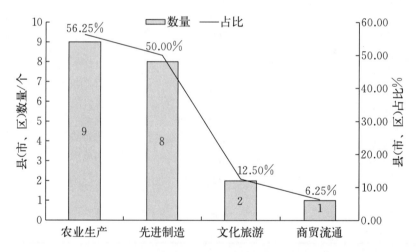

图11-33　2021年样本县（市、区）县域产业发展整体情况

4. 县域基础设施和公共服务布局不断优化

2021年，样本县（市、区）县域城乡维护建设资金平均支出为3 838万元，大力推进县城市政交通设施、防洪排涝设施、老化管网改造、数字化改造等为重点的基础设施建设。2021年，城区道路平均面积为198万平方米，建成区排水管道密度为28千米/平方千米，老旧小区改造平均完成度为80%，城区用水平均普及率为99%，燃气平均普及率为92%，互联网平均普及率为

86％（图 11-34）。县域逐步提升以医疗卫生、教育文化体育、养老和社会福利等为主的公共服务水平，2021 年，样本县（市、区）的城区平均建设 4 家养老院，平均供养 1 218 位老年人，平均百人公共藏书量有 90 本，公共文化设施社区覆盖率为 95％，公共体育设施社区覆盖率为 97％（表 11-8）。

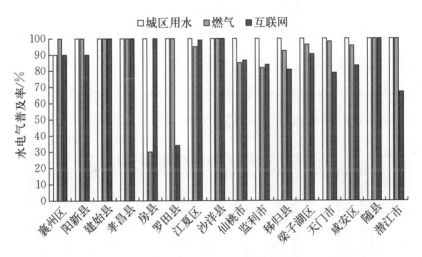

图 11-34　2021 年样本县（市、区）县域水电网普及率

表 11-8　2021 年样本县（市、区）县域文体服务供给情况

	百人公共藏书量/本	公共文化设施覆盖率/％	公共体育设施覆盖率/％
襄州区	148	93	95
阳新县	33	100	100
建始县	—	—	—
孝昌县	392	100	100
房县	—	100	100
罗田县	41	100	100
江夏区	10	70	80
沙洋县	56	100	100
仙桃市	66	94	96
监利市	43	93	95
秭归县	43	91	94
梁子湖区	3	96	97
天门市	6	98	99
咸安区	17	95	97
随县	158	100	100
潜江市	99	100	100

5. 县域生态环境建设持续推进

扎实推进县域人居环境整治，是打造宜居宜业和美乡村的关键所在。县级政府强化措施，完善县城生态绿地系统，优化人居生态环境。2021年，样本县（市、区）中的建成区平均绿化覆盖面积为665公顷，平均公园绿地面积为344公顷，打造生态空间建设（图11-35）。同时，县级政府加快提升县域基础设施建设，增强废弃物处理能力。2021年，样本县（市、区）县域生活垃圾平均清运量达到2.54亿吨，生活垃圾平均无害化处理量为2.45亿吨，城区污水处理厂集中处理量达到1 513万立方米（图11-36）。

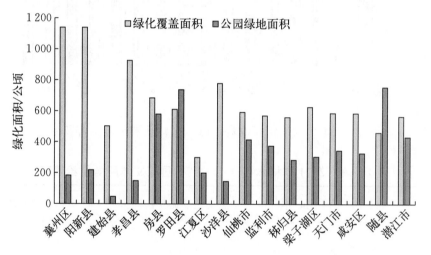

图11-35　2021年样本县（市、区）县域生态绿地建设情况

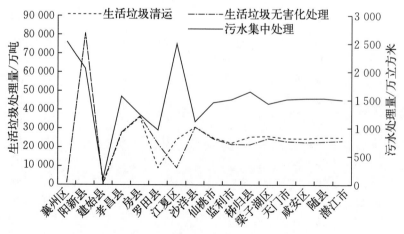

图11-36　2021年样本县（市、区）县域生活垃圾与污水处理情况

（九）粮食安全相关政策落地见效，农业生产支持政策落实到位

1. 粮食安全和重要农产品供给相关政策落实程度和有效程度高

16 个样本县（市、区）对粮食安全政策和农产品供给政策的落实程度和政策有效程度打分较高，平均分在 4.5 以上，但各样本县（市、区）对粮食安全政策和农产品供给政策了解程度较低（图 11 - 37）。

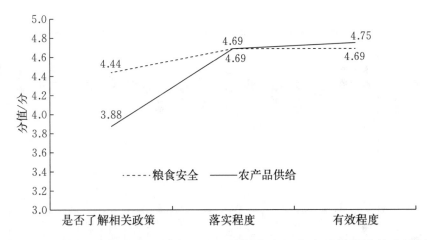

图 11 - 37　2021 年各样本县（市、区）粮食安全和农产品供给政策实施情况

农业生产支持政策中，补贴政策实施效果总体评价比较好。棉花种植补贴政策总体评价得分最高，平均得分为 4.75。水稻育秧补贴、机耕机插、机烘机收等粮食生产环节补贴政策总体评价比较好，平均得分为 4.5（图 11 - 38）。

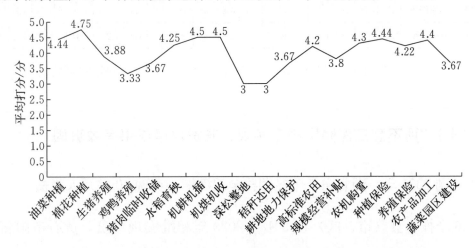

图 11 - 38　2021 年各样本县（市、区）农业生产支持政策评价情况

2. 补贴政策的目标实现效果、实施规范程度的满意度高

实施了补贴政策的样本县（市、区）对政策激励效果、收入保障效果、目标实现效果和实施规范程度进行了打分，从各项的平均分看来，补贴政策的目标实现效果和实施规范程度的平均打分在 4.5 分以上，政策的激励效果和收入保障效果的平均打分略低，总体在 3 分以上。就单个政策的实施满意度来看，农产品加工补贴政策各项满意度均为最高（图 11 - 39）。

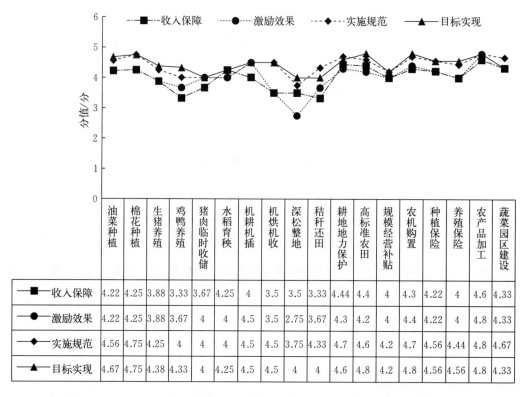

	油菜种植	棉花种植	生猪养殖	鸡鸭养殖	猪肉临时收储	水稻育秧	机耕机插	机烘机收	深松整地	秸秆还田	耕地地力保护	高标准农田	规模经营补贴	农机购置	种植保险	养殖保险	农产品加工	蔬菜园区建设
—■—收入保障	4.22	4.25	3.88	3.33	3.67	4.25	4	3.5	3.5	3.33	4.44	4.4	4	4.3	4.22	4	4.6	4.33
—●—激励效果	4.22	4.25	3.88	3.67	4	4	4.5	3.5	2.75	3.67	4.3	4.2	4	4.4	4.22	4	4.8	4.33
—◆—实施规范	4.56	4.75	4.25	4	4	4	4.5	4.5	3.75	4.33	4.7	4.6	4.2	4.7	4.56	4.44	4.8	4.67
—▲—目标实现	4.67	4.75	4.38	4.33	4	4.25	4.5	4.5	4	4	4.6	4.8	4.2	4.8	4.56	4.56	4.8	4.33

图 11 - 39　2021 年各样本县（市、区）农业生产支持政策实施效果

（十）"两不愁三保障"稳定实现，脱贫攻坚成果有效巩固

1. 到 2021 年，湖北省 7 个贫困县全部摘帽，实现 40 余万人脱贫

16 个样本县（市、区）在 2018—2020 年相继实现脱贫，黄石市阳新县、恩施州建始县、孝感市孝昌县、十堰市房县、黄冈市罗田县、宜昌市秭归县、

鄂州市梁子湖区、荆州市监利市 7 个贫困县全部摘帽，共计脱贫 409 123 人，"两不愁三保障"贫困户比例达到 100％的样本县（市、区）占 62.5％。

2. 多措并举保障贫困人口义务教育

13 个样本县（市、区）采取生活补助保障贫困人口接受义务教育，12 个样本县（市、区）采取免学费、免费发放教科书措施保障贫困人口接受义务教育（图 11 - 40）。对于职业教育学生，13 个样本县（市、区）通过"雨露计划"保障职业教育，免学费、国家助学金两项措施也是样本县（市、区）保障职业教育采取的主要措施（图 11 - 41）。对于学前教育、高等教育学生，则通过补助方式给予帮助，主要包括生活补助、国家助学金、国家助学贷款等方式（图 11 - 42）。

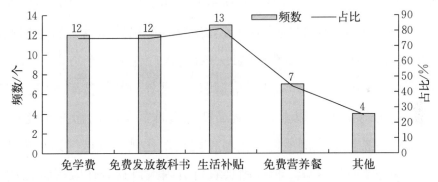

图 11 - 40　2021 年各样本县（市、区）义务教育保障措施情况

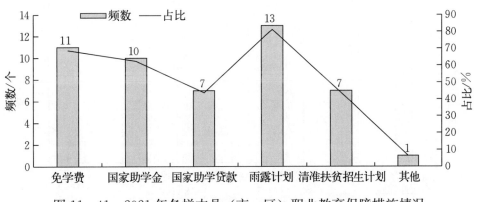

图 11 - 41　2021 年各样本县（市、区）职业教育保障措施情况

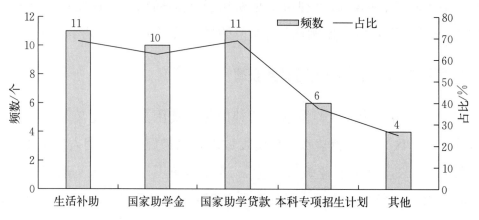

图 11 - 42　2021 年各样本县（市、区）学前教育、高等教育保障措施情况

3. 基本医疗财政投入资金多，医保覆盖面广，报销比例高

财政投入共计 3.32 亿元，16 个样本县（市、区）中，设立兜底保障资金的县占 72.72%，兜底控制线为 5 000 元，医疗保障措施覆盖了城乡居民基本医疗、大病保险、大病救助、慢性病救助、补充医疗保险多个方面（图 11 - 43），补助标准平均为 746.67 元/年。除恩施州建始县外，其他贫困县农村贫困人口县域住院报销比例在 90% 以上，大病、特殊慢性病县域门诊报销比例 80% 左右，恩施州建始县报销比例最低，县域住院报销比例、县域门诊报销比例分别为 50%、70%（图 11 - 44）。非贫困县农村贫困人口县城住院报销比例在 90% 以上，大病、特殊慢性病县域门诊报销比例为 80% 左右。农村贫困人口县域

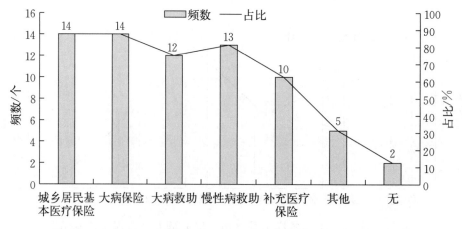

图 11 - 43　2021 年各样本县（市、区）基本医疗保障措施情况

内就医，个人负担政策范围内医疗费不超过 5 000 元。

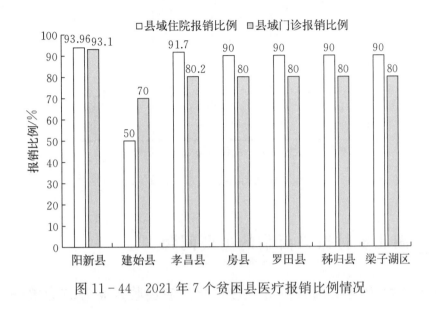

图 11-44 2021 年 7 个贫困县医疗报销比例情况

4. 贫困户住房安全有保障

2018—2021 年累计建档立卡贫困户收到住房安全鉴定牌户数共 208 436 户，危房改造补贴投入 2 430.21 万元，住房安全有保障的贫困户比例平均达到 92.93%。

5. 持续防返贫监测，精准帮扶返贫户

2021 年以来各县（市）防返贫监测排查次数共 86 次，排查对象包括受灾户、重病户，襄阳市襄州区、黄冈市罗田县、荆州市监利市排查对象为所有农户，各样本县（市、区）从发现问题到纳入监测基本只需要 15 天。防返贫监测户，主要根据家庭成员遭受重病大病、遭遇严重自然灾害、收入下滑且脱贫不稳定三种情况纳入；退出标准主要根据家庭收入持续稳定、"两不愁三保障"及饮水安全持续巩固、返贫致贫风险已稳定消除三种情况进行确定。2018 年至 2022 年各样本县（市、区）累计帮扶604 342 人次，主要通过结对帮扶、产业帮扶、志智双扶、生活帮扶对监测户进行帮扶（图 11-45）。

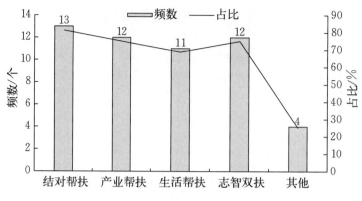

图 11-45　2021 年各样本县（市、区）帮扶措施情况

二、湖北乡村振兴面临的主要问题

（一）乡村产业结构有待进一步优化，农民收入来源较为单一

1. 第二产业产值占比降低

表 11-9 中样本县（市、区）第二产业产值占比显示，2019—2021 年正值新冠疫情肆虐之际，湖北省第二产业产值占比明显下滑，由于新冠疫情的冲击，制造业、建筑业等物质产品生产领域受到了很大影响。全球供应链受阻，原材料和零部件供应不足，湖北省许多工厂为了遵守疫情防控措施而暂停生产或减少产能，导致湖北省整个制造业产值下降，建筑业受到停工和推迟的影响。

表 11-9　样本县（市、区）第二产业产值占比

样本县（市、区）第二产业产值占比	2019 年/%	2020 年/%	2021 年/%	增长率/%
襄州区	45	38	40	−11.11
阳新县	37	33	37	0.00
建始县	21	27	16	−23.81
孝昌县	19	22	22	15.79
房县	28	24	27	−3.57
罗田县	31	26	24	−22.58

（续）

样本县（市、区） 第二产业产值占比	2019 年/%	2020 年/%	2021 年/%	增长率/%
江夏区	44	39	40	−9.09
沙洋县	40	38	34	−15.00
仙桃市	46	43	43	−6.52
监利市	46	41	28	−39.13
秭归县	36	24	27	−25.00
梁子湖区	27	19	15	−44.44
天门市	47	44	43	−8.51
咸安区	48	45	42	−12.50
随县	49	46	45	−8.16
潜江市	50	48	42	−16.00

第二产业是一个国家或地区经济的关键构成，第二产业产值占比降低会导致以下不良结果：第一，制造业、建筑业等物质产品生产领域是国家或地区经济的支柱产业，若其产值占比过低，将不利于提高经济总体实力和持续稳定的经济增长；第二，劳动密集型第二产业为地区提供大量就业机会，若产值降低代表就业机会减少，加剧社会经济不平等现象；第三，低产值的第二产业将影响农村转型和城市化进程的顺畅进行，从而形成人口聚集和社会功能缺失等问题，影响地区社会的全面发展。

2. 湖北省农业产业以第一产业为主

乡村振兴大调研定义农业产业内第一产业为种植业、林业、畜牧业、渔业；第二产业为农产品加工业；第三产业为电子商务，图 11 - 46 显示了湖北省 45 个样本乡（镇、街道）农业产值情况。2019—2021 年，45 个样本乡（镇、街道）第一产业平均产值占比由 89.67% 下降为 82.19%，下降了 7.48 个百分点；第二产业平均产值占比从 6.53% 上升到 12.23%；第三产业平均产值从 3.79% 上升到 5.57%。这说明湖北省第二、三产业产值略有增加，但整体仍然以第一产业为主。

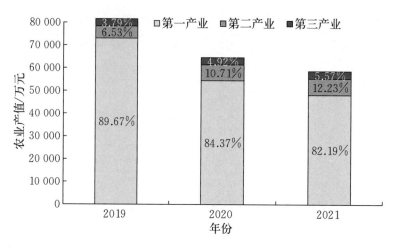

图 11-46　2019—2021 年样本乡（镇、街道）农业产值分行业情况

3. 农民收入来源较为单一

农民收入主要来自种植业、畜牧业和渔业等传统农业领域，除农林牧渔业之外的收入占比仍然不高，缺乏多元化收入来源。这可能会导致以下问题：第一，由于收入来源单一，农民的收入很容易受到市场变化和自然灾害等因素的影响，从而难以实现稳定持续增长；第二，由于生产定位单一，农民面临的经济风险相对较高，如农产品价格波动、产量下降等；缺乏多样化的职业发展机会和收入保障，将会促使年轻有为的人才向城市等地流动，而缺乏技术人才会制约农业现代化进程。

（二）农业全程机械化率增长缓慢，农产品"三品一标"水平有待提升

1. 产中环节机械化水平有所降低

提高农业质量、效益与竞争力，是我国进入高质量发展阶段的内在要求，也是全面推进乡村振兴的重要途径。作为农业生产效率的重要体现，湖北省农业生产全程机械化不断推进。2019—2021 年，湖北省 16 个样本县（市、区）的机耕面积、机播面积、机电灌溉面积、机械植保面积、机收面积的平均增长率分别为 0.52%、4.20%、−2.34%、−1.79%、4.50%（表 11-10）。从农业生产全产业链来看，产前和产后环节的机械化率显著提升，但是灌溉、植保

等产中环节的机械化率有所下降。当前农机配置结构的调整、作业条件的改善以及社会化服务的供给促使农作物耕种收综合机械化率全面提高，而产中环节的基础设施建设、机械技术研发以及社会化服务体系面临发展瓶颈，在一定程度上阻碍了灌溉、植保等产中环节的机械化水平提升。

表 11-10　2019—2021 年样本县（市、区）农机作业情况

农机作业情况/公顷	2019 年	2020 年	2021 年	增长率/%
机耕面积	108 805	104 003	108 238	0.52
机播面积	66 470	69 743	69 262	4.20
机电灌溉面积	60 346	58 834	58 931	−2.34
机械植保面积	117 010	115 127	114 920	−1.79
机收面积	93 321	93 866	97 517	4.50

2. 农产品"三品一标"认证数量增速缓慢

湖北省绿色食品品牌和地理标志农产品认证数量连年上涨，16 个市（县）的绿色食品品牌认证数量从 2019 年的 425 个上升至 2021 年的 601 个，地理标志农产品认证数量从 2019 年的 88 个上升至 2021 年的 130 个。有机食品品牌认证数量则稳定在 150 个左右（图 11-47）。综合来看，湖北省农产品认证数量在基本稳定态势中有所增长，但增长较为缓慢。

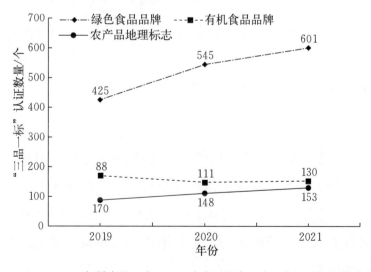

图 11-47　2019—2021 年样本县（市、区）农产品绿色、有机与地理标志品牌认证数量

（三）农村劳动力外流严重，"三农"人才培育与激励整体不足

1. 多地区人口加速外流

人才振兴是乡村振兴的基础，以青壮年劳动力为主的乡土人才是人才队伍建设的关键主体之一。图 11-48 显示 2019—2021 年 16 个样本县（市、区）总人口变动情况，整体而言，16 个样本县（市、区）总人口平均增长率为 -4.18%，说明人口外流正在发生，其中仙桃市、鄂州市梁子湖区、天门市、随州市随县、潜江市总人口正在加速外流。当前农村缺乏自我发展的内在动力，在产业发展、基础设施建设与公共服务供给等方面仍存在短板，导致农村对乡土人才的吸引力较弱，人口外流严重。

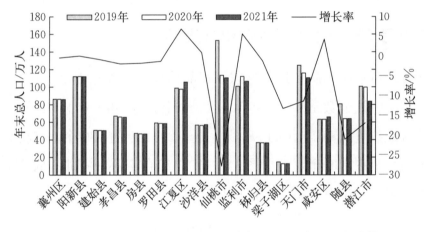

图 11-48　2019—2021 年样本县（市、区）总人口变动情况

2. 对乡村各类人才的支持政策没有得到充分落实

2021 年，仍有 20% 的样本县（市、区）没有针对新型经营主体领办人进行定期培训；在乡村教师、卫生健康以及创新创业人才培育方面，当前针对乡村振兴各类人才的大多数具体政策措施仅有将近一半的样本县（市、区）加以实施（图 11-49、图 11-50）。究其原因，当前乡村人才培育政策体系基本形成，但政府对各类人才支撑政策的统筹与推进程度不够，使其没有在农业农村中发挥出应有的效果。

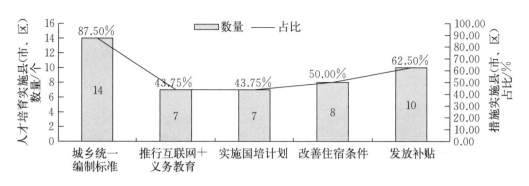

图 11 - 49　2021 年样本县（市、区）乡村教师人才培育情况

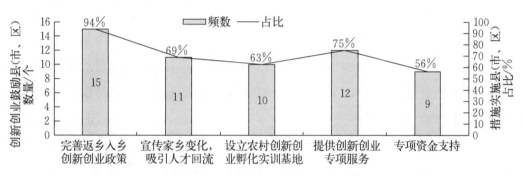

图 11 - 50　2021 年样本县（市、区）乡村创新创业鼓励措施

（四）部分地区农业灾害频发，农业生产补贴标准低范围窄

1. 农业灾害以洪涝和干旱为主，病虫害和污染问题同时存在

农业生产面临诸多灾害的侵袭，湖北省 2019—2021 年的主要受灾类型分为洪涝、干旱、低温冻害、强风、病虫害 5 种。其中，造成农业减产较为严重，且频发的农业灾害主要是洪涝和干旱（表 11 - 11）。

表 11 - 11　2019—2021 年湖北省受灾类型情况

受灾类型	县（市、区）
洪涝	襄阳市襄州区、黄石市阳新县、十堰市房县、武汉市江夏区、仙桃市、监利市、宜昌市秭归县、鄂州市梁子湖区、咸宁市咸安区
干旱	襄阳市襄州区、黄石市阳新县、恩施州建始县、孝感市孝昌县、十堰市房县、黄冈市罗田县、仙桃市、咸宁市咸安区

（续）

受灾类型	县（市、区）
低温冻害	十堰市房县、监利市、咸宁市咸安区
强风	黄石市阳新县、黄冈市罗田县、鄂州市梁子湖区
病虫害	恩施州建始县、黄冈市罗田县、荆门市沙洋县、鄂州市梁子湖区、咸宁市咸安区

从农业受灾面积来看，湖北省 16 个样本县（市、区）受灾情况不尽相同（图 11‑51），湖北省 2019—2021 年平均受灾面积分别为 4 967 公顷、10 886 公顷、3 832 公顷。在 2020 年，16 个样本县（市、区）的受灾面积普遍增长，其中，襄阳市襄州区、黄石市阳新县、恩施州建始县、十堰市房县、武汉市江夏区、荆门市沙洋县、仙桃市、监利市、宜昌市秭归县都受到农业灾害较大影响。从行业细分情况来看，导致 16 个样本县（市、区）的受灾损失主要是集中在种植业和渔业。

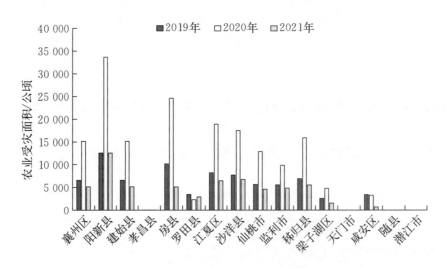

图 11‑51　2019—2021 年样本县（市、区）受灾面积情况

2. 农业生产补贴标准低

农药、化肥、种子等农资价格持续上升，农户种植成本逐年增高，涨幅及金额超过了农业补贴金额和增幅，再加上农业生产受自然条件、市场风险影响较大，相较之下亩均补贴标准较低。

3. 农业生产补贴范围窄

大多农业补贴政策的补贴依据相同，容易出现补贴范围交叉重叠的现象，例如油菜补贴政策、棉花补贴政策均以种植面积作为补贴依据，而种植其他作物的农户就无法享有补贴，在与农业农村局相关人员进行深度访谈时，相关人员也表达出加大对蔬菜、玉米、花生补贴的诉求。

（五）农村改厕工作进度不一，生活污水治理覆盖不全

1. 样本县（市、区）农村改厕工作完成率差距大

16 个样本县（市、区）农村改厕专项投入资金 6.07 亿元，农村改厕工作完成率 100% 的样本县（市、区）仅占 43.75%，其中，荆州市监利市完成率最低，仅为 30%（图 11-52）。46 个样本乡（镇）调研数据显示，33 个样本乡（镇）农村改厕工作存在资金不足问题，22 个样本乡（镇）存在农民参与积极性不高问题（图 11-53）。

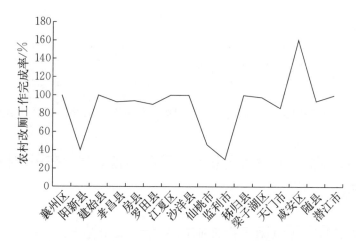

图 11-52　2021 年各样本县（市、区）农村改厕工作完成情况

2. 样本县（市、区）实施污水处理村庄的比率偏低

16 个样本县（市、区）投入污水处理专项资金共 11.31 亿元，但是各样本县（市、区）农村污水治理率差距却很大，仅黄石市阳新县、鄂州市梁子湖

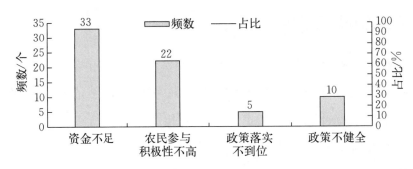

图 11-53 2021 年各样本乡（镇）农村改厕政策实施中存在问题的情况

区、天门市 3 个样本县（市、区）实施污水处理村庄占比达到 100%，实施污水处理村占比最低的样本县（市、区）为荆州市监利市，仅为 20%，襄阳市襄州区、孝感市孝昌县实施污水处理村庄占比不足 40%（图 11-54）。

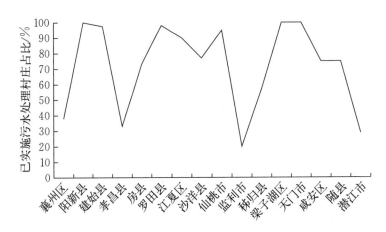

图 11-54 2021 年各样本县（市、区）已实施污水处理村庄占比情况

3. 资金不足问题、农民参与积极性不高问题普遍存在于农村改厕工作和污水治理工作中

除前文介绍的农村改厕工作面临的资金不足和农民参与积极性不高问题外，农村污水治理也面临着同样问题。46 个样本乡（镇）调研数据显示，37 个样本乡（镇）污水处理工作同样存在资金不足问题，25 个样本乡（镇）也存在农民参与积极性不高问题（图 11-55）。

首先，对比各样本县（市、区）农村改厕工作完成率和已实施污水处理村庄的比率可以发现，改厕工作完成度低的样本县（市、区）与实施污水处理村庄的比

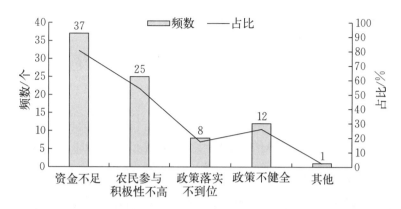

图 11-55　2021 年各样本县（市、区）污水处理政策存在问题的情况

率低的样本县（市、区）重合度较大，例如荆州市监利市、随州市随县和潜江市。农村地下管网建设是解决农村生活污水排放的有效途径之一，同时严重制约着农村卫生厕所的普及，可见，改厕工作完成度低的样本县（市、区）与实施污水处理村庄比率低的样本县（市、区）重合度高极有可能就是因为这些地区农村地下管网缺失。其次，改厕工作完成度低和实施污水处理村庄比率低的样本县（市、区）多在平原、丘陵地区，平原地区人口密度大、土地资源紧缺，丘陵地区受地形限制，地势和用水条件各不相同，给建造厕所和铺设污水处理设施带来挑战。最后，改厕工作和污水治理工作需要村民积极配合，基层工作人员推行改厕工作和污水治理工作会给予村民一定的补助以撬动村民参与的积极性，对于地方财政来说会形成资金压力，对于村民来说，补助难以弥补改造厕所造成的成本、时间投入，因此，会出现工作中资金不足和农民参与积极性不足的问题。

（六）农村金融服务支持力度不足，巩固脱贫成果内生动力需要加强

1. 实施农村土地使用权抵押贷款的县（市、区）比例小

以"保本微利"为经营原则的政策性银行是乡村全面振兴不可或缺的"金融活水"，其金融支农力度不断加大，相关银行在乡村振兴和农业农村现代化方面，平均为本县累计投放贷款额度 35.67 亿元。到 2021 年，仅 66.67% 的样本县（市、区）银行实施农村承包土地经营权、林权、农村集体经营性建设用地使用权抵押贷款。

2. 推行"防贫保"服务的县（市、区）比例低

当前实施的有关乡村振兴扶持和风险保障的新型特色险种以农业保险与"防贫保"为主，各样本县（市、区）保险机构均推出多品种、多产业的农业保险服务，提高农业生产抗风险能力。到 2021 年，仅 56.25% 的样本县（市、区）推出"防贫保"服务。种植大户大多会为降低生产风险选择金融服务，但基于我国"大国小农"的基本现状，小而多、分而散的小农却很少选择金融服务，小农没有足够的资本进行抵押，也没有强烈的保险意识，这也是农村金融服务无法激起"水花"的现实原因。

3. 因重病返贫是巩固脱贫攻坚成果的主要困难

贫困群众固有的贫困行为方式与习惯，可能是其返贫的重要因素。2021年，因重病返贫是样本县（市、区）监测户返贫的主要原因，不少脱贫户因延误早期检查和治疗而将小病拖成大病、重病，从而导致因病返贫且难以依靠自身能力脱贫。脱贫户的饮食习惯和不良生活方式也会导致疾病、危害健康，比如贫困户习惯食用腌制品、熏制品以及过夜或过期的食物，有的贫困户过量饮用劣质酒、吸食劣质烟，长期下来容易患重病甚至是绝症。

4. 政府帮扶方式多见给予式帮扶，少见开发式帮扶

与相关人员的深度访谈中，谈及本县帮助贫困户实现"两不愁"所采取的措施时，绝大多数样本县（市、区）根据贫困户家庭情况分类施策，对有劳动能力的贫困户进行就业帮扶，对无劳动能力的对象通过纳入低保、五保、参与安置区保洁、绿化等形式进行帮扶，此外，还通过监测脱贫劳动力外出务工就业信息，及时对接落实务工就业需求。给予式帮扶无法激发脱贫群众自身的脱贫动力，容易出现贫困群众出现受益依赖心理、被动消极等着政府来解决营生等问题。

（七）集体产权制度改革仍需全面深化，有效实现形式有待探索创新

发展壮大农村集体经济，是实现乡村振兴的重要条件和基础。全面开展清

产核资、明晰资产产权归属、有序推进实施经营性资产股份合作制改革、建立完善集体收益分配制度等是当前样本县（市、区）推进集体产权制度改革的政策措施。2021 年，样本村（组）中完成股份合作制改革的村庄占比 63.04％，表明当前样本地的集体产权制度改革已初见成效。但 76.09％的样本村（组）表示并没有分配或分红，已经将收益进行分配的村庄采用平均分配、按股份分配的分配方式，表明样本村的集体收益分配制度仍不完善，农村居民权益不能得到保障（图 11-56）。规划与管理不到位是当前农村集体产权制度改革中的重要问题，导致某些地区集体经济组织发展不平衡、较为薄弱，需要进一步加强政策支持和组织建设。

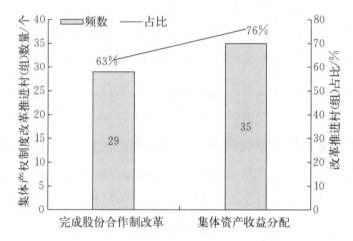

图11-56 2021 年样本村（组）集体产权制度改革实施情况

三、湖北推进乡村全面振兴的对策建议

（一）加大农业产业政策扶持力度，促进一二三产业深度融合

湖北省农业产业要发展，离不开政策扶持。通过财政补贴支持湖北省农业产业发展，具体对策建议如下：一是提高湖北省农业产业发展财政补贴标准，增加农业领域财政资金投入，加大对农业制造业、服务业等重点领域和薄弱环节的扶持力度，提高财政支农补贴标准；二是合理分配农业产业发展财政补贴，按照湖北省不同地区经济发展水平和成本水平，合理分配农业产业财政补

贴，确保财政补贴的公平性和效益性；三是精准定向补贴，因地制宜针对湖北省不同地区的优势农业产业，制定量化的财政补贴措施，鼓励涉农企业或机构加大技术推广和创新投入；四是引导社会资金参与，除了政府财政资金外，引入民间或社会团体资本进入农业产业，鼓励湖北省农民开发农村旅游、特色产品等新业态，拓宽销售渠道，带动农业产业的多元发展；五是落实补贴到位，要求相关部门严格落实各项农业补贴政策，公开透明，确保财政资金真正落实到位，并及时跟进监督补贴款物的使用情况；六是加强评估和动态调整，持续关注农业财政补贴政策落实效果，根据实际情况进行调整和改进。

深度融合是推动农业产业转型升级和经济持续发展的必要路径。为促进一二三产业深度融合，提出以下对策建议：一是加强政策引导，建立健全产学研合作机制，通过政策鼓励跨界深度融合，比如通过农业科技先行示范区政策鼓励生产企业、科研机构及高等院校合作进行农业技术创新，从而实现知识、资金、技术、市场等各维度要素的有效衔接，推动农业产业深度融合；二是推进农业产业园区建设，打造以地区特色优势产业为核心的农业产业园区，将不同领域的优势涉农企业和资源聚合在一起，推进互联互通、协同发展；三是实施品牌战略，农业企业要以产品品牌建设为基础，将企业的文化、资产、信誉等要素进行整合，提高品牌的知名度和美誉度，通过垂直一体化模式融合农业产业链上下游产业，增强市场竞争力；四是推进服务型农业，农业企业在经营过程中应加大对农民和土地的保护，注重环境保护和可持续发展。发展都市和特色观光农业，吸引游客，促进就业和异地收入，湖北省农业企业应从传统的单一产业经营模式向生态化、多元化、综合化发展，实现不同产业间相互融合与协作，共同促进一二三产业的深度融合，为湖北省农业发展注入新的活力。

（二）增强科技装备支撑能力，强化产业组织引领作用

强化科技装备支撑能力是加快农业强国建设、推进乡村振兴的首要任务。为进一步增强科技装备的支撑能力，提出以下对策建议：一是推动产学研深度融合，围绕农业生产中的农业技术需求，以县域为单位，联合高校、科研院所、农业企业等科研力量，开展灌溉、打药、植保等技术攻关，突破关键技术

难题，确保科技成果有效供给。二是以高标准农田建设为抓手，优化生产作业条件。通过实施土地平整工程、灌溉与排水工程等田间基础设施建设，通过土地整治形成集中连片，满足田间管理和农业机械化生产需要。三是健全农业社会化服务体系，立足产中环节，组成社会化服务供给方、需求方以及以技术人员、指导专家为主的社会化服务工作机构，完善购买、实施、监督、反馈等环节的服务流程，提高农业科技嵌入水平。

农业产业组织是小农户与大市场衔接的重要桥梁，通过带动小农户融入现代农业产业链方式，提高农产品"三品一标"认证水平从而实现农业高质量发展。因此，对于加强农业产业组织的引领作用，提出如下对策建议：一是拓宽农业产业组织合作渠道，积极发掘市场需求，基于农产品需求，加强农业产业组织之间的沟通合作，形成优势互补和资源共享，提高农业规模效益，辐射带动更多湖北省小农户进入现代农业产业链，实现标准化生产。二是建立专业、科学、严谨的农业组织架构，去除"空壳"农业产业组织，明确权责分工和任务目标，同时注重加强农业产业组织人才培育，注重农业技能培训，提高农业产业组织成员的素质和专业水平，吸纳更多高素质人才加入农业产业组织，建立健全农业产业组织机构，从而更好地发挥对小农户的带动作用。三是推行现代营销策略，例如电商直播带货，结合本地传统文化，借助现代市场与营销手段，收集、分析、应用农产品市场信息，进行农产品精准营销和市场拓展，进一步做好农产品品牌推介工作。

（三）多措并举增强农村自我发展能力，完善人才网络和培育机制

全面推进农村各项事业，大力提高农村自我发展能力，是留住人才、吸引人才回流的重要举措。为此，提出如下对策建议：一是深入挖掘地区发展特质，积极培育支柱性产业，并通过产业链延伸、技术引进、发展电商等方式拓展产业增收空间，提供就业机会，增强经济活力。二是完善村规民约，健全村务公开、一事一议等民主管理制度，让农民群众真正享有知情权、参与权、管理权、监督权，形成依靠农民群众建设公共事业、管理公共事务、维护自身权益的长效机制。三是加强生产生活基础设施建设，特别是加强关系产业高质量

发展的基础设施建设，同时关注交通运输和水电气网、城镇生活垃圾分类和处理设施等方面的生活基础设施建设，改善农村生活环境。四是以提升基层组织的组织力作为工作重点，结合组织群众的一般规律、时代特点和基层实际等，积极探索在新时代增强基层组织力的有效途径，做好党员的教育、管理、监督，以及对群众的组织、宣传、凝聚和服务，努力发挥基层党组织在农村增强自身发展能力中的关键作用。

完善农村人才网络和培育机制，是进一步统筹和推进人才振兴工作的主要抓手。因此，从以下几个方面提出对策建议：一是明确以各级基层干部、乡村产业发展带头人、公共服务引路人为基本结构的乡村振兴人才网络，厘清各类人才之间的互动关系，并借助现代信息技术与大数据资源，建设乡村振兴人才信息交流平台，加强对当地人才现状把握、精准管理与调用。二是完善以需求为导向的人才培育机制，加快教育培育体系建设，为不同主体提供"点菜式"培训，为乡村人才振兴储备后备力量。三是构建乡村振兴人才培育评价体系，梳理重能力、重实践的评价导向，科学合理设置评价指标和评价方法，聘请第三方机构定期开展评估，并与当地政府的专项绩效考核挂钩，推动人才培育落地落实。

（四）加强农业灾害防治体系建设，以需求为导向实施农业补贴

防灾就是增产，加强农业灾害防治体系建设是有效应对农业灾害的必要措施，具体对策建议如下：一是健全农村防灾减灾救灾科技支撑体系，加快5G网络等新技术在农村的发展应用，加强农村灾害监测预报预警能力建设，通过气象站、遥感技术等手段对天气和气候变化进行监测和预警。二是完善农业水利基础设施、应急物资储备和预警机制，加强泵站、堤防、抗洪排涝工程等基础设施建设和高标准农田建设，建立应急预案、培训应急人员、准备应急物资以形成有效应急响应机制。三是提升农业保险保障能力，加快政策性农业保险实施步伐，持续推进农业保险"增品、扩面、提标"，扩大农业保险覆盖面，加大农业保险知识宣传力度，提升农户参保意识。

农业补贴政策是提升农民种粮积极性、保障粮食安全的重要政策措施，具体对策建议如下：一是加大农业补贴力度，实施动态调整补贴政策，综合考虑

实际物价上涨、农业行业收入和中央财政收入等情况，合理提高补贴标准。二是优化补贴发放方式，将功能相近、补贴依据相同的普惠性补贴进行合并，有序扩大补贴范围，将补贴范围扩大到不同的作物类型，增加对流通、销售等环节的补贴。三是科学评估农业生产成本，在精准识别和解决农业生产中面临问题的基础上，制定有利于农民增收和农产品供应稳定的补贴政策，同时要强化资金的使用效益评估和监管，确保补贴真正有效，用好每一分钱。

（五）精准整改"问题厕所"，统筹推进农村改厕与生活污水协同治理

农村改厕工作作为农村人居环境整治的主抓手，对改善提升农村基础设施和生活环境具有积极意义，具体对策建议如下：一是摸清摸准农村改厕底数，精准整改"问题厕所"，对已经完成农村改厕工作的县（市、区），通过入户调查、查阅改厕台账、验收记录等方式，进行拉网式、全方位大排查，逐村逐户逐厕确保底清数明。二是建立户厕网格化管理制度，加强改厕的后续运维管理，成立服务工作组专门负责农村厕所检修、粪污清掏工作。三是加强群众的健康意识教育，引导村民养成良好的卫生习惯，自觉参与厕所管护。

人居环境改善、厕所革命、生活污水治理都是乡村建设迈上新台阶的重要方面，需要走整体布局、协同发展的路子，具体对策建议如下：一是加快农村地下管网建设，协同推进农村改厕与生活污水治理，把分散的污水处理点用管网集中到一起，统一集中建设污水处理设施和大型三格化粪池，衔接好改厕工作和生活污水治理工作。二是人口比较集中、排水量较大的村庄，开展厕所粪污单户、联户或整村资源化利用，排水较为分散且集中收集困难的村庄，采取建设三格化粪池和单户联户污水处理设施相结合的方式进行治理。三是积极探索社会化运作模式，引入社会资本模式建设污水处理设施，构建县级财政资金主导、市级财政资金补贴、社会资本引入的多元化融资渠道。

（六）健全农村金融服务体系，开发式帮扶增强脱贫内生发展动力

实现乡村振兴，关键要解决好人、地、钱等要素合理配置问题，健全农村

金融服务体系是全面推进乡村振兴、建设农业强国的重要任务，具体对策建议如下：一是加大对农村金融服务的政策支持，倡导金融机构在农村地区设立支行或营业部，鼓励与各级政府建立合作关系，为农村地区提供更多金融服务，鼓励和培育农村信用社、农村互助金融、农民专业合作组织等非银行金融机构，加强服务能力和市场竞争力，提高金融服务效率。二是拓宽金融产品种类，根据农村实际情况和需求，创新设计金融产品，如提供低保、小额信贷和灾害性收入损失补偿等金融服务。三是推广金融科技，应用信息技术和互联网，在农村地区普及手机银行、电子支付等金融科技工具，降低农民使用金融服务的成本，提高其便捷性和安全性，建立金融风险防范机制，加强金融安全监管，建立完善的金融风险预警和防范体系，提高农村金融服务的安全性和可靠性。

增强脱贫群众的内生动力是让脱贫更加巩固、成效更可持续、能与乡村振兴衔接起来的关键，开发式帮扶是增强脱贫群众内生动力的重要举措，具体对策建议如下：一是利用本地的资源和优势，发展当地特色产业，建立村级和县级产业发展基金，培育发展带贫面广的主导产业，开发农业多种功能、挖掘乡村多元价值、推动全产业链条升级，用产业吸纳贫困群体就业。二是发展壮大贫困地区县域经济，改善县域的交通、能源、电信等基础设施，提高当地生产经营环境和贫困群众的生活条件，引导人才、资本、信息技术下沉县域，吸引外资流入县域，不断提升县域的公共服务水平和社会管理水平。三是加强对脱贫群体的技能培训，在贫困地区开展面向脱贫群众的职业培训和技能培训，提升贫困群众的技术水平和就业能力，同时对贫困群众进行文化帮扶，发掘乡村本土文化资源，植入现代发展意识和伦理精神，激发贫困群众的脱贫主动性，在潜移默化的熏陶中增强其行为自觉。

（七）明确集体产权制度改革路径，完善资产经营管理机制

推进集体产权制度改革是维护农民合法权益、促进农业经营方式转变的重要举措。因此，提出以下对策建议：一是建立健全集体产权制度改革规划。各县政府制定具体的集体产权制度改革规划，明确改革目标、改革路线和改革措

施等内容，注重集体产权保护、农民权益保障、土地流转、资产管理等方面问题，确保改革的有效实施。二是加强政策支持和组织建设。各级政府应当加强政策支持和组织建设，为集体经济组织提供必要的资金、技术、管理等支持，同时鼓励农民组建合作社、农民专业合作社等集体经济组织，提高农民组织化程度，促进集体产权制度改革的有效实施。三是开展农民培训和宣传教育。通过开展农民培训和宣传教育，提高农民的法律法规意识和经营管理能力，也应当注重对农民的政策宣传和法律援助，帮助农民更好地参与集体产权制度改革。

集体资产经营管理是盘活农村资源资产的重要途径，因此应从以下几个方面加强机制建设，保障成员权益：一是建立健全资产经营管理机制，强调对集体资产的规划、管理和监管，鼓励通过拓展成熟项目，探索类型丰富的股权设置和资产盘活方式，获得稳定的集体经济收益。二是建立规范完善的组织管理制度，将资产监管及其落实情况与农村党风廉政建设、村务公开民主管理结合起来，加强对集体资产的评估和监测，确保集体资产的有效利用和保护。

参 考 文 献

陈锡文，2014. 关于农村土地制度改革的两点思考 [J]. 经济研究，49（1）：4-6.

陈方，2013. 城乡关系：一个国外文献综述 [J]. 中国农村观察（6）：80-89＋95.

陈坤秋，龙花楼，马历，等，2019. 农村土地制度改革与乡村振兴 [J]. 地理科学进展，38（9）：1424-1434.

陈兴良，2004. 刑事法治视野中的刑事政策 [J]. 江苏社会科学（5）：16.1003-8671.

池明眼，王天顺，等，2019. 农用塑料薄膜对土壤环境的影响 [J]. 中国林副特产（3）：79-82.

冯淑怡，赖映圻，张兰，2018. 农地产权稳定性制度安排差异：基于能动的实用主义理论的新解释 [J]. 中国土地科学，32（9）：1-7.

郭晓鸣，2011. 中国农村土地制度改革：需求、困境与发展态势 [J]. 中国农村经济（4）：4-8＋17.

高鸣，魏佳朔，宋洪远，2011. 新型农村集体经济创新发展的战略构想与政策优化 [J]. 改革（9）：121-133.

高鸣，郑庆宇，2022. 党的十八大以来我国农村改革进展与深化方向 [J]. 改革（6）：38-50.

国务院发展研究中心农村部课题组，叶兴庆，徐小青，2014. 从城乡二元到城乡一体：我国城乡二元体制的突出矛盾与未来走向 [J]. 管理世界（9）：1-12.

郭晓军，刘晓飞，2006. 首任环保局长：环保指标 25 年来从未完全完成过 [N]. 新京报，4-13.

韩俊，2009. 中国城乡关系演变 60 年：回顾与展望 [J]. 改革（11）：5-14.

韩长赋，2019. 中国农村土地制度改革 [J]. 农业经济问题（1）：4-16.

黄季焜，解伟，盛誉，等，2022. 全球农业发展趋势及 2050 年中国农业发展展望 [J]. 中国工程科学，24（1）：29-37.

黄少安，2018. 改革开放 40 年中国农村发展战略的阶段性演变及其理论总结 [J]. 经济研究，53（12）：4-19.

金成武，2019. 中国城乡融合发展与理论融合：兼谈当代发展经济学理论的批判借鉴 [J].
经济研究，54 (8)：183-197.

金三林，曹丹丘，林晓莉，2019. 从城乡二元到城乡融合：新中国成立 70 年来城乡关系
的演进及启示 [J]. 经济纵横 (8)：13-19.

雷乐街，张斌，2021. 建党百年：中国农村改革回顾总结与乡村振兴展望 [J]. 中国农村
经济 (7)：139-144.

李兰冰，高雪莲，黄玖立，2020. "十四五" 时期中国新型城镇化发展重大问题展望 [J].
管理世界，36 (11)：7-22.

赖桂林，2022. 中国农村社会治理法治化面临的问题与应对策略 [J]. 农业经济问题
(5)：145.

罗玉辉，2020. 新中国成立 70 年农村土地制度改革的历史经验与未来思考 [J]. 经济学
家 (2)：109-116.

廖彩荣，陈美球，2017. 乡村振兴战略的理论逻辑、科学内涵与实现路径 [J]. 农林经济
管理学报，16 (6)：795-802.

刘守英，王佳宁，2017. 长久不变、制度创新与农地 "三权分置" [J]. 改革 (12)：5-14.

刘彦随，严镔，王艳飞，2016. 新时期中国城乡发展的主要问题与转型对策 [J]. 经济地
理，36 (7)：1-8.

刘彦随，2018. 中国新时代城乡融合与乡村振兴 [J]. 地理学报，73 (4)：637-650.

潘丹丹，2013. 法律与政策的关系：政策适用的程序主义限制 [J]. 湖南社会科学 (3)：5.

强世功，2009. 惩罚与法治：当代法治的兴起 (1976-1981) [M]. 北京：法律出版社.

曲福田，马贤磊，郭贯成，2021. 从政治秩序、经济发展到国家治理：百年土地政策的
制度逻辑和基本经验 [J]. 管理世界，37 (12)：1-15.

钱忠好，牟燕，2020. 乡村振兴与农村土地制度改革 [J]. 农业经济问题 (4)：28-36.

孙学霏，2018. 政策与法律的互动关系研究：以刑法为视角 [D]. 北京：北京化工大学.

唐健，谭荣，2019. 农村集体建设用地入市路径：基于几个试点地区的观察 [J]. 中国人
民大学学报，33 (1)：13-22.

宋洪远，2018. 中国农村改革 40 年：回顾与思考 [J]. 南京农业大学学报 (社会科学
版)，18 (3)：1-11+152.

王艳飞，刘彦随，严镔，等，2016. 中国城乡协调发展格局特征及影响因素 [J]. 地理科
学，36 (1)：20-28.

王文彬，2019. 基于资源流动视角的城乡融合发展研究 [J]. 农村经济 (7)：95-102.

魏后凯，刘长全，2019. 中国农村改革的基本脉络、经验与展望 ［J］. 中国农村经济
　　（2）：2-18.

魏后凯，2020. 深刻把握城乡融合发展的本质内涵 ［J］. 中国农村经济（6）：5-8.

王颂吉，魏后凯，2019. 城乡融合发展视角下的乡村振兴战略：提出背景与内在逻辑 ［J］.
　　农村经济（1）：1-7.

邢祖礼，陈杨林，邓朝春，2019. 新中国 70 年城乡关系演变及其启示 ［J］. 改革（6）：20-31.

姚毓春，梁梦宇，2021. 我国城乡融合发展问题及政策选择 ［J］. 经济纵横（1）：46-53.

严金明，蔡大伟，夏方舟，2020. 党的十八大以来农村土地制度改革的进展、成效与展
　　望 ［J］. 改革（8）：1-15.

严金明，迪力沙提，夏方舟，2019. 乡村振兴战略实施与宅基地"三权分置"改革的深
　　化 ［J］. 改革（1）：5-18.

严金明，郭栋林，夏方舟，2021. 中国共产党百年土地制度变迁的"历史逻辑、理论逻
　　辑和实践逻辑"［J］. 管理世界，37（7）：19-31+2.

杨海生，陈少凌，周永章，2008. 地方政府竞争与环境政策：来自中国省份数据的证据
　　［J］. 南方经济（6）：16.

杨在平，2006. 政策法学：迈向实践与理想形态的中国法学 ［J］. 理论探索（5）：4.

余梦秋，陈悦之，2017. 统筹城乡背景下基本公共服务均等化实现机制研究：以四川省
　　为例 ［J］. 农村经济（3）：20-25.

余丽娟，2021. 新型农村集体经济：内涵特征、实践路径、发展限度：基于天津、山东、
　　湖北三地的实地调查 ［J］. 农村经济（6）：17-24.

朱道林，李瑶瑶，2018. 农村土地制度改革的经济学考察 ［J］. 中国土地科学，32（3）：
　　1-5.

张红宇，2016. 关于深化农村改革的四个问题 ［J］. 农业经济问题，37（7）：4-11.

张云华，2018. 农业农村改革 40 年主要经验及其对乡村振兴的启示 ［J］. 改革（12）：
　　14-26.

张德友，翟印礼，2007. 法与农村社会变迁 ［M］. 北京：人民出版社.

张克俊，杜婵，2019. 从城乡统筹、城乡一体化到城乡融合发展：继承与升华 ［J］. 农村
　　经济（11）：19-26.

翟坤周，侯守杰，2020. "十四五"时期我国城乡融合高质量发展的绿色框架、意蕴及推
　　进方案 ［J］. 改革（11）：53-68.

E. 博登海默，2004. 法理学法律哲学与法律方法 ［M］. 北京：中国政法大学出版社.